T0340855

VÍSTETE PARA TU MEJOR VIDA

DAWNN KAREN

VÍSTETE PARA TU MEJOR VIDA

Cómo usar la psicología de la moda
para llevar tu imagen (y tu vida)
al siguiente nivel

OCEANO

VÍSTETE PARA TU MEJOR VIDA
Cómo usar la psicología de la moda para llevar tu imagen
(y tu vida) al siguiente nivel

Título original: DRESS YOUR BEST LIFE. How to Use Fashion Psychology
   to Take Your Look—and Your Life—to the Next Level

© 2020, Dawnn Karen Mahulawde

Traducción: Karina Simpson
Diseño de portada: Ivonne Murillo
Fotografía de la autora: Heidi Gutman

D. R. © 2021, Editorial Océano de México, S.A. de C.V.
Guillermo Barroso 17-5, Col. Industrial Las Armas
Tlalnepantla de Baz, 54080, Estado de México
info@oceano.com.mx

Primera edición: 2021

ISBN: 978-607-557-286-4

Impreso en México / Printed in Mexico

Para Rosa-Lee "Baby Cooper" Cooper

Índice

La historia de mi estilo

Nos deleitamos con la belleza de la mariposa, pero rara vez admitimos los cambios que ha sufrido para alcanzarla.

—Maya Angelou

¿Qué pasaría si te dijera que la moda es una forma inmediata, sólida y confiable de sentirte con mayor control de tu vida? ¿Si te dijera que hay formas de combinar tu ropa con tu estado de ánimo, usar accesorios que evoquen bienestar, reducir la ansiedad por medio de opciones de color y tela, proyectar poder cuando más lo necesitas? La ropa nos puede ayudar a mantener nuestra identidad cultural, incluso cuando nuestro entorno exige que nos integremos a él. A la inversa, puede ayudarnos a encajar cuando sea una ventaja hacerlo. Con todo lo que he descubierto acerca de la psicología del color, no puedo esperar para ayudarte a escapar del estancamiento del estilo, crear uniformes cuando éstos sean útiles, prevenir el temido sentimiento de "no tengo nada que ponerme", refrenar los comportamientos de compra compulsiva y evitar las tendencias que no funcionan para tu estilo de vida o tu presupuesto. ¿Qué pasaría si te dijera que la ropa te puede ayudar a salir del abatimiento? La moda no carece de significado. Muy lejos de ello. La moda es la voz que usamos para manifestarnos ante el mundo.

La primera vez que se me ocurrió aplicar la psicología en el marco de la moda, tenía veintiún años y estaba estudiando dos maestrías (Artes y Educación) en el Departamento de Orientación Psicológica en la Facultad de Ciencias de la Educación en la Universidad de Columbia. Me acababa de graduar de la carrera de Psicología de la Universidad Estatal Bowling Green en Ohio, y había pasado toda mi vida en el medio oeste de Estados Unidos. Pero cuando llegué a Nueva York para realizar mi posgrado, empecé a trabajar a toda marcha. Además de tomar clases trabajaba con éxito como modelo y asistente de relaciones públicas. Aunque porté *lewks** extremos en la pasarela, la verdad es que soy introvertida y una observadora aguda de las personas que me rodean. Me sorprendió el caleidoscopio de estilos que encontré en el metro y en las calles de mi nueva ciudad. Conforme observaba los atuendos de mis compañeros, de otras modelos detrás del escenario y los neoyorquinos de todos los días, no podía sacar de mi cabeza esta pregunta: *¿Qué revela tu ropa acerca de tu psique?* Esta idea fue la semilla de la cual creció la psicología de la moda (como comencé a llamarla). En ese entonces supe por instinto lo que ahora conozco gracias a la investigación académica y la experiencia clínica: la gente expresa sus emociones, su bienestar e incluso sus traumas a través de su ropa. Y, en cambio, la ropa puede ser una poderosa herramienta para sanar. Lo sé, porque yo misma lo he vivido.

Desde el momento en que pisé Manhattan me sentí en casa. El ritmo era simplemente agradable. Ya estaba acostumbrada a un estilo de vida de esfuerzo y trabajo, lista para equilibrar las rigurosas demandas académicas con mis pasiones creativas. Cuando era niña era cantante, estudiaba ópera y teatro musical en la Escuela de Artes de Cleveland. Siempre había destacado en mis clases —incluso me adelantaron de año y no cursé quinto—, gracias a mi mente curiosa y a mi deseo interminable

---

* *Lewk* es un término empleado en el mundo de la moda que refiere a un sello de estilo personal tan individual que es casi inseparable de quien lo porta. *(N. de la T.)*

de complacer a mis padres. El éxito significaba mucho en mi familia, sobre todo para mi papá, que era un inmigrante jamaiquino que trabajaba como conserje en una secundaria. Mi mamá era asistente administrativa en un hospital, y nos criaba casi sola a mí y a mis hermanos, porque mis padres nunca se casaron. Mi hermano mellizo y yo íbamos y veníamos entre las casas de nuestros papás: entre semana con nuestra mamá y los fines de semana con nuestro papá. (Mi hermano pequeño es hijo de otro padre, al cual él visitaba por separado.) Estudiar duro y aparecer en el escenario me identificaron como "la intérprete" y "la temeraria", lo que ayudó a distinguirme de mis hermanos, que son más tímidos y reservados.

Pero definitivamente el hecho de ser el centro de atención creaba cierta tensión entre mis compañeros y yo. Un chico que me criticaba en la secundaria por mi apariencia (era alta, delgada y usaba lentes), quince años después me encontró en Facebook y me invitó a salir. A una chica en particular (mi "mejor amiga" que era todo menos eso, ¿ya sabes qué tipo de amiga?) le encantaba hablar de su ropa de diseñador y me preguntaba deliberadamente sobre la mía. Yo no tenía ese tipo de ropa. Mi papá creía que las etiquetas elegantes eran un desperdicio, porque uno podía comprar el mismo artículo —sin el nombre de la marca— por una fracción del precio. En la preparatoria me acosaban por tener una voz operística y no una voz "de iglesia". En la universidad, una chica de la fraternidad se burlaba de mí despiadadamente porque decidí raparme y después, en época de frío, por usar mascadas en la cabeza similares a los *hiyabs* de las mujeres musulmanas. Aunque todo esto me provocó mucha inseguridad, siempre sentí una necesidad imperiosa de desafiar las normas a través de mi aspecto. Ser creativa con mi estilo, usando cualquier cosa que tuviera en mi clóset, fue una gran fuente de placer. Las buenas calificaciones y las audiencias para ser porrista eran afirmaciones externas de que yo pertenecía ahí y que no estaba fuera de lugar, como mis acosadores me habían hecho creer.

Así que, cuando comencé mi posgrado en Columbia, seguí la fórmula en que confiaba. Estudiaba duro, trabajaba duro y decía que sí a todos los trabajos de modelaje que me proponían. En mi tiempo libre, diseñaba y hacía joyería dramática con perlas y plumas, y estrené mi línea Optukal Illusion (#truth). Hice algunos nuevos e intensos amigos, quienes modelaron mis creaciones para fotografías promocionales. También fui voluntaria en el Centro Barnard/Columbia de Apoyo contra la Violencia y Crisis por Violación. Sentí ese trabajo como un llamado y más tarde se volvió más significativo de lo que jamás hubiera previsto. Yo era lo que mis profesores llamarían una emprendedora ambiciosa. Al ser una de los pocos estudiantes negros en el programa y de provenir de un entorno de clase media baja, sentía que tenía algo que demostrar.

Estaba motivada, enfocada y trabajando a todo lo que da. Con gran entusiasmo me acerqué a varios profesores para pedirles su consejo, vendiéndoles la idea de que yo tenía práctica en psicología de la moda, con la esperanza de que me ayudaran a conseguir trabajo. Pero por lo que me di cuenta en aquel entonces, ese campo no existía. Una profesora me dijo que mi currículum era como un 50/50, con la mitad de mi experiencia arraigada en el mundo de la moda y la otra mitad en el mundo de Freud. Ella me conminó a buscar un puesto de nivel básico como asistente de una estilista de celebridades muy conocida. Pero esa estilista tenía la pésima reputación de destruir a los clientes antes de reconstruirlos con un cambio de *look*. Su enfoque no iba del todo conmigo. Tampoco parecía una mujer progresiva, dado que ya estaban surgiendo en la cultura pop los mensajes de aceptación de uno mismo, de pensamiento positivo acerca del cuerpo e inclusión, aunque aún no se habían masificado en la industria de la moda en aquel momento.

De todas formas, aunque no era fácil encontrar el tipo de trabajo en el que yo creía, no podía dejar de lado la noción del estilo de dentro hacia fuera. Me parecía obvio que uno debería reconocer el perfil humano de un cliente: explorar su historia emocional, su entorno familiar, su autoestima y todas esas cosas personales que me atraían de la psicología, para comprender cómo afectaban a su aspecto. Quería estar involucrada con todos los demás y también ayudarlos a ganar confianza con prendas maravillosas. La gente *y* la moda me fascinaban con igual placer.

Comencé a hacer por mi cuenta esta combinación de psicoterapia y asesoría de guardarropa, primero con mis amigos y familia y después con amigos de mis amigos. Se corrió la voz y mi directorio de clientes comenzó a crecer poco a poco. Pero mi camino hacia el éxito no ha sido fácil. Mi idea de crear esta nueva disciplina psicológica sigue inquietando al ámbito académico, y algunos de mis colegas me llaman "psicóloga pop". Pero como dicen las mujeres poderosas ahora: *Aun así, persisto.* Después de todo, no se puede aprender a ser persistente sin resistencia. Y siempre recuerdo que la gente a la que le rindo cuentas es a la que quiero ayudar: mis clientes, mis estudiantes y ahora tú. Ellos —y tú— son mi Estrella Polar.

El tiempo que pasé en Columbia fue fundamental para ayudarme a pulir mi mensaje y clarificar mi misión. Llegué a definir *psicología de la moda* como el estudio y el tratamiento de la manera en que el color, la belleza, el estilo, la imagen y la figura afectan el comportamiento humano, al mismo tiempo que examina la sensibilidad y las normas culturales. ¿El ángulo cultural? Mis clases me lo enseñaron. Aprendí cómo el entorno racial o étnico de un paciente representa una consideración contextual esencial en la terapia, noción que era enfatizada de forma rutinaria por mis profesores. Verás, mis profesores eran académicos innovadores, ciudadanos del mundo, conocedores de las más recientes investigaciones, socialmente responsables. Aunque yo encarnaba una minoría en mi programa, el trabajo del curso parecía estar diseñado para reconocer mi realidad. Como futuros terapeutas, nos enseñaron a estar siempre conscientes de cómo las distintas culturas responden a las dificultades emocionales y cómo influyen en la gente que busca ayuda para solucionar sus problemas. Nos enseñaron de qué manera el contexto cultural de un cliente podía determinar su visión de la terapia, a veces incluso más que la clase socioeconómica. Por ejemplo, en las culturas colectivistas asiáticas los problemas personales de un individuo pueden percibirse como un reflejo de su familia como un todo. Por lo regular, quedar mal, admitir la debilidad, buscar ayuda para los problemas de salud mental sólo provocan vergüenza. Abrirse con un terapeuta —un extraño— sencillamente es inadecuado.

De forma similar, para los afroamericanos o caribeños americanos, como yo, existe un estigma en torno a asistir a terapia. De donde provengo, desempacar tu bagaje frente a un desconocido es una especie de blasfemia o difamación. La mayoría de los miembros de mi familia preferirían automedicarse que hablar con alguien para exponer y evaluar sus traumas. En un artículo de *Psychology Today*, la doctora Monnica T. Williams, especialista en psicología clínica, cita un estudio de 2008 publicado en el *Journal of Health Care for the Poor and Undeserved*: "Entre los negros [...] más de un tercio sintió que la depresión o la ansiedad leves serían consideradas 'locura' en sus círculos sociales. Hablar de los problemas con alguien ajeno (es decir, un terapeuta) puede ser visto como orear la 'ropa sucia' y [...] más de un cuarto de ellos percibió que las discusiones sobre la enfermedad mental no serían apropiadas incluso entre la familia".[1]

Me siento reflejada en eso. Mi papá es mi campeón. Mi roca. Mi mejor amigo. Pero a la fecha, si lloro cuando hablo con él por teléfono, me dice que cuelgue, que me tranquilice y que le llame una vez que esté mejor. Si algo malo pasa en mi familia, tenemos una regla tácita: no hablar al respecto. Como siempre he sido rebelde, opté por *no* seguir esa regla cuando una crisis personal le dio un vuelco a mi vida. Un año y medio después de entrar a la universidad, en la primavera de 2011, el que en ese entonces era mi prometido vino a Nueva York desde Ohio para visitarme el fin de semana. Nos habíamos conocido en la preparatoria. Habíamos salido durante dos años. Nos amábamos. Y me violó.

El fin de semana de mi violación comenzó y terminó con prendas de vestir. Como sabía que mi prometido llegaría de Ohio un sábado, elegí mi vestido negro para cenar esa noche. Nos estábamos distanciando; ese hecho me carcomía, aunque intentaba enterrarlo. Yo estaba evolucionando en mis posgrados, incubando mis diversos proyectos. Mi prometido seguía viviendo en Ohio y trabajaba como mesero en un restaurante, supuestamente para ahorrar lo suficiente para reunirse conmigo en la Gran Manzana después de casarnos. Al menos, ése era mi plan. Aunque me pavoneaba en los desfiles de moda y asistía a audiciones de modelaje, nunca me tentó entrar en el ambiente de fiestas, bebida y derroche de dinero, al que fueron atraídas y después escupidas tantas amigas que conocí detrás del escenario. Para mí era distinto. *Esta noche no puedo, mañana tengo clase*, era mi excusa de todos los días para quedarme en casa y pasar el rato con mi propio ser introvertido. Yo estaba encaminada y podía ver que esa senda sólo me llevaría en una dirección: hacia arriba. Ya lo había planeado todo. Cada día repasaba mi fantasía, como un mantra. Incluso ilustré mis metas en un *collage* de ideas: viviría en Manhattan, casada con mi amor universitario. Tendríamos 2.5 hijos y un perro. Y tendría una carrera floreciente como psicóloga en la práctica privada. Dediqué mi tiempo libre a planear mi boda. *Mi* boda. No nuestra boda. Estaba tan atrapada en esta visión de cómo se suponía que debía ser mi vida. Él encarnaba un rol: la figura del novio sobre un pastel de bodas en una página de Pinterest. ¿Acaso lo conocía verdaderamente? Ciertamente no tenía idea de que mi pareja se convertiría en mi violador.

Él llegó a mediodía. Mientras caminábamos a un restaurante cercano a mi departamento en la parte alta de la ciudad, me sentía embelesada: repleta de ideas para las invitaciones, comparando recintos para la recepción de la boda, debatiendo sobre combinaciones de colores, preocupada por los dramas de las damas de honor. Todo lo volqué mientras hablaba a un kilómetro por minuto entre cada bocado. Él parecía desanimado y distante. Bebió más de lo normal. Pero... estábamos celebrando.

Yo estaba feliz. Él parecía aburrido. Me dije que él nunca había sido el platicador de la relación. De todas formas, estaba perpleja sobre qué era lo que podía haber abierto esa brecha entre nosotros. Al mirar atrás, creo que yo estaba tan ocupada persiguiendo mi futuro que no logré asumir mi presente. Ya habíamos terminado. En un ensayo sobre las mujeres y el poder publicado en *New York Magazine*, la autora Lindy West escribió: "Las mujeres estamos condicionadas a subsumir nuestras propias necesidades a las necesidades de otros e intentar hacer que todo esté bien para todos, emocional y prácticamente. Y eso se vuelve realmente insidioso cuando las mujeres no están condicionadas a priorizar su propia seguridad e incluso su propio sentido de sí mismas".[2] Yo todavía no tenía esa conciencia. Pero ahora estoy de acuerdo con ella. Ahora que sé cómo se siente la verdadera impotencia.

Al llegar a casa esa noche, ya no podía soportar la tensión. Me puse sensible y le pregunté qué estaba sucediendo. Él se puso totalmente agitado, no se parecía al chico que yo conocía. Las señales de alarma comenzaron a sonar por todos lados en mi cabeza. ¿Por qué no me decía lo que le molestaba? Esta extraña mezcla de inseguridad, ansiedad e irritación en el aire era casi palpable. Teníamos una historia. Habíamos compartido una vida cálida e íntima por años. Más tarde esa noche comenzamos a tener sexo. Me negué a hacerlo a menos que nos comunicáramos. En su libro *The Gift of Fear and Other Survival Signals That Protect Us from Violence*, el experto en seguridad Gavin de Becker escribe: "Cuando se trata de peligro, la intuición siempre es correcta al menos en dos formas importantes: 1) Siempre responde a algo. 2) Siempre tiene en mente tu mejor interés".[3] Esa noche, mi intuición buscó protegerme del hombre que ya consideraba mi futuro esposo. Era terriblemente confuso. Mi intuición no era suficiente. Mi prometido me violó. Mi mejor amigo me violó. La terapeuta en ciernes, la defensora de la salud mental, la empática se había convertido en la víctima. De acuerdo con los Centros para el Control y la Prevención de Enfermedades: "Alrededor de una de cada cuatro mujeres y casi uno de cada diez hombres han experimenta-do violencia de contacto sexual, violencia física y/o acoso por una pareja íntima durante su vida".[4] Me convertí en una estadística. De hecho, me desmayé por la conmoción. Me apagué por completo.

A mitad de la noche, me desperté y mi prometido comenzó a dis-culparse, diciendo que se arrepentía de lo que había hecho. El que re-conociera lo que había sucedido hizo que algo se detonara dentro de mí. Salí corriendo del departamento en pánico total y le llamé a mis papás que estaban en Ohio. Cada uno de ellos me preguntó qué quería hacer. Les dije que no quería denunciarlo. Sólo quería terminar mis estudios y adaptarme a una vida sin él. Lo que realmente quería era regresar el tiempo. Me enfurecí conmigo misma. ¿Cómo no lo preví? Estaba estupe-facta. ¿Cómo podría reconciliar el amor con semejante brutalidad? Me sentía aislada. ¿Quién me creería al decir que mi prometido me violó? ¿Cómo podría llamar a la policía y mandar a la cárcel a otro hombre negro?

Regresé a casa, lo saqué de mi departamento y le dije que nunca más se acercara a mí. No sé dónde encontré la fuerza. Él empacó sus cosas sin decir una sola palabra y se fue. Unas horas después alguien tocó la puerta. Pensé que era él. Ni siquiera dudé en abrir. Pero era la policía del campus. Uno de mis padres (hasta la fecha no sé cuál de los dos fue, nunca les pregunté) los había llamado porque yo debía presentar una denuncia. Le conté a los dos oficiales los detalles, y sentía como si estu-viera flotando fuera de mi cuerpo. Y entonces, una vez que mi exprome-tido ya estaba en un autobús camino a Ohio, oficialmente me rehusé a seguir adelante con el asunto. En cuanto se fue la policía me dije que seguiría adelante con mi vida. Pasé el domingo en cama. No comí. No me bañé. Apenas me moví. Después, en la mañana del lunes, me desperté y abrí mi clóset.

Me puse un vestido ceñido al cuerpo estilo 1950, reminiscencia de las icónicas siluetas Givenchy de Audrey Hepburn. Guantes largos. Un sombrero de ala ancha. Maquillaje completo. Labial atrevido. Mis aretes de pluma gigantes hechos a mano. Supuse que, si me sentía bien con mi atuendo, me sentiría bien, punto. En los meses siguientes, seguí subiendo la apuesta en cuanto a la moda. Usaba vestidos de noche para ir a clases. Otros estudiantes, con sus jeans y playeras, me veían de soslayo. No me importaba. Vestirme en la mañana era algo positivo en mi día. Mi departamento se convirtió en mi *atelier*, donde yo estaba en control total. Al seleccionar mi ropa y mis accesorios volvía a la creatividad de mi infancia, mi sentido de diversión, de juego. Lo que alguien podría definir como vestimenta de poder, yo lo llamaba vestir mi dolor. Desde entonces he llegado a pensarlo como vestir desde el corazón. Lo único que sé es que, después de mi violación, me aferré a mi ropa como un niño pequeño a su osito de peluche, como alguien que se aferra a un bote salvavidas.

En una serie de entrevistas realizadas por investigadores para un libro titulado *Appearance and Power*, les preguntaban a los sobrevivientes de abuso sexual cómo elegían vestirse a raíz del ataque. Más de la mitad cambiaron su forma de vestir después del evento. Algunos se vestían para evitar llamar la atención, para protegerse a sí mismos, para impedir los comentarios sobre su apariencia. Pero otros cambiaron su estilo para comunicar un poder indomable.[5] Ésa era yo. Años más tarde descubrí más investigaciones que describían este tipo de comportamiento y las analicé con la boca abierta, sintiendo que estaba leyendo mi propio maldito diario. En la Escuela de Negocios de la Universidad de Queensland en Australia, el conferencista de marketing, el doctor Alastair Tombs determinó que las mujeres asocian los sentimientos positivos con ciertos artículos de vestir y los pensamientos negativos con otros, con base en las experiencias emocionales previas y los recuerdos de cuando usaron esas prendas. Después de extensas entrevistas con treinta mujeres, Tombs concluyó que, como lo dijo al *Sydney Morning Herald*: "Los atuendos se eligen para combinar el estado de ánimo y como una forma de expresión personal, pero también hemos descubierto que la ropa se usa para controlar o enmascarar las emociones".[6] ¡*Bam!* Ahí estaba yo: controlando, enmascarando e intentando transformar mis emociones con mis atuendos. Y me ayudó un poco, en verdad que sí.

Llegué a definir este comportamiento como *vestir para mejorar el ánimo*: cuando usas la ropa para elevar u optimizar tu estado emocional, para animarte. Hay un dicho que dice: "No te vistas para el trabajo que tienes, vístete para el trabajo que quieres". Bueno, podemos traducir esa idea en emoción. Con el *vestir para mejorar el ánimo*, te atavías para evocar los sentimientos que quieres sentir. Usar colores brillantes para darme alegría, tacones altos para sentirme poderosa y maquillaje para sentirme pulcra y articulada: todos estos eran actos de mejoramiento del ánimo. Era una manera de invertir en mí misma cuando alguien a quien quería y en quien confiaba me había demostrado que pensaba que yo no valía mucho. Se ha dicho que "verse bien es la mejor venganza", lo cual hoy se ha convertido en el popular hashtag #RevengeBody. Pero yo no me estaba vistiendo para él. Ya no y nunca más. Me estaba apuntalando para enfrentar el mundo. Vestirme bien fue mi primer paso para recuperar mi vida.

Por supuesto, no fue suficiente. No necesitas ser un psiquiatra para saber que recuperarse de la violencia de un compañero íntimo requiere mucho más que una falda de tubo y sandalias con cordones. A lo largo de ese verano e invierno, mis *looks* se volvieron cada vez más extravagantes, pero irónicamente me volvía cada vez más introvertida, un cascarón de mi ser anterior. Mis profesores lo notaron. (Honestamente, por la forma en que estaba vestida, ¿cómo podían no darse cuenta?) En una serie de sesiones a puerta cerrada, reuniendo toda mi valentía, les conté todo. Y aunque estaban al tanto de mi situación, con el estigma de la salud mental de mi cultura incorporado en sus planes de estudio, en diciembre me aconsejaron que abandonara el programa. Habían determinado que yo "carecía de la empatía necesaria para ser terapeuta".

Al mirar hacia atrás, creo que tal vez estaba sufriendo alguna clase de estrés postraumático, y era incapaz de conectarme por completo con los pacientes o con mis compañeros en mi vida cotidiana. Esto no es un pretexto de lo que sucedió. Simplemente para mí es importante clarificar que, en el fondo, debajo de la superficie, *yo* sabía que seguía siendo la persona empática, sensible e intuitiva que siempre he sido. Tan sólo estaba distanciada de esa parte de mí misma. Y al parecer no encontraba una forma de sacarlo y gritarlo a los cuatro vientos desde el fondo de la habitación. Estaba a sólo cinco créditos de obtener mi segundo título de maestría en educación para asesoramiento psicológico, cuando me expulsaron de Columbia. Salí con mi maestría en humanidades y oficialmente era una terapeuta certificada. Desde entonces, he soltado todo el resentimiento. Creo firmemente que cuando te enfrentas con una puerta cerrada, tienes dos opciones: darte por vencido o encontrar otra.

Así que ahí estaba, con veintitrés años y en medio de una crisis existencial y emocional absoluta. Había perdido la estructura de la escuela. Había perdido a mi prometido. No era una opción irme a casa a lamerme las heridas, aunque podría haber comprado el boleto para regresar a Ohio. Me sentía tan sola, como si mis entrañas hubieran sido vaciadas. Si sólo hubiera sabido que estaba bien acompañada. De acuerdo con una encuesta realizada en 2009 por la American Psychological Association, 87 por ciento de los graduados de psicología reportaron que experimentaron ansiedad y 60 por ciento, depresión. No por nada, se dice en broma que el estudio de la psicología es "la búsqueda de uno mismo", porque es común que la gente que gravita en torno a las profesiones de la salud mental desea abordar sus propios problemas (mientras ayudan a otros).[7] Y vaya que yo tenía problemas.

Y como sucede con muchas otras personas, descubrí que muchos de los temas que habían surgido en mi vida provenían de mi crianza. Como ya mencioné, mi papá trabajaba como conserje en una secundaria. Pero ésa no es toda la historia. De una manera similar a mi estilo de vida de estudiante de día y modelo de noche, mi papá también tenía una especie de doble identidad. Cuando yo tenía trece años, él fue condenado por narcotráfico y estuvo dos años en prisión. Los problemas de mi mamá con el abuso de drogas se agudizaron durante este tiempo. Desde entonces hemos alcanzado un final más o menos feliz. En los últimos años, mis papás entraron a la universidad. Esto me llena de un orgullo que las palabras no pueden expresar. Pero ese periodo nos afectó mucho. Al dejar Columbia padecí una depresión que no había experimentado desde mi adolescencia, cuando mi padre fue encarcelado. Y aun así ya no podía culpar a mis padres de mis problemas. El aprieto en el que me encontraba no era mi culpa, pero sólo yo podía resolverlo. Estaba en un territorio inexplorado.

En el pasado, mi reacción ante la tragedia, el desamor o los contratiempos siempre había sido trabajar aún más duro y me impulsaba a sobrepasar las expectativas. Mi misión era hacer que todos estuvieran orgullosos, robar el centro de atención y, por lo tanto, asumir la responsabilidad y compensar los tropiezos de mis padres. Aprendí desde pequeña que el trabajo duro podía ayudarte a salir casi de cualquier agujero. La hermana de mi papá fue la primera de su familia que emigró de Jamaica. Trabajaba como empleada doméstica limpiando pisos, y eventualmente ganó suficiente dinero para traer a mi papá a Estados Unidos. Fui la primera persona de mi familia que fue a la universidad, y no sólo eso: una de la Ivy League. Así que cuando las autoridades escolares me dijeron, en esencia, que yo no pertenecía ahí, fue un golpe bajo, no sólo para mí sino también para mi familia. ¿La reacción de mi papá? "Naciste aquí en Estados Unidos. Y nos estás retrasando dos, tres generaciones." Me sentí como un fracaso. Se suponía que tenía que ser mejor. Iba a ser la que nos salvaría a todos. En vez de eso, mi desgracia irradió hacia fuera, como un efecto de ondas expansivas, manchando a mi frágil familia con la vergüenza. ¿Esta reacción era justa o merecida? ¿Quería seguir haciendo el papel de salvadora de la familia? Éstas son preguntas que sigo resolviendo en terapia hasta la fecha.

La ética de trabajo intransigente no fue lo único que heredé de mi familia. Me han contado que cuando mi abuela materna intentó hablar sobre su propio abuso sexual la internaron en un hospital psiquiátrico. Como grupo, las mujeres negras hemos contenido todo esto en nuestro interior —prejuicio racial brutal, violencia sexual, abusos o pequeñas agresiones cotidianas— a lo largo de generaciones. Es un legado devastador. Con razón explotamos. Con razón somos reticentes en pedir ayuda. Los científicos que trabajan en el campo de la epigenética exploran si heredamos el trauma y teorizan sobre si las heridas psíquicas pueden ser transmitidas genéticamente de una generación a la siguiente.[8] El científico Lawrence V. Harper de la Universidad Davis en California escribió lo siguiente en el *Psychological Bulletin*, publicado por la American Psychological Association: "Actualmente, se cree que el desarrollo del comportamiento es resultado de la interacción entre la herencia genética, las características congénitas, los contextos culturales y las prácticas de crianza, ya que impactan directamente en el individuo. La ecología evolutiva señala otro contribuyente, la *herencia epigenética*, la transmisión a las crías de las respuestas fenotípicas de los padres a los desafíos del medio ambiente, incluso cuando los hijos no experimentan por sí mismos esos desafíos".[9] En otras palabras, nuestras experiencias posiblemente están grabadas en nuestros genes. Algunos científicos afirman que el trauma puede ser heredable.

Después de mi violación, decidí romper este círculo de abuso soterrado silenciosamente. Hablé al respecto para que mi futura hija no naciera con la carga de mi dolor, con la carga del dolor de mi abuela. Y seguí hablando. Después de abrirme con mis padres y mis profesores, a la larga busqué terapia. Recientemente di una plática TEDx sobre ello. La vergüenza florece en el silencio. Así que hablé fuerte, y así seguí.

Pero durante la secuela de la agresión que sufrí, sólo me preocupaba por el asunto práctico de mi supervivencia. Para quedarme en Nueva York y mantenerme a flote financieramente tomé un trabajo de niñera.

Lo sentí como un retroceso enorme, una retirada y derrota por no cumplir mis metas. Al principio, el trabajo parecía lo mismo que limpiar pisos y baños, como los trabajos que mi papá y mi tía habían desempeñado como inmigrantes nuevos. Pero yo no tenía recursos. No conocía a nadie fuera de mi programa. Sólo podía ser niñera o trabajar en un McDonald's. Si mi vida fuera una película, éste sería el momento de que entrara la música dramática en el escenario de vindicación. El niño al que cuidaba era un pequeño de siete años con necesidades especiales y verdaderamente maravilloso. Estar con él, cuidándolo y calmándome para él resultó ser la mejor terapia que pudiera haber esperado. Después de mi ataque, se abrió un abismo entre antes y después. La Dawnn que solía ser, se convirtió en la Dawnn que nunca más volvería a ser. Reviví esa noche una y otra vez en mi mente. Pero como te lo dirán muchos sobrevivientes de abuso sexual, cuando lo sufres el mundo no se detiene a notarlo. Somos los caminantes invisibles heridos, parados en la fila en las cafeterías, comprando en el supermercado, observando el pavimento cuando pasamos junto a ti al cruzar la calle. "Hay un campo de batalla ignorado", tuiteó la cantante Liz Phair acerca de los sobrevivientes de la violencia sexual, "somos los veteranos sin condecoración".[10]

De vuelta en Columbia durante esos meses cuando me sentí tan vulnerable, mis vestidos hechos a la medida me volvieron a prueba de balas. Eran mi armadura. Mi fachada. Mi forma de telegrafiarle al mundo que no sólo estaba bien, sino que era *fabulosa*. Pero además de enmascarar mi sufrimiento, de ponerme prendas frescas y limpias para ocultar el desastre que era mi vida, también intentaba levantarme el ánimo con desesperación. No era locura. Era algo metódico. Me tomó tiempo sanar realmente de mi violación. Años. ¿Sabes qué? Todavía sigo sanando. Examinarme —muchos días en pijama—, la terapia, el apoyo de mis amigos y familia, mi propia apertura —y sí, incluso hablar en público— respecto a mi ataque, han sido esenciales en mi proceso de reconstrucción. Al igual que trabajar con ese niñito. (Con él usaba pantalones deportivos.) Nos subíamos al metro y fingíamos que éramos astronautas. Ninguno de los dos tenía idea de qué íbamos a ser cuando fuéramos grandes. Ahora me doy cuenta de que esto significaba que mi visión del futuro estaba abierta a modificaciones. Juntos descendíamos bajo tierra. Dejábamos que nuestra imaginación nos llevara al infinito y más allá. En el periodo posterior a mi violación, el contenido de mi clóset me hizo sentir con los pies en la tierra. Las prendas eran las únicas cosas tangibles y físicas que tenía, que me conectan con el yo que temía haber perdido para siempre.

"No todas las tormentas llegan a perturbar tu vida", tuiteó el novelista Paulo Coelho. "Algunas llegan para aclarar tu camino."[11] También me gusta la siguiente frase de la escritora Katherine MacKenett: "Las montañas no se levantan sin causar terremotos". Ésa la leí en Instagram. Mi papá, en su búsqueda desesperada de una mejor vida, asumió riesgos, tomó ciertas decisiones y sufrió las consecuencias. Mi mamá, para lidiar con el desamor, se adormecía con drogas. (Ahora está en recuperación.) Me gusta pensar que aprendí de sus dificultades, usé lo que me sirvió y trascendí mi historia para forjar un futuro distinto. Estoy convencida de que palpar mis sentimientos y ayudar a otras personas —demostrándoles que tu pasado no determina tu futuro— me ha dado la posibilidad de alcanzar finalmente lo que mis papás siempre desearon: el Sueño Americano.

Siete años después de mi violación, *The New York Times* me llamó la "Doctora del Vestir" y describió que mis pasiones transversales eran como "la relación entre atuendo y actitud: no sólo cómo te hacen ver las prendas, sino cómo te hacen sentir".[12] Desde hace poco mi mamá ha estado manejando para Lyft para ganar algo de dinero extra. Cuando salió el artículo del *Times*, ella escuchó a dos pasajeros discutir sobre él en el asiento trasero de su auto. Llena de orgullo, les dijo que yo era su hija. Ellos no le creyeron.

Seis años después de que me convertí en niñera, comencé a colaborar con CNBC. Casi una década después de que mis profesores menospreciaron la idea de la psicología de la moda —término que desde entonces registré como marca— un periodista de *New York Magazine* la llamó una "herramienta explosivamente popular" que ayuda a "explicar el mundo en que vivimos".[13] Si hace una década me hubieras dicho que daría una presentación sobre el tema en una Conferencia Internacional del Empoderamiento de las Mujeres organizada por las Naciones Unidas, me habría reído para no llorar.[14] A lo largo de los años y cliente tras cliente, he construido una reputación —y mi propio instituto educativo— de boca en boca. Un encuentro causal con un periodista derivó en apariciones en la televisión de treinta y cinco países. Me convertí en la primera mujer negra psicóloga en ser profesora del Fashion Institute of Technology —un afamado centro de capacitación para diseñadores, incluyendo a Calvin Klein y Michael Kors. Me contrataron en mi segunda década de vida y era una de las más jóvenes. En unos cuantos años, he construido el santo grial de las metas profesionales de los *millenials*: mi propia marca. Ahora sabes que tuve que ascender desde el infierno para llegar hasta aquí. Y carajo, ascendí en tacones.

Por supuesto todavía tengo mis críticos. Algunos de mis compañeros académicos dudan de que la psicología de la moda sea factible en la práctica clínica y cuestionan su legitimidad como búsqueda científica (hablaré más de eso en el capítulo 1). Pero aquí estoy para decirles que *sí* funciona y sus lecciones *son* accionables. Para todos. Si me preguntas, la duda proviene de su noción de que la moda en sí es superficial o frívola. Eso no es serio. En nuestro ambiente actual no puedo evitar preguntarme si algo tan cercanamente vinculado con la feminidad se vuelve vulnerable a los ataques. Al veneno y al escarnio. Al recelo. Y por ello, unir la moda "tonta" y de "chicas" con un campo tan prestigioso como la psicología parece elevar falsamente la primera y abaratar la última. Si se me permite el atrevimiento: a la mierda con eso. Yo afirmo que, desde una perspectiva emocional y económica, la moda no es frívola. Es importante, es un asunto serio.

Y el estilo —la forma en que usamos la moda para decir algo sobre nosotros mismos— es uno de los elementos más importantes que vinculan nuestra vida privada con nuestra imagen pública. Nuestra ropa es el tejido conectivo entre lo físico y lo emocional. Es lo que protege nuestro ser más verdadero y sensible, como un escudo contra un mundo a menudo hostil. Cuando Melania Trump o Kim Kardashian se ponen un abrigo sobre los hombros como si fuera la capa de un superhéroe, oscureciendo sus brazos y manos, están mandando un mensaje: *Mira, pero no toques*. En nuestras vidas y profesiones cotidianas no se nos permite mostrar nuestos sentimientos "a flor de piel", por así decirlo. En la sociedad educada, somos entrenados para ocultar nuestros sentimientos y cubrir nuestras emociones. Para que todo esté tranquilo. Pero aunque logremos ocultar nuestros sentimientos, seguimos enviando mensajes subliminales con nuestra ropa.

Cuando observo mi trayectoria, a menudo pienso en la mañana posterior a mi violación. ¿Por qué elegí usar uno de mis mejores atuendos en un día que razonablemente podría ser descrito como el peor? ¿Por qué la *ropa* era tan esencial, tan inextricablemente vinculada a mi voluntad de vivir? He llegado a darme cuenta de que el estilo es prueba de nuestra condición humana. Un atuendo de buen gusto y pensado con cuidado es evidencia de que eres un miembro altamente funcional de la sociedad. Tu ropa tiene el poder de hacerte notar o, a la inversa, ocultar cualquier cosa que así desees mantener. Todos vamos por ahí con alguna clase de dolor. Cuando enfrentas dificultades debido a problemas familiares, presiones económicas o situaciones de salud mental, sigue siendo necesario que estés presentable. Tienes que seguir asistiendo a la escuela o al trabajo. Tienes que seguir *presentándote*; mostrarte a ti mismo, o alguna versión de ti. Vestirse es una gran forma de equidad. Como dicen, todos nos ponemos los pantalones una pierna a la vez. También dicen que la ropa hace al hombre (y a la mujer). ¿Por qué no usar algo que esté a la mano —una herramienta física real que ya tengas ahí, en tu clóset— para tranquilizarte, fortalecerte y empoderarte? La idea es simple: si yo puedo abrir los ojos a POR QUÉ eliges usar lo que te pones, puedo ayudarte a escoger mejor.

Y lo que te pones es, sobre todo, una elección, aunque no te des cuenta de que estás optando por ella. Puedes decidir verte glamorosa, cómoda, ser prácticamente invisible o exigir ser vista. Lo que usas es lo que eres, para todas las intenciones y propósitos. También es lo que yo soy. Mi ropa. Mi armadura. Arreglarme no sólo me ayudó a atravesar la puerta para ir a la escuela esa terrible mañana de lunes: fijó el curso del resto de mi vida. No estoy aquí para pedirte que transformes por completo la forma en que te vistes. No creo en las "reglas del estilo". No tengo ninguna que ofrecer. Pero sí sé que lo que me pongo tiene un gran impacto en cómo me siento. Este conocimiento es poder. Poder que es tuyo para que te adueñes de él.

CAPÍTULO 1

Psicología de la moda 101

La ropa... cambia nuestra visión del mundo, y la visión que el mundo tiene de nosotros.

—Virginia Woolf

¿Te sientes ansiosa sobre qué ponerte o estás desconectada de la forma en que te presentas a ti misma? Bienvenida. Como psicóloga de la moda, me doy cuenta de que mis clientes representan el espectro completo de edades, razas, etnias, géneros y nacionalidades. Los clientes de todas las condiciones sociales me buscan para hablar de varias preocupaciones, desde desarrollo personal hasta adicción a las compras, consejo para citas y ascenso profesional. Asesoro a los directivos de las empresas y a madres primerizas que se recuperan de cesáreas (¡y a algunas mujeres que son las dos cosas!). Existen personas que necesitan ayuda para pulir sus perfiles en línea, otras para navegar por sus clósets que están a punto de reventar. Un cliente que estaba en medio de una pelea por la custodia de sus hijos quería saber cómo vestirse para que el juez del juzgado familiar fuera compasivo con él. Aunque ninguno de tus problemas es igual a otro, todas las soluciones son únicas porque yacen en tu interior. Así que vamos a encontrarlas juntos.

¿Sabías que tu ropa habla? La mía también. Hace poco tuve que levantarme temprano para dar clases, después de haber pasado toda la noche escribiendo un artículo para un sitio de noticias. Me quedé recostada y evalué mi estado de ánimo. Estaba malhumorada y exhausta, con un poco de la desgana invernal. Quería ponerme mi atuendo cómodo para salir: unos pantalones deportivos y una sudadera que combinaban bien. Pero preví que como tendría que pararme frente a mis alumnos del Fashion Institute of Technology (FIT) para dar una clase, necesitaría ajustar mi actitud y levantar mi nivel de energía seriamente. Momento de dilema de la moda. Así que añadí una gabardina con estampado de piel de leopardo, unos tacones de leopardo y, ¿sabes qué?, ¡me sentí mucho mejor! Combinar la comodidad de los pantalones deportivos con la elegancia de la gabardina y los tacones elevó mi ánimo. Y al parecer mis estudiantes me percibieron como a la última moda, y apreciaron el giro elegante que le di a la popular tendencia de *athleisure*. Al vestirme de esta forma llamativa, les estaba enviando un mensaje: los veo como estudiantes creativos, visuales y conocedores de las tendencias de la moda. Les comuniqué que, aunque estaba en una posición de autoridad (tacones), no me gusta tomarme a mí misma muy en serio (pantalones deportivos).

En ese momento también estaba combinando dos de mis filosofías esenciales de la psicología de la moda: *ilustración del ánimo* y *vestir para mejorar el ánimo*. En pocas palabras, la ilustración del ánimo es cuando te vistes para honrar o para igualar tu estado de ánimo; el mejoramiento del ánimo es cuando te atavías para transformarlo en algo mejor. Yo estaba honrando (o ilustrando) mi estado emocional al calmarlo con pantalones deportivos suaves y cómodos. Y simultáneamente estaba amplificando mi encanto (o mejorando mi ánimo) con ropa de calle y zapatos que relumbraban. En el capítulo 5 ahondaremos en estos conceptos de estilo basados en el ánimo. Por ahora, quiero darte una probada de cómo se aplican en la vida real, que comprendas que tu ropa en verdad se conecta con tus emociones.

También hay una segunda dinámica en juego, igualmente importante, cuando te vistes: la dinámica entre tú y las demás personas. Lo que me pongo te manda señales, que percibes. Y lo que *tú* usas me manda señales, las cuales interpreto. Este diálogo tácito sucede entre nosotros cuando nos cruzamos en el camino y nos observamos en silencio en busca de claves visuales. Cualquier cosa que deduzcamos el uno del otro fija el escenario para nuestra interacción social. Mucho de esto sucede a nivel inconsciente, casi de forma instantánea. Ahora, si otra persona reacciona con fuerza a tus declaraciones de moda, tal vez quieras insistir en que ni siquiera has dicho *nada*. Pero con la moda, el mensaje ya está entretejido. Cuando otros te miran, evalúan y consideran lo que traes puesto, están reuniendo información sobre quién eres. Es irremediable. Inevitable. Tu ropa está hablando. No puede ser silenciada. Observamos cómo este diálogo se desenvuelve todos los días en la esfera pública. En la era de las redes sociales, la polarización política y el ciclo trepidante y hambriento de las noticias, la psicología de la moda es más relevante que nunca. Al estar obsesionados con nuestros *likes* y seguidores, nos estamos exhibiendo y leyendo unos a otros las veinticuatro horas y los siete días de la semana. ¿Qué traes puesto? ¿Quién lo hizo? ¿Cuánto te costó? ¿Quién eres? ¿De dónde vienes? ¿Cuál es tu postura?

En la psicología de la moda colisionan la política, la religión, la raza, el género, la nacionalidad, la edad, la clase y la cultura, ya sea que estemos hablando de una blusa con *pussy bow* o un traje sastre, una sudadera con capucha de una adolescente negra o una sudadera marca Balenciaga que cuesta 895 dólares adornada con grafiti callejero y que usa Taylor Swift. (¡Sí, eso sucedió!)[1] ¿Qué nos despierta un burkini? ¿Y unos Yeezy-Boosts? ¿Por qué Steve Jobs usaba el mismo atuendo todos los días? ¿Y por qué lo hacía su sucesora Elizabeth Holmes? ¿Qué dicen los raperos con los logos de diseñador y sus grillz con diamantes? ¿Cómo nos sentimos cuando Kim Kardashian combina su vestido de látex neón con su auto de lujo color neón? ¿Cómo influye Instagram en la venta al menudeo?

¿Las selfies de Kylie Jenner hacen que la gente joven quiera hacerse cirugía cosmética? Diversos jefes de Estado internacionales, estudiantes de FIT, ejecutivos en grandes firmas de moda, el programa de *Good Morning America* y más me han pedido que hable sobre estos temas y muchos más. Esto es lo que le digo a todo el mundo: una vez que comprendes el gran poder de la moda para manejar la percepción, puedes tomar el volante.

Pero primero, volvamos a esos juicios instantáneos. Un importante estudio publicado en la revista *Psychological Science* reveló que determinamos la belleza, lo agradable, la confiabilidad, la capacidad y la agresividad de alguien en los primeros cien milisegundos de verlo.[2] Es todo lo que se necesita. Hay una gran frase de la actriz *drag* Trixie Mattel, la cual apuntala esto: "En la sociedad", le dijo a *The New York Times Magazine*, "somos la persona de la cual estamos vestidos."[3] Si eres un policía uniformado, explica, eres una persona en una posición de poder. Si estás vestido con ropa quirúrgica, eres un médico, una figura de autoridad, inteligente y que cuida a los demás. Si vas vestido de pies a cabeza con ropa de Lululemon, eres un privilegiado fanático del bienestar, que tal vez lleva una vida de ocio. En raras ocasiones cuestionamos lo que nuestros ojos nos dicen, o la solidez de estas suposiciones. Y de manera instintiva estamos convencidos de que nuestras primeras impresiones son certeras. No siempre lo son. Pero ciertamente pueden serlo. Por ejemplo, cuando la gente está bajo estrés o atravesando una época un poco dramática, puede parecer como si sus sentimientos estuvieran "a flor de piel". Dicen que los ojos son la ventana del alma; yo digo que tus *prendas* lo son. Cuando una persona deprimida usa ropa anodina y descuidada también es un ejemplo de *vestir para ilustrar del ánimo*. Después de todo, tu selección de la ropa refleja un amplio rango de emociones, y eso incluye las infortunadas. Ésta era la situación en la que se encontraba mi cliente Jim.* Vamos a conocerlo.

---

* Todos los casos de estudio en este libro han sido incluidos con el permiso de mis clientes. En algunas instancias, cuando están indicados con un asterisco, he cambiado sus nombres para proteger su privacidad.

CASO PRÁCTICO:
¿EN QUÉ SE CONVIERTEN LOS QUE TIENEN EL CORAZÓN ROTO?

Cuando conocí a Jim, él estaba en la mitad de sus cuarenta y en el proceso de divorciarse de su esposo, con quien comparte hijos. Aunque Jim era un abogado muy exitoso, en ese momento de su vida la confusión emocional era su segundo nombre. A pesar de su abrumadora crisis personal, se sintió obligado a mantener las apariencias en el trabajo. Pero cada vez que nos veíamos me daba cuenta de que le faltaba un botón o dos en su camisa de vestir, o que estaba parcialmente desfajada. Cuando le comentaba con suavidad sobre su apariencia desarreglada, aumentaba su ansiedad y su autoestima se desplomaba. Él interpretaba una agujeta desamarrada como prueba de que su vida estaba revuelta y, peor aún, que los demás se daban cuenta. Su estilo descuidado era un síntoma externo de su abatimiento interior. Jim no tenía la capacidad para preocuparse por las cosas pequeñas. Verse al espejo era un recordatorio de en quién se había convertido —un divorciado, desconectado de la gente que más amaba, desconectado de la persona que solía ser—, así que evitaba hacerlo. Pero ignorar su apariencia sólo aumentaba su ansiedad y con el tiempo disminuía su sentido de valor propio.

Receta de estilo

¿Entonces cómo lo ayudé? No le dije que se comprara una nueva camisa Ralph Lauren (aunque tenía el dinero para comprársela). En cambio, durante nuestra tercera sesión intenté aplicar un poco de terapia cognitiva conductual. Le pedí que se enfocara totalmente en su camisa y que se tomara el tiempo para abrochar cada botón despacio y con cuidado. Luego le solicité que se fajara minuciosa y metódicamente su camisa en los pantalones, en un movimiento de 360 grados. Por último, le dije que se asegurara de que su cinturón estuviera bien abrochado. Para su sorpresa, hacer estos **pequeños actos de atención plena** y cuidado de sí mismo le ayudaron a recuperar la sensación de control. Mientras dirigía momentáneamente toda su atención consciente a su atuendo, fue incapaz de pensar en otra cosa. Se obligó a estar presente, en vez de perderse en la espiral de sus pensamientos. Y con este pequeño ejercicio le mostré que todavía era capaz de silenciar su mente, de cuidarse a sí mismo y de darle prioridad a su aspecto.

*Trabajé con Jim durante meses y también le aconsejé que **nombrara sus senti-*
***mientos**. En vez de decir: "Mi vida es un desastre", lo motivé a describir sus emocio-*
nes más específicamente: "Me preocupa que estaré solo para siempre. Siento una
profunda tristeza cuando pienso que me perderé los momentos importantes de mis
*hijos". A partir de ahí, trabajamos para **identificar pasos concretos que él podría***
***tomar para empoderarse** (haciendo planes para comer con su hermano, inscribir-*
se a sesiones complementarias de entrenamiento personal en el gimnasio, etcétera).
Tomarse el tiempo para recobrar el control de su apariencia le ofrecía una forma
tangible y factible para atravesar su crisis en vez de ser inmovilizado por ella.

....

Expresarse por medio de la ropa no es algo nuevo. De hecho, es tan ancestral como el tiempo mismo, o al menos tan antiguo como la Edad Media cuando, según los historiadores, la gente comenzó a usar prendas que
designaban su posición en la sociedad.[4] El hecho es que hemos usado la
ropa para declarar nuestra identidad de género, nuestra pertenencia a
grupos, nuestra clase social, nuestros sentimientos y deseos inconscientes desde hace *muuuucho* tiempo. Robin Givhan, crítico de moda ganador
del Premio Pulitzer, una vez dijo: "En cuanto el hombre surgió de la cue-
va, la ropa tomó un significado social. ¡No creo que jamás haya existido
un periodo en el que una camisa fuera sólo una camisa!". A lo largo de la
historia, la gente ha usado la ropa que identificaba su tribu, su riqueza o
estatus, su posición en la jerarquía social. "Esas cosas siempre han estado involucradas en la moda", nota Givhan, "ya sea en la era de las cortes
francesas o incluso en el surgimiento del hip-hop."[5]

¡Esto sí que parece muy intelectual! Pero cuando reduces la psicología de la moda a su esencia, simplemente vemos cómo la vestimenta
afecta el comportamiento humano. ¿Y qué tiene que ver esto con lo que
se supone que debes ponerte para ir a trabajar mañana? Antes que nada,
mi misión es convencerte de que tu ropa puede ser usada para hacer
que la gente responda de la forma que quieres, así como para hacerte

sentir muy bien. Ya no puedes seguir vistiéndote en automático. Esos días terminaron. (Ve "Una mañana de atención plena", en la página 45.) A continuación, quiero ayudarte a definir tu personalidad en la moda y acercarte a tu estilo distintivo (alias tu marca personal). Te ayudaré a romper hábitos de compra dañinos y salir de las rutinas de estilo, todo ello usando técnicas de psicología de la moda. Una vez que tengas una sensación de claridad de tu propio estilo ideal y una conciencia más perspicaz de lo que te motiva a comprar, exploraremos formas distintas y más simplificadas para abordar cómo vestirte. Mi meta es ayudarte a optimizar el proceso para reducir el estrés. Aprenderás a ser más consciente de tu ánimo antes de abrir tu clóset, a identificar metas más claras de cómo te quieres sentir cada día y qué reacciones esperas inspirar, y entonces materializar esas metas al usar prendas que ya tienes. Te daré todas las herramientas que necesitas, como un guardarropa básico (*capsule wardrobe*), un ahorrador de tiempo, joyería contra la ansiedad y colores poderosos para mejorar tu aspecto y tu perspectiva.

Este libro no incluye listas de "Qué hacer y qué no hacer" ni barras laterales sobre el perfecto vestido negro (que no es una solución para todas las situaciones de vestuario, ¡no importa lo que digan los expertos!), y más. En su lugar, te mostraré cómo conservar tu identidad cultural, a utilizar mejor tu Instagram para evitar la sensación de "no tener que ponerte" y a ir de la mano de las tendencias cuando no parezcan adecuarse a tu estilo de vida (¡fuera los shorts para andar en bicicleta!). Al compartir los casos de estudio de gente a la que he asesorado (como Jim), ilustraré cómo tus hábitos y creencias de estilo te están ayudando o dañando. Y te demostraré que no eres el único con problemas. Tengo ejercicios bajo la manga que invitan a la reflexión. Son los mismos que les ofrezco a mis clientes y te ayudarán a comenzar a trabajar de inmediato en esto. Pero antes, quiero decirte un poco más sobre lo que *no* voy a hacer.

¿QUÉ DEMONIOS ES UNA PSICÓLOGA DE LA MODA?

Ésta es la cosa: soy profesora y terapeuta con experiencia en la industria de la moda y una apasionada por ella. Soy escéptica de las reglas, las tendencias pasajeras, las compras como terapia y la asesoría de estilo basada en las reglas del color. Quiero saber cómo te *sientes* con tu ropa para ayudarte a encontrar prendas que te hagan sentir fenomenal. También creo que la moda puede ser un catalizador del cambio social. Ya sea que esté tomando té con clientes en Dubái que usan abaya, o desarrollando un plan de estudios sobre "Trayvon Martin y el efecto de la sudadera con capucha", estoy profundamente consciente de la forma en que las historias culturales se representan por medio de nuestras prendas. Siempre he sido y sigo siendo vorazmente curiosa sobre la gente. Cómo te vistes sólo es un aspecto de quien eres, pero es significativo. Si tienes preguntas sobre el estilo, te daré respuestas. Sólo te voy a pedir que primero examines tu alma.

Puedo ayudarte a vestirte y sentirte mejor. Pero no soy una estilista, al menos no en el sentido tradicional. Un estilista, un consultor de imagen o comprador personal les dice a los clientes qué ponerse con base en las últimas tendencias, en lo nuevo y actual en las pasarelas y los exhibidores, y lo que *él* piensa que los hará ver de maravilla. En Hollywood, vestir a las celebridades es una industria en toda regla con su propio ecosistema. El "estilo personal" de una estrella generalmente se compra y se paga, pero por lo regular no lo paga la estrella. Más bien es la creación de un equipo de artistas profesionales, conocido como *brigada glam*. Su trabajo es dar vida a las fantasías de la moda glamorosa. Mi trabajo es mejorar tu vida real y, sí, idealmente volverla un poco más glamorosa.

He trabajado con personas muy famosas, pero un motivo por el cual no quiero ser estilista de celebridades es la falta de inclusión en la industria. El estilista Jason Bolden, que trabaja con Mindy Kaling, Serena Williams y Taraji P. Henson, entre otros, ha descrito los obstáculos raciales qué ha encontrado en su camino a la alfombra roja. Cuando se ha acercado a las mejores casas de moda buscando vestidos para una nominada al Oscar que resulta pertenecer a una minoría, la respuesta ha sido: "Ah, no. Paso", como le dijo a *The Cut*, el sitio de internet de *New York Magazine*. "Pero entonces los veo trabajar con alguien [blanco] que no tiene carrera ni perfil en la moda. Es extraño."[6]

La discriminación por la talla también entra en juego. Las estrellas que no entran en los vestidos de muestra talla 00 suelen ser dejadas fuera del juego de las prendas de diseñador. Quizá recuerdes cuando la comediante Leslie Jones de *Saturday Night Live* no podía encontrar un vestido de diseñador para usar en la premier de su película *Cazafantasmas*. Tuiteó lo siguiente: "Es muy gracioso que no haya diseñadores que me quieran ayudar con un vestido para la premier de una película. Mmm, eso cambiará y yo lo recordaré todo".[7] Aunque las casas de moda a menudo dan razones para producir colecciones en sólo un número limitado de tallas (costo, ingeniería, etcétera), este numerito de chicas malas de "no puedes sentarte con nosotras" se empieza a sentir avejentado. No sólo yo no juego a eso, sino que nunca he puesto un pie en ese ambiente.

En mi mundo, sin importar el tipo de cuerpo que tengas, el tono de piel, la nacionalidad, la generación a la que perteneces, lo que haya en tu cuenta de banco, estoy aquí para ayudarte a examinar tu vida y volver a imaginar tu relación con tu ropa. Estoy totalmente enfocada en cómo la gente usa su moda, ya sea como medio de empoderamiento o como muleta emocional. Los estilistas pueden ser sumamente hábiles, pero su preocupación primordial es la óptica. Les importa cómo se *ven* sus clientes. A mí me importa cómo *estás*. En la industria de la moda, en el mundo de los *influencers* de Instagram y en Hollywood, la autenticidad cuenta, pero la imagen cuenta más. Mi trabajo es ayudarte a conectar lo que usas por fuera con cómo te sientes por dentro. Para un estilista, la vida interior del cliente es secundaria, una consideración incidental, si es que alguna vez surge. Quizá te parecería muy inapropiado y poco profesional si tu estilista comienza a preguntarte cosas sobre tu situación romántica, tus traumas, tu dinámica familiar. Cariño, ahí es donde yo empiezo.

Una psicóloga de la moda *comienza* excavando lo que hay debajo de la superficie, y por eso mi lema es "estilo de dentro hacia fuera". Quiero saber por qué la persona que está sentada frente a mí elige vestirse como se viste. Entonces hago preguntas sobre su vida amorosa, su autoestima, su imagen corporal, su estilo de vida, sus relaciones, sus miedos e inseguridades, sus desafíos y fortalezas, mucho antes de que consideremos cambiar algo de la ropa. Por lo regular sostengo con un cliente tres sesiones de psicoterapia antes de ver su guardarropa. Ahora, como éste es un libro, no puedo ver tu clóset. Pero puedo enseñarte a *darte estilo a ti misma*, usando prendas y accesorios que ya tienes.

Así que vamos al momento de la verdad. ¿Cómo funciona la psicología de la moda? En el siguiente caso práctico la verás en acción y comenzarás a comprender cómo puede ayudarte.

CASO PRÁCTICO:
NO ESTÁ ARRUINADO, PERO TODAVÍA PODEMOS ARREGLARLO

....

En este caso mi clienta era una editora de moda australiana de unos veinticinco años llamada Tracey. Tiene una vida ocupada, su personalidad es vivaz y a menudo se siente insegura sobre qué ponerse en los eventos sociales, durante las entrevistas a las celebridades y reuniones profesionales. Yo describiría su estilo personal como a la última moda y ecléctica. Toma decisiones atrevidas. No vacila en ponerse una chamarra blanca de aviador imitación piel de cocodrilo, y una blusa de seda con estampado de leopardo en azul y negro, o zapatillas blancas de piel de víbora, todo junto. Pero, en cierto modo incongruente, ella prefiere los básicos relajados (blusas, pantalones, chamarras) con siluetas holgadas. Está un poco en todas partes.

Tracey tiene muy buenos instintos de estilo, pero carece de una visión cohesionada de quién ella es y cómo comunicarlo. Como resultado, en las prisas de la mañana suele tomar un enfoque de "clase trabajadora", y se pone una serie de prendas a la moda y disparatadas al mismo tiempo, y después intenta equilibrarlas con básicos demasiado casuales (como jeans boyfriend desgastados y holgados). Tiende a vestirse con tanta prisa que no piensa mucho en cómo se ve el conjunto o en cómo se siente conforme pasa el día. La creatividad innata de Tracey y su personalidad llena de energía, combinadas con su trabajo estresante (un editor de moda tiene que vestirse como tal), le generan ansiedad y la llevan a adoptar looks que la abruman. Ya tiene lo que se necesita, sólo que tiene demasiado.

Revisión del desempeño

Especialmente en los ambientes corporativos, a menudo las mujeres reciben el mensaje de que deben vestirse para emular a aquellos que están en el poder. Y por lo regular éstos son hombres. Al trabajar en una revista, Tracey fácilmente podría haber sacado un "traje sastre" de su clóset de moda oficinista o haber ido a una tienda de moda rápida como Zara para comprar algo que parezca "profesional" para su importante junta. Pero después de una larga conversación, determinamos que ponerse un traje sastre profesional nuevo con hombros marcados y pantalones estrechos la dañaría y no la ayudaría mucho. Si no se siente natural con su atuendo, se sentirá como un fraude (#ImposterSindrome) (#SíndromeDelImpostor) y su ansiedad estallará.

Receta de estilo

Le sugerí a Tracey que usara una blusa de seda suave con botones con la que se siente de maravilla y que ya ha usado en días de trabajo exitosos, y por lo tanto la asocia con sentirse empoderada. Ya tiene varios tops de este estilo, con estampados delicados o con bordes entubados, y esos detalles pueden diferenciarte sutilmente.

Después seleccionamos unos pantalones negros entallados un poco stretch (piensa en unos pantalones pitillo para equilibrar el volumen superior), una chamarra negra clásica y zapatillas puntiagudas. Todos éstos son componentes a prueba de fallas y al mismo tiempo cómodos con un look refinado.

Mi objetivo para Tracey era que se sintiera ella misma en las reuniones importantes. Así que le aconsejé que comenzara a elevar su estilo de trabajo con anticipación, usando este tipo de atuendos los días previos a una reunión para negociar un ascenso. **¡Prueba tus atuendos primero!** Como le dije a Tracey: "Te vas a acostumbrar a verte a ti misma como una jugadora con poder, y lo mismo sucederá con quien te vea. Vestirte como si ya tuvieras el puesto —y ser dueña de ese look— programará a tus superiores a visualizarte en él".

Ir sola a una boda

Quizá te sientas vulnerable si vas sola a una boda. Pero como le dije a Tracey, es mejor experimentar tus sentimientos que ahogarlos en una barra libre. Cuando ella estaba pensando qué ponerse para una boda en el verano, le pedí que imaginara las interacciones con los demás invitados y que **anticipara el tipo de comentarios que podían desarmar su confianza.** Entonces le aconsejé que se vistiera para obtener el tipo de cumplidos que esperaría escuchar.

Receta de estilo

Tracey ya tenía algunos vestidos con mangas, acinturados y falda ancha. Tienden a ser siluetas universalmente halagadoras que cumplen con la mayoría de los códigos de vestir y que pueden usarse en varios climas. Si la boda es de etiqueta rigurosa, entonces los accesorios como la joyería atrevida, los tacones altos decorados y los abrigos lujosos aumentan la formalidad.

Después le aconsejé que **considerara el color.** El rojo es un imán sexual (ve el capítulo 6). El azul es tranquilizador. El negro te ayudará a integrarte. Si la mamá de la novia dice: "Wow, ese vestido está sensacional", ¿acaso Tracey estaría escuchando: "Ay no, últimamente te ves muy urgida"? Le expliqué que no se trata de vestirse para complacer a los demás. Se trata de saber qué tipo de retroalimentación podría derribar tu juego y vestirte para evitarlo.

Una cita de Tinder

Las primeras citas son bombas de incomodidad esperando a ser detonadas. Como muchos de nosotros, Tracey tiende a ser ingenua, compartir demasiado de sí misma o reprimirse cuando se pone nerviosa. Le expliqué que su ropa puede tensar la

cuerda y mandar mensajes más claros y de seguridad en sí misma. Los tops con trans-
parencias o acentos de encaje delicado muestran un poco de piel sin ser demasiado
reveladores. Cualquier cosa cuadrada, abombada o demasiado a la moda podrían
oscurecer su atractivo. (¡A las que les gusta la estética repelente de hombres pueden
no estar de acuerdo!)

Receta de estilo

Le aconsejé a Tracey que se preguntara a sí misma cómo se quiere sentir con esa per-
sona —sexy (vestido rojo, escote arquitectónico, tacones y bolsa de mano metálicos),
divertida (mezclilla sobre mezclilla y sandalias con acento), con energía (vestido
veraniego en tonos cítricos con calzado deportivo blanco), relajada (falda hasta el
tobillo y camiseta)— y después elegir la ropa de su clóset.

Como puedes ver, no le sugerí a Tracey que alterara dramáticamente su estilo o llegar al límite de su tarjeta de crédito a fin de adquirir una pieza para una ocasión especial. Todos los "nuevos" *looks* que le receté estaban conformados por elementos que ella ya tenía. Como me escucharás decir repetidamente, yo no hago transformaciones. De hecho, a veces los cambios que le sugiero a los clientes en su guardarropa son tan sutiles, ¡que nadie nunca los nota!

Las transformaciones nos entretienen porque se relacionan con nuestros deseos más profundos de belleza, glamour, escape y renovación. Vemos programas durante horas para ver cómo las prendas pueden crear (y recrear) identidades. Piensa en los momentos emocionantes de "gran revelación" en *Queer Eye, What Not to Wear, Say Yes to the Dress* y muchísimos más. En esos programas, los sujetos mutan —frecuentemente por medio de vestidos ceñidos—: pasan de ser anodinos a verse fabulosos, su nuevo *look* es la clave para vivir felices por siempre. Aparecen brigadas glam —con experiencia en la alfombra roja—, hacen su magia en el cabello, el maquillaje, el atuendo y *¡voilà!* La seguridad que antes estaba escondida se descubre y, por lo regular, se consigue el amor verdadero.

Pero ya sabes cómo terminan esas historias. Los efectos se evaporan en cuanto el director grita *¡corte!* El reloj marca la medianoche y la estrella por un día se convierte de nuevo en un cero a la izquierda vestida en harapos. Tú eres demasiado lista como para dejarte atrapar por esa fórmula de cuentos de hadas. Hoy en día, todos hemos sido obligados a crecer. Ya no estamos dispuestos a que nos alimenten con las mismas viejas ideas agotadas. Ahora el género es más fluido, los pantalones de yoga son más populares que los jeans, y la soltería es una versión viable de ser felices por siempre.[8] Si entraste en el mercado laboral después de la recesión de 2009, probablemente te importa más cómo vestirte para una entrevista informativa que para una cita amorosa. La psicología de la moda es el siguiente paso natural conforme trascendemos la mentalidad de cambio de imagen, la cual está pasada de moda. Te apuesto a que estás lista para abordar tu *look* —y tu vida— desde una postura más deliberada.

Mi rol es ayudarte a conectarte con quien eres, con la manera en que te sientes en el fondo. Si quieres repensar tu *look* o reformar tus hábitos de compras, estoy contigo. Pero el primer paso para llegar a donde quieres ir es examinar de dónde provienes. La ropa simplemente es un vehículo para empoderarte en tu camino. O, en algunos casos, un obstáculo en el camino que debe ser derribado.

Aquí hay más cosas que yo no hago:

- Vestirte de acuerdo con tu "forma corporal" o comparar tu cuerpo con productos. Para que quede claro, todavía no he conocido a una persona cuya autoestima haya mejorado al ser identificada como "cuerpo de pera".
- Llevarte a compras compulsivas como en la película *Mujer bonita*. De hecho, rara vez voy de compras con mis clientes.

■ Arreglar tu clóset con el método KonMari. Podría pasarme todo el día viendo a Marie Kondo doblar camisetas (#SparksJoy). Y sí tengo consejos sobre cómo editar tu clóset y crear un *guardarropa básico* (ver página 141). Pero tu cajón de cachivaches no es mi asunto. Y *no hay manera* de que yo te muestre el mío.

Cuando trabajo con mis clientes, hablamos —*realmente* hablamos— sobre las motivaciones psicológicas detrás de las elecciones de su guardarropa. Y estás a punto de conocer a varios de ellos que fueron lo bastante valientes para mostrar sus secretos. Te apuesto que te identificarás con muchos de ellos. Y espero que te inspiren a pensar más profundamente sobre tu propia historia y cómo te motiva a vestirte. Estoy interesada en ayudarte a reconectarte con tu ser más verdadero y auténtico. Creo firmemente que no podrás verte bien hasta que te *sientas* bien. Presiento que eso que evita que te vistas de la mejor manera es una herida emocional que necesita ser sanada. Una vez que la atiendas estarás lista para proyectar un yo interior más saludable por medio de tu estilo. He aquí un gran primer paso.

Ejercicio de psicología de la moda

UNA MAÑANA DE ATENCIÓN PLENA

¿Te suena familiar? La alarma se apaga. Te apuras en tu rutina matinal y luego llega el momento de enfrentarte con tu clóset. Ya estás retrasada, estás ansiosa, repasas tu lista de pendientes y te estresa ese compañero de trabajo o maestro que te rechaza, y te sientes derrotada antes de comenzar. Pronto ya te habrás probado una docena de atuendos, dejando tu habitación tirada, pero ninguno estará del todo bien. Tendrás una montaña de ropa desparramada por todas partes, y sigues sin tener nada que ponerte.

Qué pasaría si te tomas sólo un minuto para recostarte en la cama y, antes de que tus pies toquen el piso, te preguntas: ¿cómo me *siento* ahora mismo? ¿Qué tengo hoy en mi agenda? Y lo más importante: ¿cómo me *quiero* sentir las siguientes ocho a doce horas? Quédate ahí acostada y respira. Haz todo lo posible para honrar este tiempo sagrado. Te acabas de despertar. ¡Este día aún puede ser fantástico! Enfócate en este tiempo y espacio privados (tu recámara, tu clóset, tu santuario) con la reverencia que ellos, y tú, merecen.

Hacer esta revisión diaria cambió mi vida y me ayudó a vestir mucho mejor. Pongo mi alarma cinco minutos antes para quedarme en la cama y preguntarme: *¿Cómo me siento en este instante?* Incluso tengo un retrato mío en la pared como recordatorio de conectarme primero conmigo misma, antes de pensar en los planes o en complacer a otras personas. ¡De verdad! Y lo entiendo: incluso un pequeño acto de atención plena se puede sentir ridículo al principio. Pero en verdad puede sentar las bases para obtener calma.

Digamos que despertaste sintiéndote atontada, un poco descolocada, angustiada por el día estresante que te espera, no es tu mejor yo. Esta información es importante. Siéntela. Reconócela. Quizás ahora no es el mejor momento de ponerte una falda de tubo de piel y un suéter a la moda peludo y que pica. En cambio, tal vez elijas algo elástico, unos *leggings* indulgentes, un suéter suave de *cashmere*, tus jeans *boyfriend* favoritos, o un conjunto monocromático de pantalones deportivos y camiseta de corredor que puedes volver más elegante con unos mocasines *chic*, una bolsa de mano acolchada y un abrigo color camello.

Tomar tu temperatura emocional antes de vestirte significa que estás experimentando tus sentimientos, en vez de reprimirlos o negarlos. Tu ansiedad va a disminuir si primero los aceptas y después tomas acciones positivas y significativas. Intenta esto todos los días de la semana, y observa si te sientes más cómoda durante el día.

En este momento de atención plena, una de las siguientes dos cosas puede ocurrir:

■ Puedes decidir quedarte en tu zona de confort. Puedes sentirte menos interesada en llevar más allá tus límites de indumentaria una vez que te das cuenta de que hacerlo no te servirá. Éste es otro ejemplo de **vestir para ilustrar el ánimo:** cuando evalúas minuciosamente tu estado emocional y después te vistes para respetarlo o combinarlo. La meta aquí no es transformarte o desafiarte con prendas, sino abrazar, aceptar y honrarte a ti misma exactamente donde estás.

■ Te puede llegar la inspiración creativa, como sucede a menudo cuando silenciamos nuestras mentes. (¡Es por eso que tenemos las mejores ideas en la regadera!) ¿Combinar unos pantalones de salir de charol con un suéter negro, una gabardina y unos mocasines sin cordones con estampado de leopardo? ¿¡Para ir al trabajo!? Adelante con tu yo terrible. Éste es un ejemplo de **vestir para mejorar el ánimo:** cuando usas la ropa para elevar tus emociones y ponerte en un estado mental diferente y óptimo.

MARCO CONTEXTUAL:
LA HISTORIA DETRÁS DE LA PSICOLOGÍA DE LA MODA

Uno de mis ídolos, la supermodelo Veronica Webb, escribió en *The Root* que la psicología de la moda es "una idea cuyo tiempo ha llegado".[9] Bueno, Verónica, ¡eso debió haber sucedido hace mucho tiempo! Mi filosofía de la moda está construida sobre las bases de los padres fundadores de la psicología, es decir, Sigmund Freud y William James. Michael Roth, experto en Freud y presidente de Wesleyan University, comentó en una entrevista con *Gizmodo*: "Freud dice que los seres humanos no podemos guardar secretos. Revelan sus seres más íntimos con su ropa, con sus tics, con sus maneras; que cualquier cosa que hagamos, estamos expresando aspectos de nosotros mismos a la gente que tiene ojos para ver y oídos para escuchar".[10] ¡Amén, Sigmund!

William James era un psicólogo de Harvard que vivió en el siglo XIX, pero estaba tan enfocado en la moda como un *influencer* de Instagram. El tipo estaba obsesionado con la ropa. En otras palabras, estaba altamente sintonizado con el impacto de la vestimenta en el comportamiento. James creía que nuestras experiencias físicas o actos causan emociones, en vez de creer que sentimos una emoción (como tristeza), a la cual después reaccionamos físicamente (derramar lágrimas).[11] Por supuesto estas acciones físicas incluyen ponerse ropa. Cuando James viajó a Berlín en 1867, le escribía cartas a su esposa para describir a la gente que conocía, y antes que nada detallaba sus atuendos. Cecilia A. Watson (entonces candidata a doctorado en la Universidad de Chicago), en su análisis sobre esas cartas, sostiene que "James confía en la importancia del vestir para el ser social", antes de ofrecer más detalles sobre el carácter, el trabajo o el carisma de un conocido. "La ropa entra primero, y gradualmente, en el curso de su descripción, James la llena con las expresiones de su personalidad."[12] Tremendo, ahí está. *La ropa entra primero.* Repite conmigo: la-ropa-entra-primero. Así era antes y así es ahora. Tu ropa no sólo provoca que pienses, sientas y te comportes de cierta manera; también entra contigo y le dice a la gente quién eres antes de que puedas siquiera abrir la boca.

James creía que al seleccionar las prendas que te pones todos los días, estás eligiendo qué información tuya muestras a los demás. Pero hay otra cosa de la que se dio cuenta: la ropa, decía, es una extensión de tu cuerpo. No sólo le dice a las otras personas quién eres, sino que también te dice A TI quién eres y dicta cómo te sientes. La sensación de la ropa sobre tu piel te manda un mensaje sobre cómo pensar y actuar, al igual que cuando tu cerebro envía un mensaje a tus músculos para que se muevan. Cualquiera que haya tenido un vestido de graduación, de boda o (Dios nos ayude) de dama de honor, comprende esto. Imagina cómo reaccionarías —cómo cambiarían tu postura, tu ánimo, tu nivel de comodidad y tu actitud— si te pusieras un vestido de noche largo, de manga larga y con lentejuelas... Ahora imagina un vestido de satén ajustado y revelador... Ahora un vestido corto ajustado con hombros descubiertos... Ahora un vestido camisero de lino con botones estilo Jackie-O. Mientras te visualizas pasando una noche con los diferentes vestidos, ¿cómo moldean tus fantasías las telas y la siluetas?

La historia nos muestra que la ropa ha cautivado por siglos a los intelectuales más importantes del mundo. *El sistema de la moda* es una colección de ensayos escritos por el crítico cultural Roland Barthes, quien en la década de 1960 escribió extensamente sobre temas como el estilo *hippie* y el poder de la joyería. Su editor dice que es "una lectura esencial para cualquiera que quiera comprender el poder cultural de la moda".[13] En el libro *The Social Psychology of Dress,* los académicos Kim K. P. Johnson y Sharon J. Lennon analizan la forma en que la ropa influye en las relaciones: "Podemos usar la vestimenta para identificar a otros en términos de su posición social, así como otras identidades posibles y la pertenencia a grupos que pueden estar indicados en el uso de su vestimenta, y por lo tanto moldear nuestra interacción con ellos".[14] Tus tacones de Christian Louboutin con sus imperdibles suelas rojas me dicen que eres rica, consciente de tu estatus social y orgullosa de él. La camiseta sin mangas que trae puesta ese hombre musculoso y sus pantalones de atleta significan que está de lleno en el entrenamiento físico y posiblemente es narcisista. El lindo conjunto de *cashmere* y el collar de perlas que ella usa me dicen que es puritana, formal y quizás un poco controladora. Verás, todas estas suposiciones son subjetivas, hipotéticas, ¡y muy posiblemente erróneas! Dos personas que estén viendo a los extraños imaginarios que acabo de describir pueden tener reacciones y percepciones totalmente diferentes de las características de su personalidad. Todos estamos influidos por nuestras propias historias y preferencias, que después proyectamos en otros. Pero no hay duda de esto: aunque pasemos unos junto a otros por la calle en silencio, nuestras ropas conversan.

PSICOLOGÍA DE LA MODA Y POLÍTICA: VESTUARIO PARA EL ESCENARIO MUNDIAL

Casi no hay un lugar en el mundo en el que las prendas hablen más fuerte que en Washington, D. C. Si, como algunos críticos afirman, la ropa es insignificante, si en realidad no tiene sentido, es superficial y tonta, ¿por qué es un tema tan candente para la mayoría de la gente poderosa en el mundo? ¿En particular por qué nos enfocamos tanto en lo que las mujeres políticas visten? Veamos algunos ejemplos. En un esfuerzo por desacreditar una declaración que hizo la congresista de Nueva York Alexandria Ocasio-Cortez sobre su situación financiera, un periodista tuiteó (en respuesta a una foto de ella tomada por detrás, sin su conocimiento o consentimiento) que su saco y su abrigo "no se ven como una chica con dificultades".[15] Cuando la demócrata Ayanna Pressley de Massachusetts fue electa para el Congreso, en su discurso por haber obtenido la victoria preguntó: "¿Puede una congresista peinarse con trenzas, usar una chamarra de piel negra y pintarse los labios de un color rojo atrevido?".[16] Aunque Melania Trump no es una funcionaria electa, la han hecho pedazos por ponerse una chamarra de Zara con las palabras "A mí realmente no me importa, ¿y a ti?" en la espalda para visitar a niños separados de sus padres en la frontera de Estados Unidos y México, y unos tacones de aguja Manolo Blahnik para visitar Texas después del huracán Harvey. La revista *Newsweek* se preguntó por qué tantas mujeres en la órbita del presidente Trump con frecuencia usan tacones de aguja. "Los tacones altos sacan las nalgas y arquean la espada en una pose de cortejo mamífero —de hecho, una pose de cópula— llamada 'lordosis'", señaló la antropóloga Helen Fisher. "Es una postura naturalmente sexy que los hombres de inmediato ven como disposición sexual. [Los tacones] son una señal provocativa."[17] La ropa hace al hombre. Así parece en la política, así como en aquellas mujeres de su séquito.

Los bloggers y los presentadores de los programas de entrevistas nocturnos una vez más reprobaron a la señora Trump cuando usó un salacot —un sombrero blanco poroso asociado históricamente con los colonialistas europeos—, mientras estaba en un safari en Kenia. Fue una elección de indumentaria que CNN definió como "espantosamente ofensiva para muchos africanos". Un académico asoció su elección de sombrero con "presentarse a una granja de algodón en Alabama vestida con el uniforme de los confederados".[18] No estoy aquí para criticar. Nunca he conocido a la señora Trump y sólo puedo adivinar sus intenciones. Mi trabajo es señalar que, en ausencia de otra información, nuestras elecciones de prendas hablarán por nosotros. Mira, la señora Trump no da muchas entrevistas. No muestra mucha emoción en su rostro, y está en su derecho, y en una posición singular en la que todo mundo se muere por saber lo que está pensando. A diferencia del telón de fondo de su silencio, sus prendas prácticamente gritan.

Uno podría argumentar que la ropa de la señora Trump es criticada injustamente y malinterpretada deliberadamente. Es irónico que esta frustración sea compartida por Hillary Clinton, la exrival de su esposo. En 2010, un periodista le pidió a la entonces secretaria de Estado Clinton que nombrara algunos de sus diseñadores de moda favoritos. ¿Su respuesta? "¿Le preguntarías eso a un hombre?"[19] Como la misma señora Trump le dijo a la prensa en África: "Desearía que la gente se enfoque en lo que hago, y no en lo que me pongo".[20] ¡Ah, pero es justo eso! Lo que eliges ponerte ES algo que haces. Independientemente de la postura política o partidaria de la gente que pertenece a la esfera política, la ropa es el área en la que es imposible mantener silencio, y particularmente para las mujeres. Es famosa la vez que la secretaria Clinton intentó desviar la atención hacia su aspecto al ponerse ropa insulsa y en el proceso volvió icónicos los trajes sastre de pantalón. Mira, incluso la ropa "aburrida" hace algún tipo de declaración. La columnista de moda de *The New York Times*, Vanessa Friedman, escribe sobre la señora Trump: "La ropa es símbolo de las acciones y del actor. ¿Es superficial? No más de lo que es poner atención en cualquier simbolismo [...]. Todas las prendas son vestimentas que asumimos para actuar como nosotros mismos".[21] Esta observación aplica para todos nosotros. El estilo es la plataforma de las historias que compartes con otras personas acerca de quien eres (¡igual que en Instagram!).

Entonces, ¿cuál es el aprendizaje para ti?

1. Tu ropa habla. Aunque seas consciente de ello o no, aunque quisieras que fuera así o no, son los vestuarios *que tú eliges* para actuar en la historia de tu vida.

2. Tu ropa manda mensajes a otros que pueden *o no* transmitir con exactitud lo que quieres decir.

3. Las demás personas van a reaccionar a tu ropa. Por supuesto que puedes ponerte lo que te dé la gana y mereces seguridad y respeto, pase lo que pase. Pero en un nivel práctico, piensa muy bien lo que quieres obtener de las demás personas cuando escojas tu atuendo. ¿Cómo quieres que te respondan? ¿Quieres que te vean como una autoridad o como alguien abierto y accesible? ¿Seria o divertida? ¿Quieres mostrarles quién eres y de dónde vienes, o prefieres permanecer más anónima? ¿Quieres causar sensación y llamar la atención? ¿O tienes ganas de que no te molesten y pasar inadvertida? Estos deseos pueden cambiar día con día. Evalúa tu ánimo y pregúntate todo esto cuando te acerques a tu clóset.

CÓMO LA ROPA IMPACTA EN TUS EMOCIONES

Vestirse bien es tanto un arte como una ciencia. Tal vez leíste esta oración y pensaste: *Espera, ¿existe tal cosa como la ciencia de vestirse?* Algunos dirían que no. Pero la psicología de la moda *está* basada en investigaciones científicas legítimas. Y yo no soy la única experta que confía en ello. Los consultores de marca, antropólogos renombrados y ejecutivos de marketing usan regularmente métodos y estrategias científicas para intentar descubrir qué nos motiva a comprar ropa. Desde las señales de apareamiento primitivo hasta el teatro político, la ropa habla por nosotros. Y el centro de nuestra relación con la ropa son las emociones humanas.

Como ya lo hemos establecido, lo que te pones impacta en tu estado de ánimo, desempeño y comportamiento. Revisemos una investigación que lo demuestra. En 2012, los psicólogos Hajo Adams y Adam D. Galinsky de Northwestern University publicaron un estudio innovador llamado "Enclothed Cognition" ("Cognición atávica"). En él concluyeron que "la ropa sistemáticamente influye en los procesos psicológicos del usuario". Por medio de una serie de pruebas y experimentos, descubrieron que una bata blanca de laboratorio "generalmente se asocia con atención y cuidado". Cuando los participantes del estudio estaban usando una bata de laboratorio mostraban mejor atención y concentración. Sin embargo, esto sólo ocurría cuando les decían que era una bata *médica* de laboratorio. Cuando a otro grupo le dijeron que era la bata de un pintor, la prenda no tuvo efecto alguno en su atención y concentración. Como lo explicó Galinsky: "El usuario adopta el valor simbólico de la ropa que usa".[22] Conozco a alguien que se rige bajo esta verdad todos los días. Vamos a conocerlo.

CASO PRÁCTICO:
JUZGAR UN LIBRO POR SU CUBIERTA

....

Tengo un amigo que es un juez muy importante. Siendo un hombre afroamericano, tiene una perspectiva interesante sobre el sistema de justicia criminal. Todos los días ve a personas de su misma raza (pero no con los mismos antecedentes educativos o estatus social) con destinos dramáticamente distintos del suyo. Esta experiencia influye tanto en sus emociones como en la elección de su ropa. Me dice que cuando se pone sus togas en el juzgado, infunde respeto y se comporta como corresponde. Se siente fuerte, seguro, capaz. Pero me confiesa que, cuando se quita la toga y regresa a casa, su aire de autoridad se evapora y se siente incómodamente vulnerable.

Él piensa mucho en qué ponerse cuando va rumbo al trabajo en el metro y en los espacios públicos en general. Deliberadamente se pone traje y corbata todos los días, incluso los fines de semana, incluso en su propio vecindario. Debido a su trabajo, está sumamente consciente de que como hombre negro en la ciudad de Nueva York, si usara sudadera con capucha o pantalones deportivos fácilmente podría ser confundido con un indigente o con un rufián y encontrarse del otro lado del estrado.

....

¿Cuál es la lección universal aquí? Antes que nada, debemos reconocer que las minorías enfrentan un segundo conjunto de consideraciones relacionadas con su apariencia al estar en espacios públicos. Usar un atuendo conservador marcado y llevar un peinado europeo pueden tener un efecto real en nuestra seguridad, en el tenor de nuestras interacciones sociales y en los niveles de éxito profesional que alcanzamos. Como educadora, mi papel es elevar la conciencia al respecto, y cuestionarla. (Voy a profundizar en estos temas en el capítulo 10.) Pero en general, quiero que todos sepan que vale la pena pensar seriamente en cómo te presentas a ti mismo. Como el traje de un superhéroe, tus prendas tienen la capacidad de empoderarte y ayudarte a infundir respeto. Úsalas.

CUIDA LA DISTANCIA: VESTIR A NUESTRO YO DE FANTASÍA

Cuando trabajo de forma privada con mis clientes, una de mis misiones es "conectar la distancia ente la percepción y la realidad". Lo que quiero decir con la "distancia" es la desconexión entre la persona que *sientes* que eres y la persona que ven los demás. Todos hemos escuchado una versión al respecto de parte de nuestros seres queridos. Caray, tal vez tú mismo lo has dicho: *¡Ponte lo que quieras! Sé tu mismo. Mientras seas feliz, no importa lo que piensen los demás.* Ojalá las cosas fueran tan simples. A veces, ser incomprendido por los demás por tu apariencia puede llevarte a la infelicidad.

CASO PRÁCTICO: PREPÁRATE PARA LA PERCEPCIÓN

Una vez trabajé con una periodista llamada Kristen que se pintaba el cabello de morado. A ella su look le parecía avant-garde y a la moda, y no un estilo Manic-Panic pasado de moda. Sin embargo, se daba cuenta de que el color de su cabello a veces provocaba que ciertas personas supusieran cosas erróneas sobre ella. No tenía muy claro por qué existía una disparidad entre la forma en que se veía a sí misma y el modo en que los demás parecían verla. En un artículo sobre nuestro trabajo juntas, ella escribió: "Me peino y uso mi cabello de una forma que creo es moderna y no un tema candente, pero en cuanto salgo de Nueva York de vacaciones o de viaje, por la forma en que me miran (sin mencionar los comentarios de los hombres) indica de inmediato que piensan que soy gótica, un bicho raro o, en el caso de una visita reciente a París, una prostituta. Al mismo tiempo, creo que es muy divertido jugar con diferentes personajes con la moda, y también empodera ponerse algo que uno teme probar".[23]

Kristen estaba experimentando lo que yo llamo incongruencia de la moda, en la que sus intenciones no coincidían con las percepciones de los demás. Ella sabía muy bien que el cabello morado podía llamar un poco la atención, y estuvo dispuesta a eso. Pero no esperaba, y tampoco merecía, comentarios despectivos. Estaba sorprendida por ser tan malinterpretada.

Receta de estilo

Le expliqué a Kristen que algunas personas no aceptarán su color de cabello, y eso está bien. Mi único consejo fue que pensara con anticipación cómo quería manejar los comentarios no deseados.

....

Kristen decidió seguir con su cabello morado y yo apoyé su decisión. Recuerda: di no a las transformaciones. Pero sí le pedí que sopesara adoptar normas de belleza en vez de seguir su propia estética. Todo mundo puede beneficiarse de ello. Si quieres ir más allá con tu *look* y te encuentras en un escenario donde puede incitar preguntas, comentarios y, en el peor de los casos, insultos, entonces piensa qué está motivando tu decisión y si las consecuencias valen la pena. Si te encuentras en una situación como la de Kristen, podrías ensayar algunas interacciones posibles y preparar respuestas para que te sientas menos ansiosa al enfrentarte con los comentarios de otras personas. A mí me encanta ponerme labial azul oscuro, morado profundo y hasta negro. Me siento como Grace Jones. Las miradas que me lanzan los extraños en el metro me molestan menos de lo que me gustan los colores de labial atrevidos. Si un *look* no convencional te hace feliz, entonces hay formas positivas de responder al escrutinio. Por ejemplo, si alguien hace una pregunta denigrante sobre tu apariencia, con amabilidad puedes volteársela si respondes: "¿Por qué lo preguntas?". Si alguien dice algo en el límite de lo ofensivo ("Lindo cabello morado. ¿Estás en una banda?"), haz una pausa y piensa antes de responder. A menudo, usar el humor o encontrar puntos en común disipa la tensión. Podrías decir: "No estoy en una banda, pero sí toqué el clarinete durante tres años en la orquesta de la secundaria. ¿Y tú?".

Es maravilloso honrar tu visión, siempre y cuando seas consciente —y estés preparado— de la percepción. Te guste o no, es importante como los otros nos perciben, especialmente en el trabajo. Cito a Ann Shoket, quien fue editora en jefe de la revista *Seventeen*: "Por mucho que queramos pensar que nuestra ropa o nuestros zapatos no deberían importar tanto como lo que tenemos que decir, la verdad es que tu *look* puede amplificar —o debilitar— tus mejores ideas [...]. Si quieres que te vean como alguien inteligente, con autoridad o creativa [...] tu ropa debe decir eso sobre ti antes de que abras la boca siquiera".[24] Repito: la ropa entra primero. Simplemente es la realidad.

Pero hay un giro interesante: a veces la desconexión entre la percepción y la realidad tiene menos que ver con otras personas y más que ver *contigo*. Muchos adquirimos ropa para la persona que *desearíamos* ser, y descuidamos, negamos u odiamos la persona que somos en realidad. Ésta es una receta para la baja autoestima, la incongruencia y las rutinas de estilo. He conocido a muchos clientes que compran sin parar para una versión de fantasía de sí mismos, mientras que su ser real usa la misma rotación de *looks* gastados y sin inspiración (más al respecto en el *complejo de guardarropa repetitivo* en el capítulo 4). Comprar ropa para tu yo de fantasía casi siempre termina en ese temido sentimiento de "No tengo nada que ponerme". Puedes tener mucha ropa, pero son para "ella": la persona que deseas ser, la que solías ser, la mujer que alguna vez usó ese vestido ajustado color fucsia para la boda de su sobrina. La ropa de ella no es para ti. Tal vez "ella" tiene diez kilos menos. Tal vez "ella" eres tú durante el semestre de la universidad que estudiaste en el extranjero. Tal vez "ella" va a muchas fiestas elegantes y usa vestidos brillantes de lentejuelas, mientras que tú vas al partido de futbol de tus hijos y todas las noches te acuestas en la cama para dormir a las 9.30 p.m. De cualquier forma, ¿cómo puedes esperar encontrar algo decente que ponerte en el clóset de *ella*?

Si tu yo de fantasía para el que compras es una versión idealizada de tú misma más joven, quizás estés comprando (y comprando... y comprando) ropa que asocias con estar en tu mejor momento, sin importarte si esa ropa todavía te queda. Estos *looks* pueden estar pasados de moda o ya no ser apropiados para tu edad. ¡Y lo peor de todo es que ya tienes ropa repetida! La escritora Helena Fitzgerald captura hermosamente este problema en su ensayo "All the Lipsticks I've Bought for Women I'll Never Be" ("Todos los labiales que he comprado para las mujeres que nunca seré"): "Mis compras de labiales están gobernadas por una parte de mi cerebro que no puede aceptar la diferencia entre quien soy hoy y quien imagino ser. Compro labiales para mis yo imaginarios".[25] La estrella Stacy London de *What Not to Wear*, también ha escrito sobre la moda como alimento de la fantasía. En un ensayo viral para Refinery 29, describió su descenso a una ruina financiera casi total como resultado de comprar en línea compulsivamente, lo cual fue detonado por una serie de crisis personales (cirugía de columna, ruptura amorosa, depresión). Ella describió las horas que pasó comprando en línea como "pensamiento mágico". Durante estos atracones de compras, ella visualizaba las fiestas fabulosas a las que asistiría y la gente maravillosa que conocería ahí —justo cuando tenía la bolsa, joyería o zapatos perfectos para ponerse—: "Ahora me doy cuenta de que era sólo un futuro de fantasía, para distraerme de un presente agonizante".[26]

En estos ejemplos, las mujeres usan la moda para contarse una historia. La ropa y el maquillaje están entrelazados con quienes solían ser, quienes desearían ser, con la forma en que imaginan que sus vidas pueden desenvolverse. Su estilo está vinculado a su pasado, su futuro y sus sueños. ¿Y con sus realidades del presente? No tanto. Puedes elegir vestirte entallada o con ropa suelta y fluida, con acentos en tu atuendo o calladamente minimalista. Pero cualquier cosa que te pongas, debes vestirte para la vida que estás viviendo. Sólo así puedes mejorarla.

Recuerda: la incongruencia y la falsedad son los enemigos de la confianza. La clave para verte y sentirte mejor es buscar una alineación entre quien eres, cómo te sientes y a quién ve el mundo. Al principio no será fácil. Puedes seguirte sintiendo incapaz y perdida. No te desanimes. ¡Casi todo mundo sufre con esto! De hecho, el otro día tomando café con una amiga, ella me preguntó: "¿Cuál es el problema más común de las personas que acuden a ti?". Mi respuesta: siempre sienten que no encajan o que no pueden hacerlo correctamente, sin importar cuánto compren. Les preocupa que son demasiado aburridas o demasiado raras. Si son mayores, temen que su *look* sea obsoleto e irrelevante, que son invisibles. Si son más jóvenes, les preocupa verse ridículas y que todo mundo se les quede viendo (y se ría de ellas). Quieren que yo vaya y revise sus clósets y les diga: *Muy bien, sí, no, sí, no.* Pero esto es lo que les digo: No tengo ninguna autoridad para decirte sí o no porque no sé lo que la ropa significa para ti psicológicamente. ¿Quién soy yo para decirte lo que es importante para ti si yo no he vivido tu experiencia?

Ahí es cuando comienzo a preguntar cosas como: "Bueno, dime lo que sientes con respecto a esta prenda. Te has aferrado a ella desde 1995. ¿Qué significa para ti? ¿Por qué no puedes deshacerte de ella? ¿Por qué está aquí todavía? ¿Te gusta su color? ¿Te gusta su textura? ¿La forma en que te queda? Aunque ya no esté de moda, claramente es relevante para ti. Entonces es cuando la ropa empieza a contar la historia. Tal vez no te deshagas de tu vestido rosa *nude* de graduación porque te gusta el color, la cintura de corte Imperio o la suave seda. ¡Ahora puedes usar esa información! Tal vez se te dificulta mucho deshacerte de tus camisas de trabajo, aunque ahora oficialmente eres una ama de casa de tiempo completo. Tal vez no estás lista para renunciar a esa parte de tu identidad. ¿Por qué no intentas combinar esas camisas de trabajo con unos jeans para ir al súper o a una junta de la asociación de maestros y padres de familia? A ver cómo te sientes.

Después mi amiga me preguntó algo más: "¿Cuál es el mejor consejo que les das a tus clientes?". Es simple, pero nunca es fácil de ejecutar: encuentra tu color, patrón, tela y forma favoritas, cualquier cosa que te hable, y póntelo. Cualquier cosa que te encante, ÚSALA. Sin importar el clima, la ocasión, lo que esté de moda, ponte lo que te haga sentir bien. Para mí, son los estampados de leopardo. Aunque sólo sea una mascada o un cinturón delgado, siempre me siento mejor cuando incorporo estampados animales a mi *look*. Para una de mis clientas, son las franjas bretonas. Para otra, es cualquier cosa chispeante o brillante. Para ti podría ser una chamara de piel de motociclista, estampados florales o cualquier prenda azul marino. Parece obvio pero vale la pena decirlo en voz alta: tu ropa puede mejorar tu vida con tan sólo ponértela.

EN CONCLUSIÓN
CONSEJOS Y APRENDIZAJES CLAVE DEL CAPÍTULO 1

- **Tu ropa habla.** El estilo y la apariencia influyen en el comportamiento humano. Tu ropa te manda mensajes a ti y a las demás personas. Es esencial que reconozcas que tus elecciones son deliberadas, que tengas una misión en mente cuando te vistes y que te guste lo que tu ropa está diciendo.
- **¡Ya no te volverás a vestir en automático!** Ten una mañana de atención plena. Tus emociones son tus señales para decidir qué usar. Etiqueta tus sentimientos con palabras y luego busca prendas que cumplan tus necesidades, ya sea que eso signifique honrar tu ánimo o levantarlo.
- **Vístete para tu vida real.** Usa prendas que le queden bien a quien eres ahora, no a la que solías ser o en la que fantaseas convertirte.
- **Ponte tus cosas favoritas.** No guardes tus mejores prendas para el futuro o para una ocasión especial porque temes arruinarlas. *Carpe diem.* Vive el momento. ¡Ponte lo que te encanta!

CAPÍTULO 2

¿Cuál es la historia de tu estilo?

La moda la puedes comprar, pero el estilo lo posees. La clave
para el estilo es aprender quién eres, lo cual toma años. No
hay un mapa para el camino hacia el estilo. Se trata de la
expresión de uno mismo y, sobre todo, actitud.

—IRIS APFEL

¿Cuándo te empezó a importar la ropa? Si yo tuviera que precisar un momento en que "desperté" a la moda, sería mi último año de preparatoria, en el vestidor de una prima que tenía mi edad. A mi prima y su mamá les encantaban las marcas. Se ponían ropa de Tommy Hilfiger, Guess?, Gap y hasta Valentino, de pies a cabeza. Recuerdo que yo pensaba que ellas eran muy privilegiadas. En cambio, mi mamá me llevaba a comprar cosas *vintage* a Goodwill* o a tiendas de descuento. Siempre quería encontrar cosas únicas, a diferencia de la marca más cara, lo cual encajaba muy bien con la insistencia de mi papá de que las marcas eran un robo. Todavía puedo escucharlo despotricar en contra de las camisas polo con su acento jamaiquino: "¡Estás comprando esas camisetas con el caballito bordado, cuando puedes comprar lo mismo en Value City y

---

* Tienda de segunda mano sin fines de lucro. *(N. de la T.)*

a mucho menor costo!". Cada temporada, mi prima me llevaba enormes bolsas Hefty llenas de ropa usada para mí. Si era invierno, me daba toda su ropa de otoño. Si era verano, me tocaba la de primavera.

Un día me llevé a la escuela una bolsa Tommy Hilfiger que ella me había dado. Cuando entré tarde a la clase de álgebra, pasé por el escritorio de mi acosadora (llamémosla Sabrina*). Escuché a Sabrina y a su compinche (lo llamaremos Dave*) murmurar: "Ah, esa bolsa debe ser imitación Tommy". Sabrina persuadió a Dave para que se acercara a examinar mi bolsa y revisar si el logo era auténtico. Me sentí humillada. Pero entonces sucedió algo interesante. Todavía era relativamente nueva en la escuela y al principio había sido etiquetada como una extraña solitaria. Pero para primero de preparatoria, gracias a la generosidad de mi prima, comencé a ser conocida como la chica de las marcas. Me sentí devastada cuando Sabrina y Dave examinaron mi bolsa, en gran medida porque sabía que no era realmente mía. Para sentirme genial y aceptada, pensé que necesitaba estas marcas. Y aun así me sentía como un fraude, porque me las habían heredado. Ésa fue mi primera lección de *incongruencia de la moda*.

Mientras crecía mi estrés al respecto, me encontré de vuelta en la recámara de mi prima donde una tarde ella dijo casualmente: "Ah, mira, puedes quedarte con esto", y me lanzó una prenda. No creo que su intención haya sido humillarme, pero en ese momento me sentí devaluada. Regresé a casa y le dije a mi mamá: "Nunca más voy a usar la ropa que me dé". Decidí que no podía controlar a los estudiantes de la escuela, pero *sí podía* controlar esa situación.

Al mirar en retrospectiva, me doy cuenta de que ése fue el momento en que comencé a incorporar conscientemente la filosofía de mis papás a mi propio punto de vista. Concluí que las marcas no cuentan, lo que importa es tu propio sentido del estilo. No se trata de cuánto cuestan las prendas; se trata de cómo las usas de forma única. Y aun así, hasta el día de hoy, incluso cuando traigo puestos mis pantalones deportivos más casuales, siempre me aseguro de llevar una bolsa bonita. *Debe ser una bolsa bonita.* Pase lo que pase. Puedo rastrear directamente esa necesidad, esa inseguridad, hasta Sabrina y Dave en la clase de álgebra.

Cuando me negué a seguir recibiendo la ropa heredada por mi prima, pinté una raya y me fortalecí. Estaba comenzando a reivindicar la identidad de mi estilo. Le resté importancia a los indicadores externos de valor en favor de mi propia creatividad. Puse más atención en cómo me arreglaba en vez de cuál era la marca. Solía cortar viejas camisetas Hanes, doblar el borde para crear un escote sin hombros y fijarlo con alfileres de seguridad, transformando así una prenda básica de Walmart en una con acento rock punk. Y entonces, para mi sorpresa, muchas de las chicas de mi clase comenzaron a ponerse las camisetas sin hombros. Comencé a verme a mí misma como iniciadora de una moda. Me di cuenta de que mi poder no yacía en cómo me ajustaba a la norma, sino en cómo me individualizaba. Descubrí que si me siento bien conmigo, la gente se sentirá atraída a la seguridad que tengo en mí misma. Esto se convirtió en un asunto de orgullo. Conforme pasó el tiempo, acepté cada vez más mi naturaleza rebelde, sacudiendo las normas del estilo, y nunca miré atrás. A menos que esté en terapia, por supuesto, en cuyo caso rastrillo mi pasado con un peine de dientes finos (ja, ja).

¿QUÉ TIPO DE "VESTIDOR" ERES?

Muy bien, tu turno. Ahora es momento de que mires tu pasado y te preguntes: *¿Por qué me pongo lo que me pongo?* Estoy aquí para ayudarte a darle sentido a la historia de tu propio estilo y nombrar tus comportamientos. Una vez que comprendas lo que estás haciendo cuando te vistes y cómo creaste tus hábitos, será más fácil cambiarlos, si decides hacerlo. ¿Eres alguien que se viste emocionalmente, una *asimiladora de identificación de la moda,* una *cambiadora de código situacional,* alguien con *complejo de guardarropa repetitivo* o *con incongruencia de la moda*? Tal vez tengas rasgos de distintas categorías. Te ayudaré a profundizar en *qué* hay detrás de lo que te pones, que por lo regular está arraigado en la emoción. Luego dedicaremos el resto del libro a definir exactamente lo que puedes hacer al respecto.

Verás, después de años de trabajar con todo tipo de clientes, he comenzado a observar ciertos patrones o modos recurrentes de comportamiento. Cuando la gente se atora en rutinas de estilo, sus historias suelen seguir una fórmula. Cada uno de estos comportamientos de psicología de la moda puede ser reconocido y diagnosticado. Yo no me dedico a prescribir "curas" generales. Mi asesoría para cada individuo es personalizada. Pero puedo ayudar a que te hagas consciente de tus problemas al sacar a la superficie lo que está enterrado. Si tu comportamiento en el estilo impide tu bienestar emocional, tengo soluciones que podemos explorar.

Primero, vamos a familiarizarte con alguna terminología que usaré a lo largo del libro. En psiquiatría (el tratamiento médico de las enfermedades mentales) existe algo llamado *Manual diagnóstico y estadístico de trastornos mentales*, o DSM por sus siglas en inglés (ahora en su quinta versión). Como lo define la American Psychiatric Association, el *DSM-V* es "la guía acreditada para el diagnóstico de los desórdenes mentales".

Aquí, de la misma forma, he detallado un glosario de términos de psicología de la moda. Aclaro que no estoy equiparando los comportamientos de estilo con los desórdenes mentales. Sólo creo que para cualquiera será útil tener definiciones universales para ayudarnos a nosotros mismos.

GLOSARIO DE PSICOLOGÍA DE LA MODA

Fatiga por decidir. También conocida como la paradoja de la elección. Esto sucede cuando te enfrentas a demasiadas opciones sobre qué ponerte o qué comprar. A menudo deriva en sentirte abrumada y paralizada, y en tomar decisiones de las que más tarde te arrepentirás (remordimiento por lo que compraste, incomodidad con tu atuendo).

Asimilación de identificación de la moda. Cuando usas tu estilo para encajar o mezclarte en un grupo social o cultural.

Incongruencia de la moda. Cuando tu vestimenta ideal y tu vestimenta percibida son incompatibles.

Cambio de código situacional en la moda. Cuando alternas entre estilos diferentes, dependiendo de tus situaciones culturales y sociales.

Accesorio focal. Una prenda que tiene valor psicológico y quizá la uses repetidamente.

Vestir para mejorar el ánimo. Vestirte para modificar tu estado de ánimo para sentirte mejor. Hacer esto optimiza o eleva tu estado emocional del momento.

Vestir para ilustrar el ánimo. Vestirte de una forma que exprese y perpetúe tu estado emocional de momento.

Complejo de guardarropa repetitivo. Ponerte las mismas prendas —o versiones de lo mismo— una y otra vez.

DÉJAME AYUDARTE

En lo referente al estilo las posibilidades son infinitas (y, sí, eso puede ser paralizante). Lo único que vale para todos acerca de la ropa es que todos tenemos problemas. Todos —*todos*— estamos luchando con alguna patología de la moda. Nadie es inmune. ¿Ese horrible sentimiento de tener un clóset lleno de ropa, pero nada que ponerte? ¿Arrepentirte del atuendo cuando ya vas camino al trabajo? ¿Simplemente sentirte incómodo en tu propia piel cuando vas a tu negocio, contando las horas hasta que puedas regresar a casa, ponerte la pijama y ver Netflix? Estos sentimientos no discriminan. Y no estás sola. De hecho, estos complejos de estilo son tan comunes como ubicuos. Como el papel tapiz. O el ruido del tráfico que escucho fuera de mi ventana. Son tan universales que todos los aceptamos como algo con lo cual tenemos que vivir. ¡Y no tiene que ser así!

Creo que la psicología de la moda está teniendo un buen momento porque nos ayuda a definir o a diagnosticar comportamientos que presentamos todos los días, pero que no hemos nombrado. No me tomes a mal. Muchísimo tiempo al aire, publicaciones en blogs y artículos de revistas ya se han dedicado a enseñarnos "¡Cómo salir de tu rutina de estilo de una vez por todas!". Pero los surcos del estilo —alias complejo de guardarropa repetitivo— raramente son resueltos con infoentretenimiento. Tendrás que ahondar mucho más.

A continuación, te presento un test para ayudarte a identificar tus comportamientos de psicología de la moda, seguidos por mi consejo sobre cómo podrías cambiar tu *look* para cambiar tu vida.

Comencemos.

Test de psicología de la moda

CUÁL ES LA HISTORIA DE TU ESTILO

1. Cuando te acercas a tu clóset para vestirte en la mañana sientes...

a) Que necesitas ir de compras de inmediato. ¡¿Cómo es posible que tengas tanta ropa, pero nada que ponerte?!

b) Con ganas de ponerte un atuendo lindo. Visualizas que entras a un evento o reunión y todas las miradas están sobre ti.

c) Preocupada por cómo te percibirá la gente a la que verás. Ugg, de todas formas, nunca vas a complacerla. ¿Para qué tomarte la molestia?

d) Apresurada y molesta, deseando no tener que preocuparte con estas tonterías. Obsesionarte por cómo te ves es superficial, por no decir que es una total pérdida de tiempo y dinero. Así que te pones los mismos jeans y suéter de siempre. Listo.

2. *La idea de ir de compras por un nuevo atuendo te hace sentir...*

   a) Estresadísima. Tal vez te encanta en la tienda, pero lo odias al llegar a casa. Justo como las últimas diez mil veces.

   b) Como si fuera Navidad: día de estar contentos.

   c) Desanimada. Literalmente preferirías hacer cualquier otra cosa, incluyendo el cálculo de tus impuestos.

   d) Frustrada. ¿Cómo alguien puede entrar en una tienda cuando puedes comprar en línea las cosas que ya sabes que te gustan?

3. *Estas revisando tu joyero y encuentras un collar que te regaló tu abuela cuando eras más joven. Tú...*

   a) Lo guardas en un lugar seguro. De hecho, tal vez deberías rentar una caja fuerte... Si lo perdieras, te rompería el corazón y nunca te lo perdonarías.

   b) ¡Armar un atuendo que le quede al collar! Se vería súper lindo con tu vestidito negro en Instagram.

   c) Lo vuelves a poner donde estaba. No va con nada de lo que tienes. ¡Sin ofender, abue!

   d) Decides usarlo las veinticuatro horas los siete días de la semana, durante los trescientos sesenta y cinco días del año. Es como traer puesto un abrazo de tu abuela todo el día.

4. *Si te preguntara ¿Cuál es tu estilo distintivo? Tú dirías...*

   a) No tengo idea. ¿Por qué crees que estoy leyendo este libro?

   b) A la última moda, usando las últimas tendencias y todo eso.

   c) Siguiente pregunta.

   d) Discreto. Jeans y camisetas siempre, todos los días.

5. *Te acabas de ganar 500 dólares y estás motivada para gastártelos en ropa.*
   ¿Dónde irías a comprar?
   a) Net-a-Porter, Sopbop, Moda Operandi.
   b) Fashion Nova, Target, Century 21, H&M.
   c) En ninguna parte. Voy a meter el dinero a mi plan de retiro.
   d) Amazon, Ann Taylor, Gap, Banana Republic.

6. *Cuando tus amigos, familia o colegas del trabajo te dan retroalimentación*
   sobre cómo te ves, por lo regular te hace sentir...
   a) Confundida y un poco avergonzada. Sus comentarios son totalmente
      distintos a como te ves a ti misma. ¿Qué fue lo que pasó?
   b) Vista. De hecho, cuando nadie comenta sobre tu *look* te sientes un
      poco desanimada. Después de todo, te vistes para impresionar.
   c) Como que una vez más fracasaste en complacerlos. ¿Acaso nunca
      nada es suficiente para esta gente?
   d) Neutral. Te vistes para no andar desnuda. Si te juzgan por tu ropa, es
      su muy superficial problema. Tú sigues adelante.

Si obtuviste A en su mayoría...

Quizá tienes ansiedad con respecto a la moda.

De alguna manera la visión que tienes de ti misma nunca encaja con la
manera en que te perciben los demás, sin importar cuánto dinero gastes en
ropa de diseñador. Aunque amas la moda y eres su fan, temes que nunca
podrás vestirte a la moda en la vida real. Si tan sólo tuvieras la actitud relajada
de esas modelos o las estrellas de la vida real en Instagram. Parece que siempre saben exactamente qué ponerse. Sus riesgos dan buenos resultados. Los
tuyos inevitablemente fracasan. Te emocionas por un atuendo que compraste para una boda o una fiesta, pero una vez que llegas la gente equivocada te
dice algo sobre tu aspecto o notas reacciones extrañas de tus familiares.
(Estabas esperando que te dijeran "bonita" y te están diciendo que pareces

"tamal".) ¡Con razón te estresa vestirte! La **incongruencia de la moda** es el nombre de tu juego. (Y no te preocupes, todos hemos estado ahí.)

Receta de estilo

Puedes beneficiarte si simplificas tu enfoque. Contempla la creación de un guardarropa básico: una colección de elementos para tus atuendos que pueden ser mezclados y repetidos. (Sí, el complejo de guardarropa repetitivo tiene una desventaja; ve el capítulo 4.) ¡Durante una semana sólo vístete con prendas que te hagan sentir al cien! Y observa lo que tienen todas en común. ¿La tela de las blusas es muy suave? ¿Los pantalones tienen cierto corte? ¿Te encantan los pantalones deportivos, pero odias los jeans? Evalúa el color: ¿te sientes con más confianza en ti misma con colores neutrales *chic*, pasteles bonitos o colores primarios brillantes? Deja de lado los accesorios y estampados animales e intenta pasar una semana con lo que sea que te haga sentir cómoda. Los sitios como Cuyana y Everlane son muy buenos para entender el minimalismo. Tal vez comenzar con prendas básicas simples y cómodas y suavizar los tonos te ayude a elevar la confianza en ti misma.

Si obtuviste B en su mayoría...

Puede ser que tengas una fijación con la moda.

Perseguir tendencias puede ser agotador y drenarte financieramente. Hacer esto puede tomar demasiado de tu precioso tiempo y energía. Peor aún, tu hábito de compras —en línea, en la tienda— tal vez te quita la atención de otros aspectos más productivos de tu vida, como tu trabajo, tu salud o tus relaciones. ¿Eres esclava de estar a la última moda? ¿Las últimas tendencias parecen brincar directo desde Instagram hasta tu clóset, sin importar si te quedan bien o si las puedes comprar? Hablemos en serio: ¿cómo reaccionas cuando lees la siguiente oración? *Likes en Instagram > cumplidos de la vida real.* Si sientes que verte bien toma una cantidad extraordinaria de espacio en tu mente, en tu estado de cuenta o tu calendario, piensa honestamente qué emociones puedes estar tratando de evocar o escapar cuando compras.

Tal vez sientes que necesitas muchos atuendos porque estás realizando el **cambio de código situacional de la moda** (si tienes un trabajo corporativo, una vida nocturna agitada), pero la palabra clave es *realizar*. Puedes beneficiarte si equilibras tu auténtica identidad con un control más firme. Te puede ayudar **vestirte para ilustrar el ánimo**. Esto es cuando meditas (brevemente) en la mañana antes de ir hacia tu clóset. Pregúntate cómo te sientes ese día y cómo te quieres sentir después de vestirte. Después, en vez de evocar la imagen de alguien que no eres (una celebridad, una estrella de las redes sociales), tu meta es vestirte como la mejor versión de ti. ¿Recientemente hubo algún evento en el que te sentiste maravillosa, como si todo estuviera fluyendo? ¿Qué traías puesto?

Receta de estilo

Esta semana intenta reemplazar algo del tiempo que pasas viendo ropa y comprando con algo productivo de manera consciente y saludable. En vez de caminar en el centro comercial, camina en el parque. Nutre tus relaciones en lugar de llenar tus historias en línea. Reúnete con una amiga para ver una película o tomar un café (no para ir de compras). Apaga las alertas de tus influencers de Instagram durante un horario designado cada día. Trabaja como voluntaria para ayudar a gente menos afortunada que tú, ya sea en un refugio de animales o en una campaña política. Visita a un familiar. Cuando sientas la necesidad de comprar en línea, toca las prendas que tienes o busca a alguien conocido. (Llama a tu mamá o a tu hermana.) Mira ropa en línea. Conozco a muchas mujeres que llenan sus carritos de compra, pero rara vez terminan adquiriendo cosas. Es sorprendente que esto puede quitarte las ganas de comprar y satisfacer tu antojo de algo nuevo. Poco a poco, intenta reducir la terapia con las compras y mejor dirígela hacia el cuidado de ti misma.

Si obtuviste C en su mayoría...

Tal vez evitas la moda.

Quizá te reconoces a ti misma con **complejo de guardarropa repetitivo** o **incongruencia de la moda** y sientas una intensa **fatiga por decidir** cuando compras. Pueden servirte los poderes relajantes de un **accesorio focal** y podrías sentir una mejoría significativa si te **vistes para mejorar el ánimo.**

Receta de estilo

*Para seleccionar un **accesorio focal,** comienza con algo elegante y simple. Tal vez en tu joyero tengas guardada una reliquia familiar, como un brazalete, un anillo de coctel, un collar delicado, o incluso la cadena de un collar sin el dije, ya sea de tu mamá o de tu abuela. Póntelo y úsalo con tu ropa de todos los días. Si te sientes cohibida, intenta usarlo un fin de semana en lugar de cuando vayas a trabajar. Observa si te hace sentir conectada con tu familia. Imagina que tiene el poder de envolverte en un capullo de amor y protección. Úsalo con ese ánimo.*

Si quieres usar alguna vestimenta para mejorar el ánimo, los zapatos son un punto de partida de bajo riesgo y de gran satisfacción. Son infalibles para añadir un poco de color y diversión a tu look.

Hablando de zapatos, ahora es un gran momento para darte cuenta de que no sólo alteran tu postura física, sino también tu estado emocional. Naomi Braithwaite, una inglesa experta en marketing y *branding*, escribe: "Por la relación tan íntima que los zapatos tienen con el cuerpo, son [...] clave para construir la identidad y el significado de quien los usa".[1] También llaman la atención de los demás. Un estudio publicado en el *Journal of Research in Personality* llamado "Shoes as a Source of First Impressions" ("Los zapatos como fuente de primeras impresiones") demostró que los participantes determinaron con exactitud la edad, el género, el ingreso y la convicción política de los portadores de los zapatos con base en fotos de su calzado.[2]

Zapatos = esfuerzo mínimo, máximo impacto. ¡Carrie Bradshaw tenía razón! Cambia tus zapatos, cambia tu vida.

Receta de estilo

Podrías comprar un nuevo par de sandalias con un detalle o tan sólo ponerte los zapatos que ya tienes de una nueva manera (por ejemplo, tacones con tus pantalones deportivos o mallas favoritas; botas rudas con un vestido femenino). Hace poco me puse unas sandalias con correas de pompones de colores. Las combiné con un atuendo sencillo (un vestido camisero de mezclilla y leggings negros) y mis zapatos mejoraron dramáticamente mi ánimo y mi look.

Si obtuviste D en su mayoría...

Podrías ser una criminal de la repetición.

Te has comprometido con tu uniforme, pero ¿estás estable o atorada? ¿Evitas cualquier cosa sexy como si fuera una plaga? ¿Tu ropa siempre es holgada? ¿Estás intentado desviar la atención? ¿Buscas enterrar los recuerdos de burlas a tu cuerpo o de intimidación? Algunos nos desconectamos de nuestro cuerpo o nos escondemos debajo de la ropa como forma de lidiar con el trauma. (Ve el "Caso práctico: la chica evanescente" en la página 83.) ¿Eres alguien que se niega a arreglarse o vestirse cómoda, sin importar la ocasión? Algunos compramos la misma prenda una y otra vez sin darnos cuenta. Tal vez has estado con el mismo *look* durante años, y seguro dirás ¡felizmente! Pero déjame preguntarte esto: ¿hay alguna posibilidad de que adoptaras tu estilo distintivo durante lo que consideras que fueron tus mejores años? ¿Cómo te sientes respecto al cambio? ¿Dirías que has evolucionado en la última década? ¿Tu *look* refleja dicha evolución? ¿Hacia dónde te llevan estas preguntas? Son sólo preguntas. No juicios.

Si sufres de **complejo de guardarropa repetitivo**, entonces te servirá **vestirte para mejorar el ánimo**. Esto podría significar inyectar a tu guardarropa algo nuevo o apenas usado. Comienza por tomar un pequeño riesgo de estilo (ver página 169). Si no estás segura de dónde comenzar, sugiero que te identifiques con un ícono de la moda. Escúchame bien: hay un motivo por el cual los diseñadores de moda, los directores de arte y los estilistas crean paneles de estados de ánimo para poner en práctica su visión para las colecciones o las campañas.

Receta de estilo

*Identifica a una persona famosa —cuanto más famosa sea la celebridad, más fotos de ella encontrarás— y toma capturas de pantalla de todas las veces en que se vea fabulosa. Si no es suficiente ver a Kate Middleton con sus atuendos clásicos atemporales o a Zöe Kravitz en sus provocadores atuendos de chica de ciudad, saca las fotos que buscas de tu tablero de Pinterest. Sitios como RIXO, Mango y Nasty Gal se especializan en prendas de imitación de alta costura de las celebridades. Comprar con #goals (#metas) y una directriz en mente te mantendrá en el camino correcto y te ayudará a evitar la **fatiga por decidir**. No necesitas reinventar la rueda; es genial que ya estés cómoda con tu uniforme básico. Pero te prometo que puedes expandir un poco tus horizontes y seguirte viendo refinada, y no ridícula.*

PADRES, COMPAÑEROS Y LA CULTURA POP: CÓMO SE FORMAN NUESTRAS IDENTIDADES EN LA MODA

Espero que para ahora tengas una mejor idea de tus comportamientos de estilo. Pero junto con los "vestidos muertos" en tu clóset (es decir, las prendas que te persiguen porque nunca te las pones), ¡debes sacar los esqueletos! Para vestirte mejor en el futuro, debes comprender tu pasado, y no ser definida por él. Sólo cuando confrontes cualquier conflicto que te esté molestando podrás superarlo con gracia.

¿Qué lecciones sobre el estilo aprendiste en tu infancia, que todavía impactan en tu vida hoy? ¿Mirabas asombrada a tu mamá cuando se arreglaba elegante para salir por la noche? ¿Ahora asocias una emoción intensa con verte "sofisticada"? ¿Todavía puedes oler el perfume de tu mamá? ¿Qué llevaba puesto? ¿Tienes algo como eso?

¿Todavía tienes recuerdos vívidos de querer comprar lo que fuera necesario para ser aceptada por los chicos populares? ¿Todavía compras con un cierto grupo en mente? ¿Hace poco te compraste algo porque todo mundo lo traía puesto? Cuando hablamos de tu estilo personal, de lo que realmente estamos hablando es de tu identidad. Aunque tus *looks*, necesidades, deseos y prioridades evolucionen con tu edad, quizá todavía estés aferrada a prejuicios, hábitos y creencias que adoptaste cuando eras mucho más joven. ¡Estas predilecciones pueden ser buenas! Por ejemplo, a alguien con una gran personalidad dinámica tal vez siempre le han encantado los colores llamativos y estampados exagerados para reflejar su sentido del humor atrevido y vivaz. O alguien con nostalgia de sus días gloriosos en la década de los noventa puede saludar con los anteojos de sol delgados o con las gargantillas que estaban de moda en ese entonces. No tiene nada de malo. Pero a menudo, es difícil dejar los viejos hábitos y pueden ser un lastre. Levanta la mano si todavía tienes tus jeans de la prepa en tu clóset. Tal vez sea momento de dejarlos ir, junto con los mitos de estilo que adoptaste cuando te los pusiste por primera vez.

Caminemos por tus recuerdos hasta llegar a tu infancia:

- ¿Qué historias te contaban tus seres queridos sobre tus *looks* o tu estilo? ¿Siempre fuiste una princesa? ¿Siempre fuiste una marimacha que trepaba los árboles y traía las rodillas lastimadas? ¿Cómo te etiquetaron mientras crecías?

- ¿Qué rol jugó la ropa en la forma en que te separaste de tus papás para convertirte en un individuo independiente? ¿Tuviste una fase rebelde en la moda?
- ¿Cómo has usado la ropa para consolidar (vestirte para encajar) o alterar (vestirte para destacar) tus relaciones con los demás?
- ¿Te sigues poniendo alguna de estas prendas "importantes"?

Como lo dijo una vez Kate Spade: "Jugar a vestirse comienza a la edad de cinco años y nunca termina en realidad".[3] Cuando conozco a mis clientes les pregunto cómo *comenzó* su relación con la moda para ayudarme a comprender dónde se encuentra ahora. Cuando indago sobre el pasado de un cliente, es como un giro de la psicología de la moda sobre la clásica pregunta de un analista: "Entonces, cuéntame sobre tu madre...". (Hablaré más sobre las mamás en un minuto.) ¿Cómo comenzamos a usar esta forma particular de comunicación —estilo— en nuestras vidas? ¿Cuándo comenzamos a "leer" los mensajes que mandaba la ropa de las demás personas? ¿Y cuándo comenzamos a confeccionarlas nosotros mismos? ¿Quién nos enseña a "hablar" con nuestra apariencia, a los demás, a nosotros mismos? Y una vez que aprendemos a hacerlo, ¿podemos aprender a hablar diferente?

Escuchemos una sesión que tuve con una clienta (una estudiante universitaria negra llamada Lisa*) que demuestra poderosamente cómo nuestras familias influyen en la percepción que tenemos de nosotros mismos, y cómo podemos superar esa influencia. Ella me buscó con la meta de aumentar la confianza en sí misma. Durante nuestra conversación, le ayudé a comenzar a verse como extraordinariamente resistente. Resultó que no quería ni necesitaba cambiar nada con respecto a su estilo (así que no verás una **receta de estilo** aquí abajo). Sólo necesitaba que algo de luz iluminara su fuerza.

CASO PRÁCTICO: AVATAR

....

Dawnn: *¿Me estabas diciendo algo sobre tu pelo?*

Lisa: *Cuando era más joven, alaciarte el cabello con químicos era lo máximo. Todo mundo se lo alaciaba y mi mamá también. Ella decía cosas como:* Tienes un cabello maravilloso y está muy largo, pero se vería todavía mejor lacio. *La cosa es que nunca me gustó sentir calor en el cabello porque tengo el cuero cabelludo muy sensible. Entonces siempre lloraba cuando me ponían tratamientos. Mi hermana tuvo mejor cabello que yo porque el suyo era lacio. Mi cabello era tan grueso y rizado que, aunque me lo alaciaran en el salón, a las dos horas se esponjaba. Tenía mucha inseguridad al respecto cuando era niña. Recuerdo que el día de la foto siempre estaba molesta. Decía:* ¿Por qué mi cabello no puede ser como el de mi hermana? *Y cuando por fin logré controlar mi cabello en la adolescencia y dejé de alaciarme estuve feliz. Al principio fue difícil porque no sabía cómo manejar mi cabello. Pero cuando lo logré, se puso muy divertido.*

Dawnn: *¡Y el cabello natural está muy de moda! ¿El movimiento del cabello natural te ha ayudado a aceptarte más a ti misma?*

Lisa: *¡Claro que sí! Cuando el cabello natural comenzó a aceptarse más, dejé la tradición de lado. Mi mamá es muy tradicional. Es autoritaria, así que todo lo que dice, se hace. Es así de estricta. No quiere que salga con nadie de raza distinta. Pero yo soy un espíritu libre. Y le digo:* Ah, no me importa lo que pienses. *Chocamos por eso. Es chistoso cómo todo se remite al cabello. Desde que el movimiento de cabello natural comenzó, dejé de preocuparme sobre las normas de belleza en general. Pienso:* Un día, alguien pensará que soy genial sin importar que seamos de razas diferentes. *Así que alejo todas esas creencias antiguas. Tienes que descubrir lo que te gusta de ti misma.*

Dawnn: *¿Y siempre has sabido lo que te gusta de ti misma?*

Lisa: *No, cuando era más joven se burlaban de mí porque tenía una marca de nacimiento. Me decían "Avatar" [haciendo referencia a los extraterrestres azules en la película de James Cameron]. A mi mamá y a los demás miembros de mi familia les gustaba bromear y también me ponían apodos. Me decían cosas como:* Sólo te estamos preparando para el futuro y así ya lo habrás escuchado desde antes. Si lo escuchas de nosotros no te va a doler tanto cuando otras personas te lo digan. *Y yo decía:* Bueno, pues tienen razón. *Pero, de todas formas, soy sensible. Así que cuando me decían apodos o se burlaban de esa mancha decolorada en mi piel yo les decía:* Bueno, eso es interesante. *Además de tener el cabello lacio, mi hermana también tiene una figura con más curvas. La gente cercana también bromeaba conmigo al respecto. Decían cosas como: ¿Por qué ella tiene más grandes los senos que tú? Y yo les respondía:* Porque ella me *robó mis* senos. *Con el tiempo superé todo eso. He tomado distancia.*

Dawnn: *¿Entonces usabas el humor para mantenerte positiva, como un mecanismo de defensa para enfrentar las cosas?*

Lisa: *Sí.*

Dawnn: *Es interesante porque en estas situaciones los miembros de tu familia son los que te evalúan. Están absorbiendo las normas de belleza de tu cultura con respecto al cabello lacio, los cuerpos con curvas, la piel "perfecta" y te los enseñan, haciéndote cumplir esos estándares. Esto no proviene de las revistas ni de las películas. La crítica proviene de las personas más cercanas a ti.*

Lisa: *Sí. Todos seguimos las mismas tendencias. Todos seguimos el mismo tren de la publicidad.*

¿Te dolió cuando leíste cómo la propia mamá de Lisa se burlaba de cómo se veía, con el pretexto de volverla más fuerte? Me recuerda una frase en esa película de terror: "La llamada proviene del interior de la casa". ¿Te viste reflejada? ¿Cuál es la enseñanza para ti? Sin importar las cicatrices que tengas del pasado, dentro de ti está el poder de aceptar y abrazar las cosas que te hacen distinta y por lo tanto especial. Una vez que te sientas valiosa en el interior, te sentirás merecedora de verte de lo mejor en el exterior. Lisa le dio al clavo: "Tienes que descubrir lo que te gusta de ti misma".

MUY BIEN, AHORA CUÉNTAME SOBRE TU MAMÁ

No causa sorpresa que nuestros primeros modelos a seguir respecto a la moda suelan ser nuestras mamás. Uno de mis primeros y más felices recuerdos es cuando mi mamá me permitió cortar una camiseta vieja para diseñar ropa para mis Barbies y mis Melanie Mall. (Una vez *fashionista*, siempre *fashionista*.) Kate Nightingale, psicóloga de la Universidad de Moda de Londres y experta en comportamiento del consumidor, enfatiza el rol que nuestras madres desempeñan en moldear nuestro estilo. Como le dijo a *Grazia*, nuestras madres a menudo están con nosotros —inconscientemente— cuando compramos. Estamos más inclinadas a comprar ropa con formas, colores y telas a las que estuvimos expuestas cuando éramos niñas, porque inspiran sentimientos positivos cuando las encontramos, aunque sea décadas después. Vamos a *pensar* que nos gusta algo porque se siente familiar, y confundimos el recuerdo con la preferencia, la nostalgia con el buen gusto. "Por ejemplo, si tu mamá usaba un saco con una forma particular, tendrás una inclinación especial hacia ese estilo", explica Nightingale. "Hay un elemento que vincula la seguridad emocional con las viejas representaciones de la época en que te sentiste cómoda y segura."[4]

Es fascinante que esto funciona en los dos sentidos. Conforme crecen las hijas, se voltean los papeles y ellas comienzan a influir fuertemente en el estilo de sus madres. Un estudio publicado en el *Journal of Consumer Behavior* demuestra cómo las mamás se convierten en los "*doppelgängers* consumidores" de sus hijas adolescentes. Los investigadores teorizaron que como sus mamás de mediana edad están tan ajetreadas con la familia y las obligaciones del trabajo, no tienen tiempo para estar al tanto de lo que está a la moda. Entonces copian el estilo de sus hijas como una especie de atajo a sentirse bien. (Si tienes cincuenta y cinco entrados en quince, ¡esta buena noticia te puede servir!) El estudio también vierte luz sobre el concepto de "edad cognitiva", es decir, la edad que *sentimos* que tenemos a diferencia de la edad que *en realidad* tenemos. (¡Alerta de Incongruencia!) Los investigadores descubrieron que la edad cognitiva de sus sujetos tendía a ser diez años menor que su edad actual. Las mamás entrevistadas "buscaban proyectar una identidad más juvenil por medio de sus prendas".[5]

¿Qué significa esto para ti?

1. Quizá sea momento de que reexamines los mitos y los mensajes que tus familiares te dijeron sobre tu estilo o tu apariencia. Tal vez con las mejores intenciones alguien importante para ti te dijo que las "mujeres usan faldas" cuando tú en realidad prefieres usar pantalones. Quizás alguien te mencionó que te ves muy bien vestida de rojo y tú lo odias, pero lo sigues comprando. Tal vez llegó la hora de que rompas algunas reglas.

2. Conforme creces vale la pena observar estos consejos de edad cognitiva y tu *doppelgänger* joven. No tienes que vestirte como si tuvieras diez años menos para ser atractiva. Hacerlo puede generarte sentimientos de discordancia e inseguridad (¡más incongruencia!). Sólo mira a Michelle Obama, Iman, Lauren Hutton, Helen Mirren, Yoko Ono y el montón de *influencers* de Instagram de más de cincuenta (¿mi favorita? @iconaccidental): nada es más moderno que vestirte como un adulto.

¿SEGUIR CON LA VIEJA ESCUELA? ES MOMENTO DE SANAR LAS HERIDAS DE TU ESTILO ADOLESCENTE

Roland Barthes decía que usar ropa es "un acto profundamente social".[6] Se deduce, por lo tanto, que lo que te pones tiene un efecto profundo en tus relaciones sociales. Cualquier estudiante de secundaria puede decirte eso. De hecho, por lo regular la secundaria es donde todo comienza.

Es cuando alcanzamos un nuevo nivel de conciencia de nosotros mismos, y en general es cuando somos libres por primera vez para expresar nuestra identidad por medio de la ropa (por ejemplo, cuando mamá ya no nos puede decir qué ponernos.) También es cuando sufrimos nuestros primeros fracasos en la moda. Y entonces la ropa se convierte en un asunto emocional enorme. Los adolescentes "artísticos" usan camisetas con sus bandas favoritas, mientras que sus compañeros "deportistas" usan Under Armour o Adidas. Y se sientan a las mesas de la cafetería agrupados por sus uniformes de estilo. "Los miércoles vestimos de rosa", declaran las "plásticas" en la película *Chicas pesadas*. Una vez desobedecí a mi papá y usé dinero que había ahorrado trabajando como mesera para comprarme una bolsa Coach para encajar en el grupo de la preparatoria que se fijaba en las marcas. Afirmamos o desafiamos nuestras relaciones con lo que elegimos ponernos. Como resultado, el estilo es un factor siempre presente cuando adquirimos bagaje emocional.

La adolescencia es un tiempo riesgoso en las encrucijadas del estilo y la identidad. Esto explica por qué algunas de nuestras creencias adultas sobre la ropa pueden ser rastreadas a comportamientos adaptativos que desarrollamos durante nuestros años formativos llenos de turbulencia emocional. "Las chicas usan la ropa, los accesorios y la moda para definirse a sí mismas, hacer declaraciones sobre su elección de grupo de amigos y establecer su identidad psicológica", escribe la psicóloga neoyorquina, doctora Stephanie Newman, en *Psychology Today*. Describe el proceso de "espejeo" y "hermanamiento". (No, no sólo es una palabra en boga en internet.) Es cuando la gente joven se viste casi exactamente igual que sus compañeros para solidificar tanto sus relaciones sociales como su incipiente identidad. Newman escribe que las elecciones de vestimenta de una chica pueden ser una puerta de entrada a los grupos de la gente popular o un vehículo para "desvincularse completamente de su comunidad escolar".[7]

Ahora podrías suponer que, en la era digital, las estrellas de las redes sociales tienen una enorme influencia en la identidad del estilo de una persona joven. Después de todo, siempre estamos leyendo sobre todo el dinero que gastan las Kardashian y las Jenner en una sola publicación para promocionar un producto. Pero éste no es el caso. Los compañeros de los jóvenes son quienes más influyen. Una firma de investigación de consumidores les preguntó a los jóvenes qué factores consideraban al elegir sus estilos y marcas. Clasificaron las *opiniones de los amigos* en 45.2 por ciento, significativamente más alto que las redes sociales (35.1 por ciento) y los estilos de las celebridades (27.5 por ciento).[8] Cuando eres joven, tus amigos (y tus "amigo-enemigos") dominan tus preferencias en la moda y tu identidad en ciernes, para bien o para mal. Pero no tiene que ser así por el resto de tu vida.

¿Qué aprendes de esto? Ya sea que seas mamá o papá de un adolescente obsesionado con la moda o un adulto que sigues resolviendo el daño sufrido en la preparatoria, quiero que sepas que hay una razón psicológica legítima para toda esa emoción tan intensa. Estoy aquí para validarte. Esos años —y esos amigos— son muy importantes. Suelen dejar una marca en nosotros.

Pero hay buenas noticias sobre la moda y la identidad. Es saludable cambiar y evolucionar. Si a los cuarenta todavía te vistes como lo hacías a los veinte, quiero saber por qué. ¿Podrías estarte vistiendo como tu "gemela" adolescente? ¿Te estás negando cierto color, estampado o corte que te atraen sólo porque alguien alguna vez te hizo sentir mal cuando te lo pusiste, o cuando tuviste una etapa en la que tomaste riesgos en tu estilo? ¿Todavía te preguntas si tu grupo de amigos aprobará tu atuendo antes de comprar o ponerte algo? Es momento de descubrir qué te gusta ponerte *a ti*, no a tu mamá, no a tu hija, no a tus amigos. Después de todo, una de las mejores ventajas de ser un adulto es vestirte para tu propio placer y no para la aprobación de alguien más.

ESCONDERSE A PLENA VISTA

Nuestra ropa cuenta nuestra historia, incluyendo las partes trágicas. En mi práctica he visto ropa que se usa como una curita emocional, y hasta un grito de ayuda. De acuerdo con un estudio publicado en 2012 y dirigido por la psicóloga Karen Pine de la Universidad de Hertfordshire en Gran Bretaña, 57 por ciento de las mujeres se ponen una blusa holgada cuando están deprimidas, comparadas con 2 por ciento que eligen algo holgado cuando están contentas. (Encuestó a cien mujeres para reunir estas cifras.) A la inversa, sus sujetos de estudio tenían diez veces mayor probabilidad de ponerse un vestido cuando estaban contentas (62 por ciento) que cuando estaban deprimidas (seis por ciento).[9] A partir de esto podemos concluir que, en general, las prendas insípidas, demasiado grandes o descuidadas sí dicen algo. (¿Recuerdas a Jim en el capítulo 1?) Si me doy cuenta de que un cliente está desarreglado constantemente o escondiéndose en su ropa, puedo usar esa información visual como una entrada. Sus elecciones de ropa pueden ser el primer atisbo para ayudarla a identificar la pared emocional que ha construido para aislarse del dolor.

Tiene sentido que la gente use la ropa para protegerse emocionalmente: ¡es un mecanismo de defensa muy efectivo! La psicóloga clínica Nadene van der Linden escribe acerca de lo que ella llama "El método de la piedra gris". Se trata de una estrategia para lidiar con gente tóxica al convertirte básicamente en una piedra gris: actuando emocionalmente anodino, indiferente y sin motivación para repeler el contacto social no deseado. "La idea es que mantengas la cabeza abajo, como una piedra gris, y te fundas en el paisaje", escribe.[10] Incluso se ha sugerido que tal vez nos vestimos con prendas sosas y neutrales, sin maquillaje, accesorios ni otros adornos para hastiar al agresor y motivarlo a que se busque una víctima más atractiva. Pero evadir el conflicto es sólo una de las razones por las cuales alguien se vestiría para desaparecer.

Escuchemos una sesión que tuve con otra estudiante universitaria llamada Sonal.* Decidí incluir su caso porque ella presenta muchos de los comportamientos que definí en el glosario de psicología de la moda (y los destaco en negritas). Observa cómo su familia impacta en la imagen que tiene de sí misma y sus elecciones de estilo. Quizás, al igual que esta clienta, no amas tu cuerpo. Tal vez tu autoestima también sea tan baja que sientes que no mereces verte bien con la ropa. Tal vez también obtuviste muchas C y D en el test que acabas de hacer y reconozcas que evitas la moda o que repites la ropa criminalmente. Si te identificas con todo esto, sigue leyendo para aprender cómo la ropa la hace más feliz, y a ti también.

CASO PRÁCTICO: LA CHICA EVANESCENTE

Dawnn: *Cuéntame sobre tu imagen corporal y cómo ésta afecta tus hábitos de compra.*

Sonal: *Para ser honesta, sólo compro de vez en cuando. Me siento insegura por lo delgada que soy. Así que intento comprarme pantalones holgados y de esta forma nadie verá que mis piernas son tan flacas. En los últimos años he ido a visitar tres veces a la familia de mi mamá en India, y todos me dijeron que parecía enferma, como si tuviera algún tipo de padecimiento. Dijeron que los doctores estadunidenses no saben nada. Y los familiares de mi mamá me hicieron análisis en India para ver si tendría un problema de la tiroides.*

Dawnn: *¿Y cómo te sentiste con eso?*

Sonal: *Mal. Le dije a mi mamá y ella me respondió: ¡Te hago análisis con regularidad aquí! Estás bien. Sólo necesitas subir un poco de peso. Puedo comer todo lo que quiera, pero tengo un estómago pequeño. Hace poco terminé yendo a ver a una doctora en Estados Unidos y, basada en los análisis de sangre, me dijo que todo estaba bien. Me dijo que tal vez estaba un poco debajo de mi peso, pero que eso es muy común.*

Dawnn: *¿Entonces no estás enferma?*

Sonal: *No. Pero [en India] dijeron que me veía realmente enferma. La hermana de mi mamá se burló de mí por estar tan flaca. Su hija es muy voluptuosa. Así que mi tía diría: "¿Por qué mi hija tiene la talla perfecta y tú estás tan flaca?".*

Dawnn: *Ese tipo de comparación de parte de tu propia familia, ¿cómo te hizo sentir?*

Sonal: *Bueno, no lo sé. Me dio otra perspectiva sobre cómo me veo. Y me volví más insegura respecto a mi ropa. Mi tía dijo que estoy tan flaca que ni siquiera parece que tenga ropa puesta. Ella estaba muy orgullosa de que su hija se vea sensacional.*

Dawnn: *¿Entonces compras ropa más grande que tu talla? ¿Eso te hace sentir más cómoda?*

Sonal: *Sí, exactamente. Por lo regular compro blusas de manga larga para esconder mis brazos. Estoy tan flaca que evito usar jeans pegados e intento comprar pantalones rectos. Uso pantalones deportivos.*

Dawnn: *¿Para esconder tu cuerpo?*

Sonal: *Sí.*

Dawnn: *Aquí en Estados Unidos, especialmente en la industria del modelaje, la belleza ideal es ser flaca. Y tú estás aquí ahora. ¿Qué efecto tiene eso en ti?*

Sonal: *Bueno, aquí la belleza ideal es ser flaca, pero a la mayoría de los chicos les sigue gustando una chica con un poco de carne. Todas las que son consideradas hermosas en India tienen senos grandes o trasero.*

Dawnn: *Pero una vez más, aquí en el mundo de la moda de Nueva York, donde lo delgado está de moda, serías considerada muy hermosa. ¿Ves cómo nuestros estándares de belleza pueden cambiar dependiendo de nuestras culturas y contextos, o de quién decida lo que es hermoso?*

Sonal: *Sí. Pero tú eres una mujer y, por supuesto, vas a decir algo positivo para hacerme sentir mejor. Todas tratamos de empoderarnos entre nosotras. Nunca ha llegado un chico conmigo a decirme: "Ay, eres tan flaca y hermosa".*

Dawnn: *Entonces, si yo digo que eres hermosa no tiene mucho peso, pero si lo dice un chico...*

Sonal: *Yo lo validaría.*

Dawnn: *Dijiste que usas pantalones deportivos. ¿Escoges pantalones deportivos con estilo o te los pones con tacones? ¿O más bien eres tipo No me importa?*

Sonal: *Simplemente no me importa. La única vez que doy rienda suelta es cuando tengo que arreglarme, como para ir a una boda. Pero eso es muy rara vez.*

Dawnn: *Entonces cuando te arreglas para una ocasión especial y "das rienda suelta", como dices, no te pones ropa más grande, sino que usas ropa que te queda. ¿Te sientes hermosa en esas ocasiones?*

Sonal: *Pues, estoy toda arreglada y maquillada, así que siento que mi cara lo compensa.*

Dawnn: *¿Así que tu cara y tu ropa bonita compensan tu cuerpo?*

Sonal: *Exacto. Con ropa hindú formal, aunque las mangas sean largas, están hechas de red, así que por desgracia dejan ver mis brazos flacos. Lo bueno es que no se permite que usemos ropa ajustada ahí, así que...*

Dawnn: *¿Tienes esperanza de superar esta inseguridad algún día?*

Sonal: *Mi mamá me dijo que cuando era joven ella también era flaca como yo. Ahora está un poco más embarnecida porque subió de peso después de que nacimos mi hermano y yo.*

Dawnn: *Entonces tu tipo de cuerpo es hereditario. No tienes una enfermedad. No tienes nada malo.*

Sonal: *Eso fue lo que le dije a mi tía y mi tío, pero ellos dijeron: "No. Nos acordamos de nuestra hermana. ¡Ella nunca fue tan flaca!". Cuando tenga hijos estoy segura de que me sentiré femenina. Y estoy segura de que para entonces tendré a un hombre que me ame por quien soy y no por mi cuerpo. Es posible.*

Dawnn: *Volvamos a la ropa demasiado grande. ¿Estarías dispuesta a usar ese tipo de ropa, que esté linda y a la moda?*

Sonal: *¿Cómo podría hacer eso siquiera?*

Dawnn: *Ahí es donde entro yo. Voy a investigar algunos estilos que sigan siendo el look holgado, pero bonitos.*

Sonal: *¡Wow! De acuerdo.*

Dawnn: *Entonces, la siguiente vez que nos veamos te mostraré algunas opciones en fotos. Pienso que definitivamente puedes seguir cubriendo tu figura, pero tal vez*

poniéndole un moño. Si vas a usar estas prendas holgadas, podemos alegrarlas.
Eso te puede ayudar con la confianza en ti misma.

Sonal: *Okey, Dios mío. ¡Muy bien!*

Dawnn: *Creo que se trata de que estés cómoda contigo misma, y eso incluye estar cómoda con tus inseguridades. Puedes restarle importancia a lo que te hace sentir insegura y verte bien al hacerlo. ¿Tiene sentido? ¿Cómo te hace sentir esto?*

Sonal: *¡Gracias! Mucho mejor.*

Muy bien, chicas. Hay mucho que descifrar aquí. Hay conflictos interculturales en juego (asimilación de identificación de la moda, cambio de código situacional de la moda) que nos hablan de la percepción que Sonal tiene de sí misma. También ha creado algunas fantasías de rescate romántico. Pero primordialmente y más urgente, está luchando con su imagen corporal. La meta es ayudarla a aceptarse a sí misma, a abrazar quien ella es, con todo y sus inseguridades. No es mi intención quitarle su armadura protectora —su ropa holgada— ya que la noción que tiene de sí misma actualmente es bastante delicada.

Receta de estilo

Gracias a la explosión de la moda athleisure, hay muchísimas opciones disponibles para Sonal. Puede usar una sudadera chic de manga larga con un corte moderno, para dar la ilusión de un top crop. Puede subirse las mangas hasta justo debajo de los codos para revelar sólo sus muñecas; mostrar algo de piel estratégicamente compensará la sensación de que su ropa la está tragando. Los pantalones deportivos estilo jogger o harem la van a cubrir, pero seguirá sintiéndose fresca. Otra opción puede ser un overol que le cubra todo el cuerpo, incluidos los brazos y piernas, desabotonado hasta el ombligo, con un top crop debajo. Así estará mostrando estratégicamente sólo partes de la clavícula y las costillas. Los overoles con un suéter grueso abajo crearían una vibra similar, pero la cubrirían por completo. Como es petite, ponerse botas a los tobillos con plataformas podrían elevarla, física y emocionalmente.

Sobre todo, tenemos que honrar el deseo de Sonal de querer cubrirse a sí misma. Recuerda: ella cree que no es atractiva. Sus familiares la han convencido de que se ve *enferma. Claro, podríamos traer a una brigada glam para transformarla —después de todo, tiene una talla prototipo—, pero sexualizarla con ropa ajustada sólo aumentaría sus problemas desde la perspectiva psicológica y también cultural, dadas las convenciones de estilo de su comunidad. No queremos deshonrar a su cultura o sus sentimientos y ponerla en una situación que la exponga a mayor escrutinio o crítica. Esto podría empeorar sus relaciones familiares y a la larga dañar su autoestima. Una vez más: la idea de la transformación no funciona, porque rara vez toma en consideración las normas culturales y las sensibilidades. Si la presiono mucho y demasiado rápido a adoptar un nuevo look, ella diría: Ésta no soy yo. Sólo perpetuaría la falta de autenticidad y la incongruencia que siente cuando se arregla para las bodas. Cualquier nuevo look dramático sería antiético para su estado emocional actual. Estaríamos creando una desalineación, exacerbando sus sentimientos de pesadumbre. En cambio, mi plan es motivarla para que comience a **ilustrar su ánimo** con clásicos holgados. Luego introduciré pequeñas dosis de prendas más funky (ropa que la cubra, pero en cortes con más estilo, como los overoles), incluyendo **accesorios focales** para finalmente **mejorar su ánimo**.*

Esto es lo que he aprendido en mi trabajo: debes permitir que la gente sienta lo que siente, incluso dejar que se regodee en sus sentimientos. Algunas personas se sienten cómodas dándole vueltas a las cosas; por lo menos saben qué esperar. A la larga se cansarán de regodearse en lo mismo. Debido a su edad, Sonal puede estar en el umbral del descubrimiento y definición de sí misma. Mi rol no es arrastrarla, mientras ella patea y grita fuera de su regodeo, sino —con un poco de asesoría de estilo— ayudarla a sacar primero un dedo del pie, luego el otro. Y después, he aquí que ha florecido.

....

NOTA SOBRE LA REVELACIÓN DE UNO MISMO

Conforme leas más casos prácticos a lo largo de este libro, te darás cuenta de que a veces comparto algo sobre mí misma con los clientes. Si estás familiarizada con el análisis freudiano, en el que la salud mental del psicoanalista funge como una página en blanco sobre la cual el paciente proyecta sus sentimientos, tal vez te preguntes sobre mis métodos. Lo que yo practico se llama *revelación de uno mismo*.

Es un método terapéutico en el cual el psicólogo revela algo de información relevante sobre él a su paciente, con el fin de ayudar o mejorar el proceso terapéutico. Por lo regular los terapeutas de adicciones revelan historias de su propia sobriedad, por ejemplo. Como explica el psicólogo clínico Alexis Conason en *Psychology Today*, aquellos que argumentan en contra de la autorrevelación postulan que le quita la atención que tanto necesita el paciente. Pero "otros creen que una revelación personal del terapeuta puede ayudar a desmitificar la alianza terapéutica, brindar un modelo de sinceramiento para el paciente, normalizar su experiencia y desafiar las creencias negativas que el paciente pueda tener sobre su impacto en los demás".[11] Yo me encuentro entre estos últimos.

Algunos estudios —incluyendo uno dirigido en el Reino Unido con pacientes con desórdenes alimentarios— han demostrado que un sinceramiento pertinente puede beneficiar a los pacientes si lo perciben como algo útil. Aquellos investigadores descubrieron que la revelación personal del terapeuta se asociaba con una alianza terapéutica más fuerte, un mayor sinceramiento del paciente y menos vergüenza.[12] He visto resultados similares en mi práctica. Todos queremos sentirnos menos solos, menos avergonzados, más comprendidos y aceptados.

Es importante aclarar que pienso muy cuidadosamente qué es lo que revelaré acerca de mí misma, y lo hago con moderación. No revelo nada que no esté relacionado directamente con los asuntos que los clientes me dicen. Considero metódicamente cada revelación personal, y sólo digo lo que creo que será útil para el paciente. En un artículo titulado "More Than a Mirror: The Ethics of Therapist Self-Disclosure" ("Más que un espejo: la ética de la revelación personal de un terapeuta"), publicado en la revista *Psychotherapy: Theory, Research, Practice, Training*,

Zoe D. Peterson, directora de la Iniciativa para la Investigación del Abuso Sexual del Instituto Kinsey, escribe: "La ética de una revelación personal particular probablemente depende de su contenido, el motivo del terapeuta para la revelación, los rasgos de personalidad del paciente [...] y las circunstancias específicas en torno a la revelación".[13] Yo siempre considero estos factores antes de revelar algo de mí misma. Creo que la metáfora del espejo es apta: estoy sosteniendo un espejo frente al cliente, haciendo eco y validando su experiencia al revelar un fragmento de la mía.

Esto me parece muy útil para humanizar problemas que tienen que ver con la moda. Hagamos una breve pausa para pensar sobre la palabra *moda*. Cuando escuchas esa palabra, ¿qué imagen te viene a la mente? ¿Modelos de pasarela? ¿Portadas de *Vogue*? ¿Enormes vallas publicitarias con androides con las cejas decoloradas, con cortes casi a rape y bolsas carísimas? Nadie que conozcas en la vida real se ve remotamente como esos modelos. La forma en que experimentamos la Moda (con M mayúscula) como una cultura es inherentemente exclusiva y alienante. Ofrece un rango muy limitado de emoción. La moda es artificial, surrealista, casi como una caricatura de la experiencia de la persona promedio. Al recordar mis días de modelaje puedo ver que el rango emocional que me enseñaron a expresar era completamente desconectado de la realidad: una sonrisa para el entusiasmo, una mueca para la seriedad, un gesto para la sensualidad. ¡Y eso es prácticamente todo! Me enseñaron a negar mis propias emociones para que la ropa evocara la emoción que buscaba despertar el diseñador.

La moda es inaccesible. Está acordonada. Te puede hacer sentir desesperadamente excluida.

Por medio de mi propia sinceridad, espero revelar la humanidad detrás de la imagen. Cuando puedo crear intimidad y confianza ayudo a mis clientes a abrirse y deshacerse de la vergüenza.

EN CONCLUSIÓN
CONSEJOS Y APRENDIZAJES CLAVE DEL CAPÍTULO 2

- **Defínete a ti misma**. Todo mundo tiene comportamientos de estilo que pueden ser nombrados, desmitificados y trabajados. Ve el glosario de psicología de la moda en la página 64.
- **¿Qué hay en el fondo?** Tus elecciones de ropa están arraigadas en la emoción. Los problemas de estilo (rutinas, aversión al riesgo, adicción a las compras, por nombrar algunos) son expresiones externas de emociones subyacentes. Comprender tus problemas es el primer paso para mejorar tu *look*.
- **Mira hacia el pasado y sigue adelante**. Generalmente el estilo se forma durante la infancia y la adolescencia. Es muy probable que tu familia de origen y tus amigos de la adolescencia tuvieran un impacto duradero en cómo concibes tu ropa como adulto. Examina tus viejas creencias sobre lo que "debes" usar. ¡Rompe con esos mitos!

CAPÍTULO 3

La ciencia detrás de las compras

*Me gusta tener mi dinero en donde lo pueda ver: colgado en
mi clóset.*

—CARRIE BRADSHAW

Tengo algo que confesar: odio ir de compras. No me malinterpretes: adoro la ropa. Pero cuando compro cosas nuevas casi siempre es en línea. Como soy una persona muy sensible me pongo muy ansiosa al entrar a una tienda, no sólo porque la sensación es abrumadora, sino por la abundancia infinita de posibilidades (consulta: *fatiga por decidir*). Algo que contribuye a mi incomodidad es la prevalencia de microagresiones en las tiendas. Como mujer negra, estoy acostumbrada a los potenciales insultos verbales, de comportamiento o ambientales, como que un vendedor me siga por toda la tienda porque sospecha de mí o bien —por mencionar una disputa reciente— encontrar ropa dirigida a personas de talla grande que es presentada por modelos en línea cuya talla es pequeña.[1]

En el verano de 2019, la cantante SZA tuiteó que, en una tienda de Sephora de Los Ángeles, una empleada llamó a los agentes de seguridad para asegurarse de que no intentara robar. SZA había ido a la tienda por productos de belleza de la línea Fenty de Rihanna, una marca en la que ella es la estrella de la campaña comercial. En respuesta a la indignación que surgió en las redes sociales por este hecho, Sephora cerró sus cuatrocientas tiendas para implementar un "taller de inclusión" de una hora de duración.[2] Pero ¿qué habría pasado si SZA hubiera sido una chica promedio, y no una celebridad con 6.3 millones de seguidores en Instagram y con una voz que se amplificó? Ya sean intencionales o no, estos incidentes transmiten hostilidad a los clientes marginados. Como imaginarás, gracias a estas dificultades ocupacionales, he desarrollado algunas muy buenas estrategias.

Si *en efecto* pongo el pie en una tienda real de ladrillos y cemento, es porque ya hice una investigación concienzuda sobre algo que quiero, y voy a la tienda concretamente para ver, tocar y probarme la prenda. Tengo que entrar con un propósito, o mejor no lo hago para nada. Algunas personas entran a tiendas como H&M o Zara a mirar por aquí y por allá. Para mí, eso sería como jugar con cerillos cerca del fuego. "Sólo estoy viendo" va en detrimento de mi tarjeta de crédito y mi salud mental. Así que, si entro a una tienda, es porque ya sé lo que quiero. Un vendedor puede preguntar: *¿Puedo ayudarte?* A lo que yo siempre contesto: *Con lo único que puede ayudarme es encontrando esto...* Y levanto mi teléfono para mostrarle una foto de lo que ya sé que quiero. Soy cuidadosa y limito el tiempo que paso en la tienda. Entro, encuentro la prenda por la que fui y me voy. Si algo más me llama la atención mientras estoy ahí, no lo compro porque no fui por eso. Por lo regular, cada temporada compro un par de prendas para mantener mi *look* actualizado, pero para minimizar mi estrés es clave que planee mis expediciones de compras.

Esto también me ayuda a mantener elevados mis estándares. Una prenda debe ser espectacular si me obligará a ir hasta la tienda. Ya sabes cómo funciona: ves un vestido en Instagram o en alguna tienda en línea, y de pronto empiezan a aparecer anuncios de ese vestido y a seguirte por todo internet, aunque estés haciendo búsquedas que no tienen nada que ver con él. Este marketing es muy efectivo porque trabaja a partir de algo llamado **principio de familiaridad,** y es una de muchas de las tácticas que detallo en este capítulo. Pero lo traigo a colación ahora porque quiero decirte que, *por supuesto*, ¡yo también caigo con estas estrategias! Soy humana. Pero ésta es la forma en que les doy la vuelta: copio y archivo la imagen de lo que me llamó la atención. Guardo todas esas imágenes en un fólder con el nombre de *Compras potenciales*. Esto imita la sensación de comprar algo en línea; se *siente* como si ya hubieras comprado esa prenda, y como si sólo estuvieras esperando que el paquete llegara a tu casa. Me quité la urgencia de tenerlo y disminuí mi impulso de comprar.

Otra estrategia útil es: invierte en ropa básica de uso cotidiano, en las prendas que usas más a menudo, las que la mayoría de la gente te ve —jeans, suéteres, tops, camisetas, accesorios y abrigos— y no gastes en cosas que son para ocasiones especiales y que incitan a despilfarrar. El lado contraproducente de gastar más dinero y ponerle más atención a tu guardarropa del diario, es que estas prendas básicas quizá no satisfagan tus fantasías de moda como lo haría un vestido de noche, lleno de brillos, así que te conviene saber distinguir entre necesidades y deseos. Es más fácil evaluar el precio de una prenda. Puedes justificar el gasto de 60 dólares en un suéter que usarás una vez a la semana para ir a trabajar. Pero ¿esos mismos 60 dólares en un par de zapatos que usarás en la única boda a la que asistirás este año? Eso es ir demasiado lejos. Y ya que usarás ese suéter mucho más seguido, si compras uno nuevo tendrá un impacto positivo más fuerte en la forma en que te ves y te sientes. Conozcamos a una clienta que necesitaba una intervención a propósito de este tema.

CASO PRÁCTICO: UNO Y LISTO

Barbara es una periodista radicada en Escocia, de cincuenta y tantos años. Es una mujer muy atractiva y chic, con hermosas canas plateadas, y un problema de incongruencia de la moda. Cuando fui a su casa, su clóset parecía una tumba de alta costura. Tenía un traje Gucci vintage, un atuendo formal Kate Spade color fucsia y algunas prendas de piel que había conservado de cuando tenía veinte años.

Como es escritora y trabaja desde casa, Barbara desarrolló una manera de vestir mucho más utilitaria: pantalones negros, azul marino o grises, con un caftán suelto y cómodo. Había comprado sus prendas más atrevidas y brillantes para un solo uso: una boda familiar o un evento de trabajo. Las había conservado por razones emocionales: porque una amiga muy a la moda le había dicho que se veía linda con rosa, por ejemplo. Mientras hablábamos, me confesó que una vez, cuando tenía trece años, sus compañeros se burlaron de ella por un vestido que se puso para una fiesta. (Consulta: "¿Seguir con la vieja escuela? Es momento de sanar las heridas de tu estilo adolescente", en el capítulo 2.)

Barbara tenía un clóset lleno de prendas muy costosas que apenas había usado, llenas de polvo. "Las compré porque eran muy bonitas, pero no he encontrado el momento de ponérmelas más de una o dos veces, porque nunca he sentido que me representan", escribió después de una sesión. "Fueron más bien compras impulsivas, atrevidas y que me llamaron la atención, y no eran prendas con las que me sintiera cómoda. Ni siquiera sé por qué las tengo."[3]

Le ayudé a Barbara a hacer una conexión entre su momento de Chicas pesadas y su inseguridad adulta relacionada con los vestidos de fiesta, ayudándola a hacer consciente su herida que tenía desde hacía cuatro décadas. Como resultado de ese único incidente, "nunca he confiado en mis instintos en lo referente al estilo, y no me gusta sobresalir en una multitud", escribió. "Me compré un Gucci, por ejemplo, porque era un diseñador muy cotizado en los noventa y vi ese atuendo en Vogue. Tal vez pensé que algo de ese polvo mágico de elegancia se me pegaría, pero siempre me sentí un poco ridícula vestida así."

¿Te reconoces en la historia de Barbara? La lección para ella, y para ti, es honrar sus propios instintos en cuanto al estilo de su ropa. Buscar cosas que les agraden y no las que crean que le gustarán a una audiencia. Pueden equivocarse, pero al menos serán sus propias equivocaciones, y aprenderán de ellas.

Receta de estilo

*Darle más importancia (y dinero) a su ropa de la semana, y no a los atuendos para eventos especiales, hizo maravillas con la confianza de Barbara. Si, como ella, estás insegura sobre qué ponerte para un evento social (¿quién no lo está?) considera adoptar un **uniforme para ocasiones especiales**. No puedes equivocarte con un traje sastre negro de pantalón estilo esmoquin y una camisola de seda, un vestido-pantalón de algún color sólido o un sencillo vestido negro. No puedes equivocarte con toques finales como unos zapatos negros de punta, una bolsa de mano metálica y un anillo llamativo. Convierte cualquiera de estas combinaciones en tu atuendo base para cuando surja una fiesta.*

....

¿ERES COMPRADORA EMOCIONAL?

El otro día, leí esto en Instagram: "¿Necesito cortarme un fleco o hablar de mis sentimientos?". Solté una carcajada y me reconocí en la frase. A menudo el impulso de comprar cosas o de cambiar nuestro *look* es una indicación de que algo nos molesta; de que hay un asunto que queremos ignorar o del que queremos escapar, una ansiedad que buscamos sofocar o un aburrimiento que deseamos sacudir. Puedo darte estrategias para evitar que jales el gatillo en tu siguiente compra. Pero hasta que no te hagas cargo de lo que te sucede emocionalmente —qué hueco estás tratando de llenar con las compras— darás vueltas por los centros comerciales o en internet, llena de aprensión.

Cuando hago consultorías para marcas, a menudo me preguntan cómo los vendedores pueden conectarse con los compradores. Cuando te das cuenta de que las marcas le pagan a algún experto para aprender a conectarse contigo emocionalmente, cuando entiendes las jugadas y los trucos que usan para seducirte (desde llenar el local con fragancias vigorizantes o rediseñar las tiendas para que sean una "experiencia" que temas perder), rompes el hechizo de las compras. Chicas, las empresas contratan a neurocientíficos y psicólogos especialistas en consumo para captar su atención y separarlas de su dinero. ¿No sería maravilloso que estos expertos dirijan más energía hacia otro lado, como en ayudar a las personas con enfermedades mentales? Definitivamente sí. Pero déjame recordarte que la moda es una maquinaria económica enorme. Y es lógico que las marcas busquen ayuda de las mentes más brillantes. Mi objetivo en este capítulo es enseñarte a interactuar con las tiendas de la manera más sana posible. Desenmascarar algunos misterios del marketing te ayudará a ser más hábil, más estratégica, y —lo más importante— una consumidora más serena.

Consejos de psicología de la moda

CÓMO RESISTIRTE A LAS TENTACIONES EN LAS TIENDAS

- Sé consciente de que la mayoría de la ropa puede usarse todo el año. No *necesitas* una nueva chamarra de primavera o un vestido de otoño. Por eso Dios inventó vestirse con varias capas.
- Aprovecha tu propia impaciencia. Nunca dejes guardados los datos de tu tarjeta de crédito en las tiendas de internet; así te obligarás a tomarte la molestia de reingresar tus datos cada vez. Los estudios muestran que un comprador promedio espera dos segundos a que una página de internet se cargue, y que 40 por ciento de los compradores no esperarán más de *tres* segundos antes de salirse de la página.[4] La necesidad de hacer una pausa para cargar toda la información de pago, te ayudará a frenar la compra.
- Replantea tu relación con las tiendas. Comprar no es una manera de celebrar un éxito o de recobrarte de una pérdida. Busca diferentes

actividades para recompensarte por un triunfo o recuperarte de una desilusión (cocina una comida deliciosa, consiéntete con un tratamiento de belleza en casa, desconéctate de todo y duerme, camina en la naturaleza, tómate un día libre).

Regresemos al punto en que visualizamos toda la ropa de tu clóset —sin duda, una pequeña fortuna— y ese sentimiento de *Ay, no tengo nada que ponerme*. ¿Cuál es la razón principal de esto? Compramos y compramos, pero de acuerdo con el *Wall Street Journal*, usamos sólo 20 por ciento de lo que tenemos. Esto significa que 80 por ciento de tu ropa está ahí, sin ser usada, desperdiciando espacio físico en tu clóset y espacio mental en tu vida. "La industria cuenta con ello y sabe que la gente comprará por otras razones que la de necesitar realmente algo", escribe Ray A. Smith, del *Wall Street Journal*.[5] Esas razones suelen ser emocionales.

Armar y revitalizar tu guardarropa quizá lo percibas como un proceso costoso y sin fin. ¿Por qué lo que tenemos nunca es lo suficientemente bueno? ¿Por qué la moda es como una bestia insaciable que necesita que la alimentemos por siempre? Bueno, para empezar, mucha gente hace mucho dinero convenciéndote de que necesitas ropa nueva todo el tiempo. De acuerdo con los analistas económicos, el mercado de ropa en Estados Unidos es el mayor del mundo, y generó 328,070 millones de dólares en 2017.[6] Según *USA Today*, el estadunidense promedio gasta más de 1,800 dólares al año en ropa y servicios.[7] La industria de la moda continúa creciendo a un ritmo de 5 por ciento anual y no ha dado señal de frenarse.[8] De acuerdo con un reporte del Comité Económico Conjunto del Congreso de Estados Unidos, únicamente en la ciudad de Nueva York el mercado de ropa generó 15,000 millones de ventas anuales.[9] La prestigiosa escuela de negocios Stern School of Business, de la Universidad de Nueva York, recientemente se convirtió en la primera en ofrecer una maestría en moda y lujo. ¿Por qué? La directora del programa de estudios, Kim Corfman reportó que, en la década pasada, las inscripciones a los cursos de moda, lujo y ropa, han crecido más de 500 por ciento: "La moda y el lujo han tenido el mayor crecimiento respecto al resto de las carreras".[10] No se confundan: esos brillantes estudiantes de negocios siguen el camino del dinero.

Nuestro impulso por comprar puede ser tan poderoso, que a veces lo seguimos a pesar de que nos afecta financieramente. Incluso en épocas de incertidumbre económica, las mujeres se sienten obligadas a renovar su guardarropa cada temporada, así lo reportó Reuters en plena recesión en 2008.[11] Tanto en tiempos de bonanza como de austeridad, la presión de comprar ropa nueva —sobre todo en las mujeres— no aminora. Por una parte, ir al trabajo nos provee de dinero extra; por otra parte, nos presiona para vernos a la moda. Como escribe Sheila Marikar en *The New York Times*: "Vestirse para ir a trabajar *es* un trabajo, y el costo para las mujeres —en dinero, tiempo y distracción— es desproporcionado".[12] Factores como las diferencias salariales de género (los estudios muestran que, en 2017, las mujeres blancas ganaban 77 centavos por cada dólar que ganaban los hombres blancos; las mujeres negras ganaban 61 centavos, y las mujeres latinas ganaban 53 centavos) y el "impuesto rosa" (el fenómeno de que las mujeres pagan más que los hombres por bienes y servicios equivalentes) también nos coloca en desventaja económica.[13] ¡No es gratuito que te sientas angustiada cuando compras ropa!

Éste es un problema moderno. En 1930, la mujer estadunidense promedio poseía nueve atuendos. Hoy en día, de acuerdo a *Forbes*, posee 30 —uno para cada día del mes— aunque tal vez usa sólo seis.[14] A nivel global, 73 por ciento de las mujeres actualizan 25 por ciento de su clóset cada tres meses.[15] La mayoría de ustedes está gastando en ropa una muy buena parte de su dinero y demasiado de su precioso tiempo (sin contar lo que se gasta en belleza, acondicionamiento físico, bienestar, etcétera). Y, sin embargo, apuesto que a pesar de décadas de práctica en seguir tendencias y leer consejos de moda, aún no tienes una sensación de seguridad y poder sobre tus elecciones de la ropa. Y para aumentar la locura, cada vez hay más opciones que nunca, frente a ti.

Al igual que Barbara del caso práctico, "las mujeres tienen esa misma sensación al abrir su clóset y ver docenas de vestidos muertos que sólo se pusieron una vez", declaró a *The New Yorker* Jennifer Hyman, directora ejecutiva de Rent the Runway. Señala que 27 millones de mujeres estadunidenses gastan al menos tres mil dólares anuales en ropa para ir a trabajar.[16] Rent the Runway y otros negocios innovadores ofrecen al consumidor la renta de una gama ilimitada de nuevos atuendos para elegir. Con toda su experiencia, por un precio menor te dan el golpe de dopamina y la fantasía de reinventarte a ti misma que ofrecen las compras. Es un servicio innovador que ha sido merecidamente celebrado. Pero ya sea que compres o pidas prestado, adquirir ropa nueva (aunque sea algo temporal) te sigue costando tiempo, dinero y energía. Mi pregunta para ti es: ¿realmente quieres trabajar tanto en este aspecto de tu vida?

Hay inconvenientes muy claros a lo que Marikar llama el "ciclo de nunca acabar de la acumulación". Ya sea que ames la moda con pasión o que la aceptes sólo como un medio para alcanzar un fin (verte presentable), cuando compras participas en dar dinero a los grandes negocios. También contribuyes potencialmente a la crisis ambiental ya que, de acuerdo con *The New York Times*, casi tres quintas partes de toda la ropa terminan en incineradoras o vertederos al año de ser producidas.[17] Cuando compras (y compras más y más), puedes estar minando tu seguridad financiera a largo plazo. Las mujeres son especialmente vulnerables a la experiencia emocional y los problemas adictivos de las compras en línea. De acuerdo con el psicólogo doctor Brad Klontz, en su declaración a PureWow, las compras compulsivas son un trastorno más frecuente en las mujeres que en los hombres. "Y lo que lo ha vuelto más complicado es que antes de la tecnología tenías que arreglarte e ir a algún lado a comprar algo, y ahora puedes hacerlo en pijama, desde tu sillón. La tentación y la facilidad para comprar por impulso han escalado dramáticamente."[18] En ciertos días en que veo todo esto con gran cinismo, pienso en una vieja cita: "Demasiada gente gasta dinero que no se ha ganado, en comprar cosas que no quiere, para impresionar a gente que no le agrada".[19] Y, aun así, a sabiendas del lado negativo, muchos de nosotros —me incluyo— nos enamoramos apasionadamente de la ropa. ¿Amamos la ropa y no somos correspondidos? Como cualquier relacional emocional, es algo complicado.

Es momento de mirar hacia dentro. Dilucidemos si *tú* piensas que tu comportamiento a la hora de comprar es saludable o dañino.

- ¿Cómo te sientes cuando vas de compras? ¿Tranquila, calmada y contenida, o eufórica, ansiosa y culpable?
- ¿Qué tan seguido tienes remordimientos por las compras? ¿Algunas veces, la mayoría de las veces, siempre?
- ¿Alguna vez te has jurado dejar de comprar por un determinado periodo, pero no pudiste cumplir tu promesa?
- ¿Sientes como si las tendencias avanzaran tan rápido que todo lo que compras pasa de moda muy pronto? ¿Esto te obliga a comprar más y más?
- ¿Los *influencers* de Instagram aumentan tus inseguridades?

LAS COMPRAS Y LA MENTE: ÉSTE ES TU CEREBRO EN LAS TIENDAS

Comprar puede sentirse como una montaña rusa emocional. Para algunas personas, ofrece un subidón visceral, la emoción animal de la persecución, como si estuvieras a la caza de un artículo que hay que tener/exclusivo/de edición limitada/en oferta. "¡Últimas existencias!", insisten los anuncios mientras tu corazón se acelera y te sudan las manos. Una encuesta realizada en CNBC descubrió que el consumidor estadunidense promedio gasta la asombrosa cantidad de 5,400 dólares al año en compras impulsivas. Y la ropa resultó ser una de las más comunes, después de la comida.[20] Dado que muchos tomamos las decisiones de compra tan rápido, con frecuencia nos sentimos fuera de control cuando acabamos. Este latigazo psicológico (¡Anticipación! ¡Emoción! ¡Arrepentimiento!) puede ser demasiado intenso. Entonces, ¿por qué es tan difícil decidir dejar de comprar?

Para entender la respuesta a esta pregunta, es útil conocer la ciencia que usan los profesionales de marketing para manipular tus emociones. Una vez que lo hagas, estoy segura de que *tú* controlarás tus compras y no al contrario. La periodista de negocios Alina Dizik, en su artículo para la BBC "Shopping a Sale Gives You the Same Feeling as Getting High" ("Comprar en rebaja te da la misma sensación que una droga"), entrevistó a varios terapeutas especialistas en adicciones, psicólogos e investigadores del consumo, y le ofrecieron evidencia de que las compras estimulan el cerebro de manera similar a otros estimulantes adictivos, como el alcohol y las drogas. Comprar y otros comportamientos compulsivos como apostar o los desórdenes alimentarios, catalizan respuestas neurológicas similares (pupilas dilatadas, activación de los centros de placer del cerebro e involucramiento emocional).

Pero lo más revelador del artículo de Dizik fueron las entrevistas con expertos del nuevo campo de estudio, el *neuromarketing*. Sí, hay neurólogos de gran reputación que dedican parte considerable de su *expertise* —incluso usando aparatos de resonancia magnética— para mapear el cerebro de los consumidores.[21] Uma R. Karmarkar es asistente académica en la Escuela de Negocios de Harvard y tiene un doctorado en marketing y otro en neurociencia. En una entrevista publicada en *Forbes*, declaró: "Cuanto más deseable es algo, más significativos son los cambios en el flujo sanguíneo en ciertas partes del cerebro. Los estudios han mostrado que la actividad en esa área del cerebro puede predecir la popularidad de un producto o una experiencia".[22]

Los mercadólogos también capitalizan que los humanos somos, por naturaleza, animales gregarios. Puedes sentir familiaridad con frases como "La mayoría de los visitantes que comparten tu perfil eligen esta opción" o puedes ser encauzado a "Artículos recomendados que otros compradores a menudo vuelven a comprar". Este lenguaje apunta hacia tu instinto de comparación social. Compras cosas que crees que han adquirido otras personas similares a ti, no sólo porque confías en sus opiniones de manera implícita, sino porque también quieres encajar en un grupo; quieres pertenecer.[23] Si creías que entrar a una tienda o comprar algo en línea era un acto de libre albedrío y que eres inmune a la manipulación del marketing, reconsidéralo.

He aquí otra llamada de atención: los mercadólogos buscan que las mujeres desequilibren su autoestima. "Algo está mal contigo, pero —¡buenas noticias!— ¡puedes COMPRAR algo para solucionarlo!" No puedes comprar un brasier o una crema humectante sin enfrentarte con toda una campaña dirigida directo a tu talón de Aquiles emocional. Jameela Jamil, actriz y activista, ha hecho un llamado a Avon por el marketing de su crema anticelulitis, para que use un lenguaje positivo respecto al cuerpo. "La manera en la que esta industria vende miedo (sólo) a las mujeres sobre el inevitable paso del tiempo y la gravedad y la desaceleración del metabolismo, me enferma". tuiteó. "La industria de la belleza correctiva se está expandiendo como nunca antes, porque se ha asegurado de que nuestra autoestima esté, como nunca antes, en su punto más bajo."[24] A pesar de que no hay necesidad, de acuerdo con un reporte publicado en *Quartzy*, los *millenials* —que por su edad no tienen arrugas— son los más grandes consumidores de cremas antiedad. En esta era, sueros + mascarillas de sábana = cuidado de uno mismo, sin importar si tienes veintidós o cincuenta y dos. "La belleza es un negocio que siempre ha prosperado al fomentar las inseguridades de las mujeres", escribe Sangeeta Singh-Kurtz, de *Quartzy*. Los mensajes del marketing moderno pueden haber sido modificados para incluir palabras más atractivas como "cuidado de ti mismo" y "empoderamiento", dice Singh-Kurtz. Pero la misión es la misma: vender más cosas capitalizando nuestras inseguridades por las arrugas, los poros, el vello corporal, la hinchazón, las estrías y la celulitis. No importa cómo lo manejen, el subtexto sigue siendo la vergüenza.[25]

Y no es sólo nuestra piel la que (aparentemente) podría mejorar. También nuestros cuerpos. En 2018, el show de moda de Victoria's Secret se vio envuelto en una polémica por su falta de inclusión y diversidad de tallas en la pasarela. Tal como Becca McCharen-Tran, diseñadora de lencería para la marca Chromat, declaró para el *New York Post*: "Si las chicas ven que ésa es la belleza que se celebra, no verse dentro de ese grupo es muy limitante. Pienso que el show de Victoria's Secret le da forma a nuestra discusión cultural sobre lo que es la belleza, quién es merecedor de ser deseado, quién es hermoso y quién no lo es".[26] En realidad, 28 por ciento de las mujeres estadunidenses usa talla 14 o más grande.[27] En 2018, las búsquedas en Google para trajes de baño de tallas grandes aumentaron 43 por ciento.[28]

La compañía rival de lencería, ThirdLove, se dio cuenta de su ventaja e intentó boicotear el show de Victoria's Secret. En una carta abierta publicada en *The New York Times* y otros medios, la fundadora de Third-Love, Heidi Zak, escribió: "Es momento de dejar de decirles a las mujeres lo que las hace sexys: déjennos decidir. Estamos hartas de fingir que ciertas tallas no existen o que no son lo bastante importantes. Y por favor dejen de insistir en que la inclusión es una tendencia".[29] La movida de ThirdLove fue una declaración de "los valores correctos", por supuesto. Pero también fue parte de una campaña de marketing con mucho colmillo. Los "valores" de una marca nunca han sido tan importantes como hoy. Con esta abundancia de opciones los compradores son cada vez más selectivos, de acuerdo con el reporte elaborado en 2017 por la firma consultora McKinsey & Co., en coautoría con la biblia de la industria *The Business of Fashion* (*El negocio de la moda*): "Cada vez más las decisiones de compra de las personas se basan en sus valores personales, por lo que buscan marcas que se identifiquen con ellos".[30]

Todo esto está genial. Si necesitas un brasier, quizás *es* mejor si lo compras a una compañía que está generando una discusión cultural hacia una dirección positiva, y no a otra que te hace sentir mal porque no eres Gisel Bündchen. Pero ¿acaso no estamos entrando al turbio territorio moral de cuando una marca lucrativa ofrece sus "valores" para levantar sus ventas? No le estoy dando un portazo en la cara a las compañías por acoger las curvas femeninas o promover la diversidad en cualquiera de sus formas; es una alternativa mucho mejor y una enorme mejoría respecto al pasado. Pero en última instancia, cuando la motivación es *¡Vender! ¡Vender! ¡Vender!* nos corresponde correr la cortina y ver lo que hay detrás.

COMPRAR BAJO UNA INFLUENCIA: ¿EN QUIÉN PUEDES CONFIAR?

Con el aumento de los teléfonos inteligentes, las compras por internet han alterado el panorama para siempre. Según McKinsey, desde 2016 el comercio virtual ha sido responsable de más de 40 por ciento de crecimiento en las ventas de ropa en Estados Unidos: 42 por ciento de los *millenials* prefieren comprar en línea y evitar las tiendas por completo, siempre que sea posible.[31] Poco más de una cuarta parte de las ventas de ropa se hacen en línea.[32] Más y más consumidores están visitando las tiendas en línea, vía las redes sociales.[33] En un solo día (Black Friday de 2018), los consumidores estadunidenses gastaron dos mil millones de dólares usando sólo sus teléfonos.[34] Setenta y dos por ciento de los usuarios de Instagram reportaron que decidieron comprar algo a partir de algo que vieron en el sitio.[35] En 2017, 8,642 locales cerraron sus puertas en todo el país.[36] No hay duda de que no hay marcha atrás: compramos cada vez menos en espacios físicos y cada vez más en sitios virtuales.

Para mantenerse vivas, las tiendas se están transformando en clubes sociales exclusivos, restaurantes con venta de productos, espacios comunitarios, eventos, "experiencias" o estudios fotográficos coloridos en donde puedes capturar tu propio contenido: promoviendo de manera sinérgica a tu persona y a la marca que elegiste en Instagram. De hecho, algunas tiendas ya no tienen productos en almacén, y en cambio funcionan como estaciones de paso donde los clientes pueden recoger o devolver los productos que compraron en línea. "Museos de marcas" o espacios temporales creados por casas de moda como Hermès, Chanel, Tiffany, y Dolce & Gabbana ofrecen todo, desde lectura de tarot hasta clases de bienestar para desayunar, todo esto para invitar a los visitantes a que publiquen sus fotos sobre sus experiencias (promocionales).

Los tiempos desesperados y los territorios cambiantes están forzando a los minoristas a reinventar sus métodos de venta. Los asociados de Neiman Marcus presentaron artículos de lujo de prueba directo con los compradores, vía Instagram.[37] Y los *influencers* más auténticos —celebridades, editores de moda, Kar-Jenners y otras personalidades influyentes— reciben hasta un millón de dólares por publicación para promover algún producto. Pero como se calcula un gasto de dos mil millones de dólares anuales para el mercado de los *influencers*, los ultrafamosos no son los únicos que reciben cheques.[38]

¿Conoces a ese amigo del amigo bloguero que escribe sobre viajes o sobre cómo ser papás, al que sigues y con quien sientes una conexión estrecha? Tal vez te está vendiendo cosas sin decirlo. "Un tercio de las marcas admiten esconder el patrocinio a través del marketing con *influencers*, porque consideran que eso impacta en la confianza del consumidor", reportó *Marketing Week*.[39] De hecho, algunos expertos apuestan a que los *influencers* más eficaces no son los famosos en absoluto. Las marcas están contratando cada vez más "micro *influencers"* (personalidades del medio con entre cien mil y un millón de seguidores) y "nano *influencers"* (personas normales con entre cien y diez mil seguidores).[40] Su meta es crear una auténtica combustión espontánea y alcanzar audiencias más seleccionadas. Es efectivo. Los nano *influencers* son personas con las que ya tienes una conexión social estrecha. Personas con las que podrías encontrarte en la vida real y, por lo tanto, en las que más probablemente confiarás. Debido a esto, de acuerdo con una encuesta de la industria, los nano *influencers* se involucran (es decir, que obtienen *likes* y comentarios) hasta 8.7 por ciento con su audiencia, mientras que las celebridades con más de un millón de seguidores, sólo se involucran con 1.7 por ciento.[41] Ten cuidado, compradora.

¿Por qué estas nuevas tácticas de marketing funcionan tan bien? Al hacerte *consciente* de un producto, poniéndolo frente a tus ojos y logrando que lo sientas como algo familiar, te vuelve más proclive a comprarlo. A menudo, la conciencia puede convertirse en acción. Esto se debe a un fenómeno psicológico llamado *efecto de mera exposición*. También es conocido como el *principio de familiaridad* y explica por qué preferimos a la gente o las cosas sólo porque nos resultan familiares. Gillian Fournier de Psych Central observa: "Esto es interesante porque no está basado en la lógica. Sólo porque vemos a un extraño de manera ocasional, no lo hace más confiable [...]. Sólo sentimos que lo es porque lo 'conocemos'".[42] Y cuanto más vemos el producto, sobre todo si lo recomienda un "amigo" de las redes sociales, más familiar —y por lo tanto más confiable— nos parece. De acuerdo con los datos obtenidos por la firma de investigación de mercados CXL: "La familiaridad tiene un gran impacto en nuestro proceso de toma de decisiones, nos demos cuenta o no. Y esto significa que tiene un gran impacto en las compras".[43] El gurú doctor Jeffrey Lant, que estudió Negocios en Harvard, es famoso por su teoría en la que plantea que para penetrar la conciencia de un cliente, "necesitas contactarlo al menos siete veces en un periodo de dieciocho meses".[44] En los círculos de marketing este descubrimiento se conoce como la *regla de siete*. La próxima vez que quieras comprar una nueva prenda pregúntate si la gente o las marcas en las que confías te la han mostrado, y si es así, cuántas veces.

¿Cuál es la importancia de toda esta información? Bueno, intento elevar *tu* conciencia. Quiero que comprendas que incluso cuando es claro, es un #anuncio (#ad) y puede estar usando su magia de marketing porque está penetrando tu conciencia. Quizá tus "amigos" estén incitando tu euforia sin decirlo, haciendo que el producto se sienta familiar y, en última instancia, irresistible. Quiero que sepas que los vendedores están buscando todo el tiempo nuevas maneras de hacer que el producto llegue a las manos de las personas adecuadas y frente a los ojos correctos: los tuyos. Porque una vez que algo se desliza en tu conciencia, será más fácil que aprietes un botón y lo compres.

CÓMO COMPRAR CONSCIENTEMENTE

¿Cuál es la respuesta a toda esta influencia? En mi experiencia, la mejor manera de bajarte del tren de la terapia de compras y romper el círculo de comprar, arrepentirte, y luego comprar más, es la conciencia plena. El objetivo es redirigir tu energía, encontrar nuevas salidas para tu ansiedad y diferentes detonadores de tus centros de placer. Esta psicóloga de la moda está aquí para ayudarte a reestructurar la manera en que concibes las compras.

Así que seamos brutalmente honestas sobre la razón por la que quieres comprar en este momento.

- ¿Las compras alimentan una fantasía que tienes de ti misma, sobre cómo será tu vida una vez que compres ese objeto tentador? Si es así, entonces, ¿qué pasos puedes seguir para reconocer y apreciar la realidad de quien eres y lo que tienes ahora, en este momento, en tiempo real? ¿Qué tal escribir una lista reconociendo lo que agradeces? Se ha demostrado que la **gratitud** nos ayuda a posponer la gratificación, lo cual nos lleva a hacer menos compras impulsivas.[45] Si llevas un diario, meditas o repasas las fotos de tus seres queridos, serás menos proclive a comprar para llenar un hueco emocional. Practicar la gratitud "genera una sensación de abundancia", escribe la psicóloga especialista en consumo Kit Yarrow, y hace que sea "menos probable que trates de llenar, de manera inconsciente, las carencias emocionales [...] acumulando más cosas".[46]

■ ¿Estás aburrida o te sientes sola en este momento y esperas que las compras llenen tus carencias? ¿Qué **alimentará tu necesidad de conexión**? ¿Una charla superficial con un vendedor, o una plática a corazón abierto con un viejo amigo? Elige.

■ ¿Estás ansiosa y te urge sentirte en control? ¿Qué pasaría si tomas el dinero que estás por gastar en una camiseta, y lo transfieres a tu cuenta de ahorros? La ciencia nos dice que las **experiencias** nos dan más felicidad que las cosas. El maestro James Hamblin, corresponsal en el tema de la salud para el periódico *The Atlantic*, escribe: "Nada material es intrínsecamente valioso, excepto la promesa de felicidad, cualquiera que ésta sea, que trae consigo".[47] Ese vestido es el disfraz para una fantasía; no garantiza nada. Pero ahorrar para un boleto de avión para ir a un lugar cálido, promete un cambio de escenario y de perspectiva.

Una vez que realmente te sientes contigo misma y separes tus necesidades de tus deseos, puedes dar pasos paulatinos para llenarte de maneras que no requieran comprar nuevas cosas. En mi experiencia, el antídoto de la ansiedad es la acción. Levanta el teléfono. Llama a un amigo. Háblale a tu abuela. Sal a caminar en medio de la naturaleza. Soluciona alguno de tus pendientes más simples y táchalo de tu lista de quehaceres.

Ve una película. Lee un libro. Cocina algo nuevo. Arma un buen plan para hacer voluntariado. Planea tus próximas vacaciones. Empezar con cosas pequeñas es mejor que sentarte a hacer nada. Estas habilidades, muy parecidas a dominar un nuevo idioma o aprender a bailar, pueden practicarse y perfeccionarse. La autorregulación es como un músculo que se fortalece si entrenas. Podemos enseñarnos a no hacer compras impulsivas de la misma manera en que podemos practicar calmarnos en el tráfico o contener los arranques de ira en contra de nuestros seres queridos.

Por supuesto, no puedes evitar las compras para siempre. Una vida plena implica que hay lugares a donde ir y personas a las que ver, y quieres verte bien cuando lo hagas. Eso es algo hermoso. Pero hay una manera de comprar sin sentido, y hay otra que es con conciencia plena; la primera pondrá tu vida de cabeza, y la última la mejorará. Las compras, tal como dice Yarrow, nos ofrecen "las vacaciones mentales que provienen de imaginar cómo usar un producto, algo así como 'no podrán evitar voltear a verme con este atuendo' o 'tendremos las fiestas más divertidas con este mezclador de cocteles'". Pero si no tienes planes concretos e inmediatos para usar ese nuevo *look* o alguna fiesta confirmada en tu agenda, no hay una necesidad real para que compres esas cosas. Te recuerdo, resiste el impulso de gastar dinero en tu yo de fantasía o en tu vida imaginaria. Y si *vas* a gastar, aquí hay una guía para navegar en el mundo de las compras.

Consejos de psicología de la moda

CÓMO COMPRAR CON INTENCIÓN

Toca lo que es tuyo: cada vez que quieras comprar algo, ve y toca físicamente la ropa que hay en tu clóset. Esto te permite darte cuenta de que tienes ropa en abundancia, y que quizá tu deseo de comprar se trata de algo más. Si ves un vestido lindo en línea y tu corazón se acelera por la anticipación de ponértelo en tu siguiente salida con tus amigas, levántate y revisa tus vestidos. ¿Hay alguno ahí que ya hayas usado alguna vez y que te hace sentir muy bien? Tócalo. Recuerda lo placentero que fue usarlo la última vez. Y, lo más importante, revisa tu agenda: ¿en verdad *tienes* programada una salida con tus amigas? Si no, admítelo, y disminuirá la urgencia de comprar el vestido.

Calidad > cantidad: ahorra dinero y gástalo en un clásico de mejor calidad que te durará años, en lugar de muchas piezas de moda rápida que se desintegrarán después de un par de lavadas. De acuerdo con un estudio publicado por *Advances in Consumer Research,* los compradores sienten remordimiento porque "sospechan que gastaron demasiado tiempo y esfuerzo comprando algo que no valía la pena".[48] En general, los compradores no lamentan los *atracones*. Lo que lamentan es haber pasado por alto una prenda especial, única y de mucha calidad, *por otra* que "parecía ser una mejor compra" y era más barata. Se recriminan haberse conformado con la segunda pieza, lo cual los lleva a usarla o no usarla en absoluto.

Que venga lo nuevo, que se vaya lo viejo: siempre que compres algo nuevo, algo viejo debe irse. Dona o vende todas las prendas repetidas o las que son similares a lo que acabas de comprar. Sitios como Poshmark, thredUP, Depop y The RealReal pueden ayudarte a convertir en dinero la ropa que desechas.

Exige versatilidad en tus prendas: procura limitar tus compras a artículos de batalla que puedas usar todo el año, sin importar la temporada, y que sirvan para diversas ocasiones. Por ejemplo, una falda larga plisada negra que se vea muy *chic* con una camiseta en primavera, o un cuello de tortuga en invierno. Un top ceñido, que se vea sexy cuando lo uses con jeans de cintura alta, y que se vea elegante cuando lo uses debajo de un traje estilo esmoquin. Pantalones de pierna ancha que pueden verse más arreglados con tacones para una salida en la noche, o que pueden simplificarse con zapatos deportivos si vas a ir por un café.

Nada mejora la conveniencia y la privacidad de las compras en línea (¿verdad, *millenials*?). Pero he descubierto que cuando los clientes valoran las prendas usando sus sentidos físicos, hacen compras más informadas y apropiadas. O si una prenda no ha satisfecho sus sentidos, se sienten más seguros al rechazarla. Involucrar los sentidos conscientemente cuando compras te obliga a relajarte y enfocarte, lo cual implica que tomarás mejores decisiones en general.

Deberías saber que los vendedores usan imágenes, sonidos y esencias, y acomodan las cosas en las tiendas para atraer tu dinero (lo siento, no pude evitar decirlo). Hasta 20 por ciento de los vendedores de Estados Unidos esparce fragancias de café, pan recién horneado o piña colada en sus tiendas a través del sistema de aire acondicionado. El propósito es "mantener a los clientes en tu tienda y crear un ambiente en el que se sientan bienvenidos, y funciona", declaró para *Independent* Mike Gatti, director ejecutivo de marketing de la Federación Nacional de Minoristas del Reino Unido. Los clientes se quedan más tiempo en la tienda, "ayuda a que la gente se sienta mejor durante sus compras, y en muchos casos provoca que gasten más dinero".[49] En un famoso estudio, el doctor Alan Hirsch de Chicago, neurólogo y psiquiatra, le preguntó a un grupo de compradores que vieran dos pares idénticos de calzado deportivo Nike en dos cuartos aparentemente iguales. Una de las habitaciones tenía aire purificado, mientras que la otra tenía una esencia floral. Ochenta y cuatro por ciento de los sujetos prefirieron los Nike del cuarto aromatizado y estuvieron dispuestos a pagar hasta diez dólares más por ellos, que por los zapatos deportivos "sin aroma".[50]

La próxima vez que vayas de compras, toma nota de la música que hay en la tienda. ¿Cómo te hace sentir? ¿Ansiosa y exaltada? ¿Deseosa de comprar lo que sea que tengas en las manos y salir corriendo? ¿Emocionada, alegre y feliz? Se ha demostrado que la música también es una herramienta. Entra a cualquier H&M o Urban Outfitters, pon atención y verás —o más bien, escucharás— a lo que me refiero.

CONVIERTE LAS COMPRAS
EN UNA EXPERIENCIA SENSORIAL

Ejercicio de psicología de la moda

Cuando vamos de compras usamos nuestros sentidos para ver, tocar, oler y escuchar. Diseñé este método para los papás que van de compras con hijos que tienen problemas para procesar lo sensorial, pero esto puede ser útil para cualquiera.

Vista: cuando entres, mira a tu alrededor. ¿Hay ciertos colores, telas o texturas que te atraen de inmediato? Toma nota de esto y continúa ignorando las prendas que no cumplen con esas especificaciones. Esto te ayudará a reducir rápidamente tus opciones.

Tacto: cuando pienses en probarte una prenda, toca la tela entre tus dedos. ¿Se siente rasposa, de baja calidad o barata? Si te gusta tanto la textura como para probarte la prenda, considera no sólo cómo se ve, sino cómo se *siente* en tu cuerpo. ¿Está demasiado ajustada? ¿Te aprieta la cintura y te saca unos pliegues? ¿Hay alguna etiqueta o costura que pique? ¿El material irrita tu piel? Una prenda puede quedarte bien técnicamente, pero si la sientes incómoda jamás la usarás. (¡Pregúntale a cualquiera que tenga un montón de suéteres de angora en su clóset!)

Olor: a riesgo de parecer absurdo, huele ligeramente la prenda que estás considerando. Una prenda en renta puede retener una fragancia o un olor corporal y desanimarte, sin importar lo increíble que se vea. Una prenda nueva puede oler sintética y emanar el olor de la fábrica donde fue manufacturada. Ciertas telas como los algodones orgánicos huelen a "limpio" después de lavarlos, pero se sabe que el poliéster atrapa y retiene bacterias que huelen mal. Quizá no te des cuenta de manera consciente, pero tal vez usas ciertas prendas que te quedan muy bien, pero molestan a tu olfato.

Oído: evalúa el sonido que hace la prenda. ¿La falda hace frufrú cuando caminas? Visualízate caminando con prisa por los pasillos de tu oficina.

¿Los pantalones hacen un sonido cuando tus muslos se friccionan? ¿El clic-clac de esos tacones sobre el piso de mármol de tu lobby te hará sentir demasiado cohibida?

Tómate unos momentos para observar y honrar tus respuestas a estos estímulos sensoriales. Si una prenda no complace a uno o dos de tus sentidos, no la compres. Trata de separarte de tus sentimientos respecto a la ropa que tienes en la mano, de la música en tus oídos y del aroma en el ambiente. Una vez que lo hagas, si la urgencia de comprar disminuye, continúa con tu camino. ¿Estás súper emocionada con la chamarra que tienes en las manos, o sólo estás ansiosa por comprarla para sentir que lograste algo y salir de la ruidosa tienda (o de ese sitio de internet tan estimulante visualmente)? Tomando en cuenta todo el esfuerzo y el conocimiento de los expertos dedicado a que abras tu cartera, si te vas con las manos vacías ya es un logro.

EN CONCLUSIÓN
CONSEJOS Y APRENDIZAJES CLAVE DEL CAPÍTULO 3

- Elimina el estrés cuando busques ropa para una fiesta. Establece un **uniforme para ocasiones especiales** que puedas usar en cualquier evento que se presente.
- **Mejora tus atuendos cotidianos.** Invierte en básicos versátiles y sin temporada específica (blusas, camisetas, suéteres de botones, una chamarra de motociclista imitación piel). Lo que usas más seguido tendrá mayor impacto en tu estilo y tus emociones.

- **Evita pasear por los pasillos.** No pasees por la tienda ni visites un sitio de internet a menos que tengas en mente una prenda específica o un evento en la agenda.

- **Usa tus sentidos.** Toca lo que ya tienes. Restablecerá tu sensación de abundancia y te recordará que en realidad no *necesitas* nada nuevo. Nunca compres nada que no se vea, se sienta, suene y huela increíble.

- **Ten cuidado con el principio de familiaridad.** Puedes comprarle café al chico del mismo puesto cada mañana. Pero eso no significa que te lo llevarías contigo a tu casa. Lo mismo sucede con la ropa: sólo porque has visto una prenda muchas, muchas veces (¿en los *feeds* de tus redes sociales, tal vez?), no significa que la necesites —ni siquiera que la *desees*— en tu clóset.

- Documentar la **gratitud**, planear **experiencias** y nutrir las **relaciones** puede reemplazar tu impulso de comprar.

CAPÍTULO 4

Una manera diferente de vestirte

Uso mi tipo de ropa para ahorrarme el trabajo de decidir qué ponerme.

—KATHERINE HEPBURN

Si esperas renovar tu *look* y reducir tu estrés, es el momento de poner manos a la obra. Tengo cuatro metas importantes para este capítulo. Quiero ayudarte a...

1. Aprender por qué tener un estilo distintivo (o una marca personal o una moda uniformada) puede ser muy bueno para ti. Luego averiguar cuál es tu *look*.
2. Convencerte de que repetir atuendos no sólo está bien, sino que puede ser la clave para la salud mental y el estilo.
3. Crear un *guardarropa básico* y verte bien con menos ropa.
4. Salir de la rutina si tu uniforme actual te restringe.

¿Cuál es la primera pista para resolver el misterio de qué ponerse? Saber quién eres. En lo personal, me gusta ver las tendencias nuevas y tentadoras o los atuendos potenciales a través de la lente de *¿Soy o no soy yo?* Tengo una noción muy clara de mi estilo distintivo. Lo llamo *minimalista glam*. Me encanta usar ropa de silueta nítida con colores, estampados y telas atrevidas. Nunca me he topado con un artículo con estampado de piel de leopardo, rosa fuerte o brillante que no quisiera llevarme a casa. Pero los equilibro con camisas clásicas y limpias, tipo Oxford, y pantalones ajustados. También estoy obsesionada con los tacones altos. (Para mí, los zapatos deportivos son para el gimnasio o para huir de un perro.) Como conozco tan bien mi estilo, es más fácil evitar lo que no está acorde con mi vibra. Si diagnosticara mis comportamientos de psicología de la moda usando los conceptos planteados en el capítulo 2, diría que lo que me gusta tiene todo que ver con **accesorios focales** y **vestimenta basada en el estado de ánimo**.

Sé lo que me gusta, ¡pero por supuesto cometo errores! ¿Recuerdas que estuvo de moda usar pijama de satén en público, pero aderezada con muchos accesorios como tacones y joyas? Ay, yo lo hice. Usé pijama fuera de mi departamento y me sentí ridícula. Tuve que regresar a mi casa a mitad del día para cambiarme. Oficialmente, ese *look* no era yo. Pero ¿una capa de estampado de leopardo? Por supuesto que ésa soy yo. En lo que a mí concierne, el leopardo es neutral; va con todo. Cuando uso estampados de piel de animal me siento elegante, feroz, arreglada, casi como si personificara las características del animal. Me muevo más rápido. Y las capas son una manera fácil de agregar drama a una base monocromática (top negro + *leggings* + tacones + capa de leopardo = increíble) ¿Traje sastre fucsia? Yo × 3. Es halagador para la figura, levanta el ánimo y es inesperado. Me lo pongo. ¿Calzado deportivo feo? Paso. No me siento segura de mí misma cuando uso zapatos bajos. Cuando uso tacones y ando de puntitas me siento como bailarina de ballet, equilibrada y con gracia.

Tu estilo puede ser opuesto al mío. Quizá te gusten las telas de lino ligeras y naturales y las sandalias o la ropa deportiva, casual y cómoda, estilo *athleisure*, y unos zapatos deportivos dignos de una bestia espectacular. Pero sin importar qué te guste, tener un estilo distintivo facilita que evites las prendas que te harán sentir incómoda. Eso es una bendición cuando vas de compras.

Repito mis atuendos descaradamente. Uso una y otra vez mis uniformes dependiendo de que esté sucediendo en mi vida en ese momento. Cuando viajo, tengo un uniforme base. Es un suéter negro, pantalones ajustados negros y tacones negros. Esto me permite mezclarme en la multitud sin importar el país en el que esté, sin importar qué tan casual o formal sea el ambiente, ya sea que las costumbres locales sean discretas o estén abiertas a la variedad. Este uniforme reduce muchísimo el estrés del viaje. Últimamente he estado llena de obligaciones profesionales y he pasado mucho tiempo trabajando desde casa. Así que esta semana he repetido varias veces la misma combinación de *leggings* negros y suéter. Estoy tan agotada emocionalmente, que no quiero dedicarle energía extra a seleccionar mi ropa. En cambio, he optado por enfocar mis recursos mentales en otras cosas de mi productividad profesional.

Para nada soy la primera persona que hace esto. Steve Jobs, el fundador de Apple, fue el ejemplo perfecto del complejo de guardarropa repetitivo, con su cuello de tortuga negro y sus jeans. Su *look* se convirtió en sinónimo de su marca y ofrecía un nuevo modelo de lo que podían usar los visionarios de Silicon Valley. (Su cuello de tortuga estuvo muy relacionado con la innovación tecnológica y fue imitado astutamente por la fundadora de Theranos, Elizabeth Holmes.) De acuerdo con su biógrafo Walter Isaacson, Jobs "llegó a apreciar la idea de tener un uniforme para sí mismo porque era muy conveniente para el día a día [...] y le permitía proyectar un estilo distintivo".[1] El presidente Obama también encontró una ventaja al usar lo mismo una y otra vez mientras estuvo en la Oficina Oval. "Notarás que sólo uso trajes azules o grises", le dijo alguna vez a *Vanity Fair*. "Trato de priorizar mis decisiones. No quiero tomarlas sobre lo que me pongo. Porque tengo muchas otras decisiones que tomar."[2] Durante una sesión pública de preguntas y respuestas, Mark

Zuckerberg, fundador de Facebook, hizo eco a esta explicación sobre su uniforme diario: "Realmente deseo despejar mi vida de tal manera que sólo tome el mínimo de decisiones sobre cualquier cosa, excepto sobre la manera de servir mejor a la comunidad".[3] Dr. Dre usa todos los días los mismos Nike Air Force 1s por la misma razón: minimizar la distracción y maximizar la productividad.[4]

Pero no sólo los hombres han perfeccionado el estilo uniformado. De hecho, cuando se trata de las mujeres, a menudo hay un componente artístico en esta práctica y a partir del cual todas podemos inspirarnos. Gayle King, Kate Middleton, Mary-Kate y Ashley Olsen, Elizabeth Warren, Angelina Jolie y Victoria Beckham (por nombrar sólo algunas) son fieles a una estética reconocible de manera instantánea. ¿Cuáles son las ventajas de comprometerte con un *look* (o con un rango específico de *looks* similares)? Para empezar, es bueno para tu estilo. En segundo lugar, es bueno para tu mente.

Podemos pensar que elegir nuestra ropa no es tan importante, pero cuando somos conscientes de ello debemos poner mucho de nuestra parte. Se estima que un adulto promedio toma alrededor de treinta y cinco mil decisiones por día, y las investigaciones muestran que nuestras capacidades cognitivas se agotan con cada una de ellas.[5] Poder saltarte la decisión de qué ponerte reduce el desgaste de eliminar algo significativo. Los expertos dicen que tenemos un ancho de banda limitado de fuerza de voluntad y control personal, es decir, que nuestra capacidad para tomar decisiones satisfactorias y con la cabeza despejada es un recurso finito. Piensa que tu energía mental y tus reservas emocionales son como una pila que se gasta, o un tanque de gasolina que se va vaciando con el tiempo. Tener un uniforme es un uso eficiente del combustible. "Las personas más exitosas [...] conservan la fuerza de voluntad desarrollando hábitos y rutinas eficientes en la escuela y el trabajo, para reducir la cantidad de estrés en sus vidas", escribe en un artículo en *The New York Times* John Tierney, coautor de *Willpower: Rediscover the Greatest Human Strength*.[6] Tener un estilo uniforme y consistente es la definición de una rutina o un hábito con mínimo estrés.

Si vas de compras y te vistes a partir de algún tipo de lineamiento o sistema, es mucho más difícil que te sientas abrumada. Cuando entras a una tienda, abres un sitio de compras en línea o te enfrentas a tu muy saturado clóset, tu ritmo cardiaco puede aumentar por la anticipación y la emoción. Pero muy pronto tus emociones oscilarán de extremo a extremo. Al principio sentirás que quieres comprar toda la maldita tienda (euforia), pero en pocos minutos querrás salir corriendo de ahí (fatiga por decidir). Tal vez te probarás diez atuendos distintos, y cuando nada se acerque a tu vestimenta ideal, te sentirás sobrepasada. Hay procesos psicológicos distintivos durante estos escenarios. "Tener demasiadas opciones provoca una especie de parálisis en el proceso de la toma de decisiones, lo cual conduce a un comportamiento evasivo, por ejemplo, decidir no hacer nada en absoluto", escribe en *Psychology Today* la doctora Liraz Margalit, analista del comportamiento del consumidor. "En las instancias en las que la decisión *se toma* en estas condiciones, usualmente está acompañada de frustración."[7] Esto explica por qué, cuando finalmente armas un *look* porque ya no te queda tiempo y debes ir a trabajar, terminas completamente insatisfecha. Es lo mismo que el remordimiento del comprador. Fuiste obligada a ignorar tu impulso de evasión, y por lo tanto compras algo que no era lo mejor.

¿Cuál es la solución para esta angustia? MENOS OPCIONES.

Desde un punto de vista psicológico, cuando te enfrentas a menos opciones es más probable que creas que has elegido bien. Lo contrario es también verdad: cuando tienes demasiadas opciones, querrás *evitar* elegir algo que ponerte porque es probable que escojas mal. Margalit explica que es una cuestión de probabilidad matemática. Si tienes dos opciones, tienes 50 por ciento de probabilidad de elegir la "correcta". Si tienes diez opciones, tienes solamente el 10 por ciento de probabilidad de acertar.

Entonces, ¿cómo puedes tener menos opciones? Limpiando tu clóset y conservando los artículos que realmente amas. Pero empezar puede ser aterrador. ¿Cómo sabes que, después de deshacerte de una gran pila de ropa que representa dinero, recuerdos y tiempo, estarás contento con lo que quedó? Es ahí en donde entro yo. Voy a ayudarte a entender qué es lo que amas usar y a identificar tu *look* ideal. Luego te ayudaré a conservar —y usar— todas las prendas de tu clóset que encajen en ese marco establecido. Ésos son los elementos base para tu uniforme: una rotación de prendas increíbles que puedan mezclarse entre sí, a las que puedas recurrir cuando quieras quitarle incertidumbre a tu rutina. Esto no sólo te brindará mañanas más tranquilas, sino que también comunicará a los demás un mensaje coherente de quien eres, lo cual ayuda a promover el poder personal. Un estilo incoherente empantana tu comunicación y diluye tu marca personal. Tal como dijo Vera Wang a *Harvard Business Review*. "Estar a la moda es lo nuevo. Pero tienes que moverte en tu propio ámbito... Si vas a brincar de un bikini turquesa con plumas a un traje de *tweed* de Savile Row, a un vestido de gala todo cubierto de flores y 90 por ciento traslúcido, entonces nunca podrás construir una marca, porque, ¿quién eres tú?"[8]

Un clóset que contenga los artículos esenciales que amas —un número limitado de prendas clave que puedan ser mezcladas y combinadas de múltiples maneras, para crear una diversidad de atuendos— es un guardarropa básico. (Aprende a armar uno en la página 141.) Yo tengo uno y estoy feliz con él. No sólo sé quién soy y cuál es mi estilo distintivo, sino que conozco exactamente lo que tengo. Cuando miro mi clóset o pienso en su contenido cuando no estoy cerca, sé precisamente qué tengo para combinar y eso disminuye mi ansiedad. No hay prendas olvidadas, escondidas en montones, rincones o (¡auch!) guardadas en cajas cerradas por una desvelada de compras impulsivas en línea. Para mí, no hay nada peor que descubrir algo en lo que gasté mi dinero y que olvidé usar. ¿Mi gran motivación? No quiero que la ropa me provoque estrés. Tengo muchas otras cosas con que lidiar.

Y he aquí lo mejor de tener una cantidad limitada de ropa. Cuando ciertas prendas están en la tintorería o en el canasto de ropa sucia, estoy obligada a arreglármelas con lo que queda, por lo tanto tengo muchas *menos* opciones. Esto me ha desafiado a ser creativa y me ha inspirado a combinar algunos de mis *looks* más exitosos a la fecha, en términos de cómo me siento al usarlos y las reacciones de los demás ante ellos. Reducir el contenido de mi clóset me ha dejado sin más remedio que maximizar el potencial de cada prenda, dando como resultado algunos de mis atuendos más fascinantes.

Te daré un ejemplo. Hace poco me invitaron a un desfile de modas de gala en el FIT, el evento más glamoroso y prestigioso del año en la escuela de modas. Pensaba llamar a uno de mis diseñadores favoritos y pedirle prestado un vestido, pero en lugar de eso intenté trabajar con lo que ya tenía. Tuve la mala suerte de que mi vestido de fiesta estaba sucio y, como soy minimalista, no tenía ni una sola opción de reserva. El día del evento tomé conciencia de mi estado de ánimo. ¡Me sentía como Beyoncé! Realmente me sentía yo misma. Decidí ilustrar ese estado de ánimo y buscar un *look* temerario. Me puse creativa. Combiné una blusa con estampado de leopardo de Express, que suelo usar para ir al trabajo, con una falda de gala de flores moradas de Akira, que originalmente uso con una camiseta blanca los fines de semana (estilo bohemio). Mis tacones de estampado piel de leopardo (de Aldo) y mi bolsa de mano metálica (de una pequeña boutique) completaron el *look*. El atuendo completo, de pies a cabeza, costó menos de 300 dólares. Déjame decirte que esta fiesta era intimidante. Había alfombra roja, muchísimos fotógrafos, ejecutivos de marcas como Tommy Hilfiger; gente con zapatos Louboutin de suelas rojas. Pero ¿adivina qué? No sólo sentí que encajaba muy bien, sino también sentí que destacaba (¡de buena manera!). Mi mezcla inesperada de patrones realmente llamó la atención y el largo dramático de la falda hizo que todo el atuendo fuera muy llamativo. ¡Me sentí increíble! Y los cumplidos de otros invitados y de los fotógrafos aumentaron esta sensación. Un asistente me preguntó: "¿Estás *segura* de que eres una profesora? ¡Parece que en verdad perteneces a esta industria!".

Esto es lo que reafirmé esa noche. No necesitas una cantidad excesiva de ropa. La meta es poseer máximo una o dos prendas del mismo tipo. Piénsalo así: si tienes cinco pares de pantalones negros, tal vez usarás sólo uno de ellos de manera regular. Pero si sólo tienes *un* par, cuando se esté lavando no tendrás más remedio que buscar otra cosa que ponerte. Ésta es la manera en la que te obligas a romper con la rutina. No significa que cuando tus pantalones negros básicos estén sucios salgas a comprar algo nuevo. Significa que le darás una segunda oportunidad a las diferentes opciones que ya tienes. Puedes llegar a sorprenderte —como me pasó a mí— y descubrir que te encanta usar un top casual con una falda formal. Pero nunca habrías probado esta combinación nueva si tuvieras cuatro pares extra de pantalones negros a los cuales recurrir.

CÓMO DESCUBRIR QUÉ TE GUSTA USAR

Para sacar todo el provecho a tu ropa es muy útil tener un directorio de opciones. Aconsejo a mis clientes que armen un álbum fotográfico digital a manera de "catálogo" de sus *looks* favoritos. Este catálogo estará disponible para que lo repases y elijas lo que quieres ponerte temprano en la mañana según tu estado de ánimo. Así, no empezarás de cero cada día.

Éste es un truco de la industria que considera el uso eficiente del tiempo. Los estilistas profesionales toman fotos Polaroid de opciones de atuendos en las sesiones de fotografía, o las pegan en un tablero en el clóset del cliente. Si alguna vez has estado tras bambalinas en un desfile de modas, habrás visto un pizarrón con fotos mostrando los *looks* de cada modelo, de pies a cabeza, exhibidos en el orden en que aparecerán en pasarela. La idea es parecida, pero implica una reflexión un poco más profunda porque toma en cuenta tus emociones. Tener un catálogo personalizado de atuendos puede ser el arma secreta de tu estilo, cuando te ataque la idea de "no tengo nada que ponerme".

Hay muchas maneras de ejecutar este plan: yo adoro tomarme una selfie cada vez que me siento fabulosa con un atuendo determinado, y luego archivarla en un álbum de fotos en mi teléfono. También puedes tomar una pluma y una libreta, o usar la app de notas de tu teléfono y anotar una breve descripción de lo que estás usando cada vez que tu atuendo funcione bien. No importa cómo documentes esta información, el punto es que tengas este archivo de buenas opciones de atuendos para referencias futuras. Hasta puedes organizarlos en grupos como atuendos para el trabajo, para fiestas, para fines de semana, etcétera.

Para ayudarte a empezar, tengo una pequeña tarea para ti. La llamo "próxima vez/última vez". A lo largo de las siguientes semanas documenta las respuestas a estas preguntas y determina cuáles son los *looks* que te hacen sentir mejor. ¿El objetivo? Descubrir —y recordar— cuáles son tus mejores combinaciones de ropa.

Ejercicio de psicología de la moda

PRÓXIMA VEZ / ÚLTIMA VEZ

- ¿Cuándo fue la **última vez** que te vestiste para una ocasión especial y realmente brillaste?
- La **próxima vez** que recibas un cumplido maravilloso sobre tu ropa o sobre tu presencia en general, documenta exactamente lo que traes puesto, de pies a cabeza, incluyendo los accesorios. Anota lo que dijo la persona y la manera en que te hizo sentir.
- ¿Cuándo fue la **última vez** que te sentiste muy bien en una situación cotidiana (en el trabajo, pasando el rato con tus hijos, yendo al supermercado, tomando un café)? ¿Qué traías puesto? ¿Cómo te hizo sentir ese atuendo? ¿Qué tan productivo fue ese día?

- La **próxima vez** que quieras sentirte cómoda, escribe qué tienes en mente y exactamente qué ropa usarías para darte gusto.
- ¿Cuándo fue la **última vez** que compraste una prenda por la que *no* sentiste remordimientos? Quizá fue una compra cara, que fue más bien una inversión, y la has usado un millón de veces, o quizá fue una prenda básica que mejoró tu estilo de todos los días. ¿Qué la hizo funcionar tan bien? ¿Qué te dio? ¿Era de un color, un corte o una tela específicos? ¿Tenía un cierto tipo de cuello, forma o largo del dobladillo?
- La **próxima vez** que necesites vestirte para verte muy arreglada y profesional, escribe qué decides ponerte y por qué. ¿Qué emociones y reacciones esperas recibir o evocar con tu *look*? Después, cuando regreses a casa a cambiarte, piensa si tu atuendo funcionó o no.

APEGARSE A UNA MARCA: LOS BENEFICIOS DE TENER UN ESTILO UNIFORMADO

Imagínate un nítido corte de pelo estilo bob&bangs y unos lentes oscuros grandes. ¿En quién piensas inmediatamente? En Anna Wintour, de *Vogue*, por supuesto. Ahora imagínate unos pantalones deportivos, un moño muy restirado hacia atrás, arracadas grandes y botas de tacón alto. ¿A quién evocas? ¿Levanta la mano si dijiste J.Lo? Siguiente: chamarra tipo *bomber*, un top muy ceñido, *bikers* fajados en las botas largas que lleguen hasta el muslo y de tacón tipo *stiletto*. Es como la era Yeezy de Kim Kardashian. Si te describo a una elegante mujer con una falda entubada de piel, una blusa de seda y zapatos de gamuza, puntiagudos y de tacón alto, estaríamos hablando de un atuendo apegado a la marca de Meghan Markle. Algunas figuras públicas están tan aficionadas a su estilo distintivo, que pasaron de ser celebridades a ser iconos. Y, naturalmente, los iconos tienen su propia iconografía. Estas mujeres han creado exitosamente marcas personales: *looks* de marca registrada que parecen expresar su esencia original.

Estudiémoslas por un segundo. Notamos que su estilo es consistente y, sin embargo, no es limitado ni aburrido. Jennifer Aniston usa vestido negro de manera casi exclusiva cuando asiste a la alfombra roja, pero la tela y el diseño de cada uno es un poco diferente. Tu meta es disminuir tus opciones de ropa, pero dejar espacio para la creatividad y la experimentación, junto con la introducción ocasional de una prenda nueva y refrescante. Tu estilo distintivo es un mapa, no un contrato inamovible. Ahora, en este preciso instante, estarás mirando tu clóset y verás un conjunto variopinto de prendas sin relación alguna. Vestidos florales por aquí, un saco de terciopelo negro por allá, un vestido *mullet* turquesa de satén estilo en-qué-estaba-pensando que usaste una vez para una boda y un montón de suéteres grises. Nada combina con nada y nada es "tú". ¡No pierdas la esperanza! *Puedes* encontrar diamantes entre tanto lodo. Antes de que decidas de qué deshacerte y qué conservar, realiza este test e intenta contestar con la mayor sinceridad.

Ejercicio de psicología de la moda

¿CÓMO IDENTIFICAR TU ESTILO DISTINTIVO?

1. *Elige un icono de estilo*
   a) Meghan Markle (elegante, lujoso, glamoroso)
   b) Jennifer Aniston (minimalista, clásico, relajado)
   c) Willow Smith (moderno, audaz, experimental)
2. *Elige una palabra/frase.*
   a) *Chic*
   b) Relajado
   c) Innovador

3. Elige unas vacaciones de ensueño
  a) París
  b) Hawái
  c) Tokio

4. Elige unos zapatos
  a) Zapatillas D'Orsay tipo ballet
  b) Alpargatas de plataforma
  c) Doc Martens de terciopelo

5. Elige tu color de ropa favorito
  a) Crema
  b) Negro
  c) Rosa neón

Si obtuviste...

Mayoría de A: gravitas hacia un estilo **elegante clásico.** Con marcas como Cuyana, Everlane, Misha Nonoo y Amour Vert nunca te equivocarás. Piensa en líneas limpias y largas, con pantalones de cintura alta, blusas sedosas, camisas de lino tipo Oxford, una gabardina clásica. A prueba de tendencias, básicos sin esfuerzo. Pregúntate: ¿qué se pondría Victoria Beckham? Invierte en básicos para tu guardarropa que podrás usar todo el tiempo, como camisetas suaves y suéteres de lana de *cashmere*. Joyas = oro; piezas pequeñas y que puedas ponerte varias al mismo tiempo. No le tengas miedo a las pieles imitación cocodrilo o a los estampados de piel de animales, en pequeñas dosis. Camisetas de franjas tipo bretón, siempre. Evita los adornos llamativos y brillantes como lentejuelas y aplicaciones.

Lo que este *look* dice de ti: eres el adulto del lugar. Eres refinada, pulcra, sabia y consideras que menos, es más. Tienes un gusto impecable. No te esfuerzas por impresionar a nadie porque ya saben lo impresionante que eres.

Mayoría de B: tu estilo tiene que ver con comodidad zen y con una vibra **bohemia relajada.** Te gusta la ropa simple estilo californiano que pasa sin hacer escándalo o afirmaciones contundentes. Busca marcas como & Other Stories, Nation LTD, Madewell, Jenni Kayne y Mott & Bow y consigue camisetas suaves, suéteres de pescador, prendas de mezclilla holgada y zapatillas de piel sin talón. Apégate a las gamas de color de beige, gris, negro y blanco, y luego acentúa tu atuendo con accesorios que tengan una vibra natural (joyas con turquesas, mascadas de muselina, sombreros de fibras naturales).

Lo que este *look* dice de ti: eres creativa, cosmopolita y consciente de ti misma. No te tomas demasiado en serio, pero tampoco juegas cuando se trata de tu salud o del medio ambiente. Te sientes bien en tu ropa, ¿así que por qué elegirías ropa en la que no estás perfectamente cómoda? Te dedicas con seriedad a construirte una vida llena de muchas pasiones, y no le tienes miedo a trabajar duro para lograrlo.

Mayoría de C: eres la **vanguardia de la moda** y lo sabes, así que adelante, muéstralo. Si eres joven y trabajas en una industria creativa, siéntete libre y date la oportunidad de ser temeraria con tu *look*. Sólo asegúrate de que tu ropa dure más de una temporada. Busca prendas de vanguardia, pero que funcionen como clásicos al mismo tiempo: chamarras de piel tipo motociclista (úsalas sobre vestidos ajustados tipo *slip* o con camisas de satén). Boinas tejidas. Botines de charol. Siempre encontrarás prendas que te emocionen en Zara, H&M, Mango, RIXO, Reformation y Urban Outfitters. Pero ten cuidado de las tendencias pasajeras como los *bikers* y las minifaldas de mezclilla deslavada. Sólo porque eres lo suficientemente genial para usar algo, no siempre significa que debas hacerlo.

Lo que este *look* dice de ti: eres sociable, estás conectada y conoces las últimas tendencias y sucesos. Eres feroz y temeraria. No eres una seguidora. Eres una líder con creatividad y seguridad. Eres *cool*, pero no fría.

Entiendes la actualidad en toda su hermosa complejidad y estás lista para luchar por las causas que te importan. También estás lista para disfrutar y divertirte en cualquier momento. ¿Tu lema? Trabaja duro y saca fotos, de lo contrario, no sucedió.

RECONSIDERAR LA REPETICIÓN

Cuando te comprometes con un estilo uniformado, haces votos para usar la misma ropa repetidamente. Esto puede implicar un reto por la presión de las redes sociales de publicar #OOTD (o el atuendo del día) pues... diariamente. Pero inventar un *look* cada mañana, ¿es bueno para alguien? En el capítulo 3 hablamos de los trucos del marketing. Un tema especialmente en boga es la práctica conocida como *greenwashing*. Esto es cuando las colecciones de moda se presentan como "sustentables" —usando el cambio climático como telón de fondo—, aunque los problemas son mucho más complejos. Es algo bueno que los diseñadores se comprometan con la maquila y el empleo ético. De acuerdo con el documental *The True Cost (El costo real)*, 85 por ciento de los trabajadores de la industria que ganan mal y producen la llamada *moda rápida*, viven en India y Bangladesh y son mujeres.[9] Es fantástico cuando las marcas usan materiales menos tóxicos; otro documental devastador, *RiverBlue (Río azul)*, denuncia los terribles químicos de fábricas textiles y curtidoras que son vertidos en los cuerpos de agua, en los núcleos de producción de India, China y otros lugares. Estas atrocidades ambientales están relacionadas con grandes brotes de cáncer en los pueblos y la pérdida del olfato de los niños. Según *The New York Times*, más de 8 por ciento de los gases de efecto invernadero del mundo son producidos por las industrias de ropa y calzado.[10] No es un buen panorama.

Quiero aclarar que no estoy en contra de las compras. Pero *estoy* en contra de comprar cosas sólo porque estás triste o aburrido. Si lo piensas, incluso las marcas más respetuosas del medio ambiente contribuyen a la acumulación en nuestros clósets, en el mejor de los casos, y en los incineradores o vertederos, en el peor. De acuerdo con *The Atlantic*, el estadunidense promedio compra 66 prendas al año. Y cada uno de nosotros tira a la basura cerca de 40 kilos de ropa y textiles al año.[11] En 2018 la gente estaba consternada cuando Burberry admitió haber quemado 14 millones de kilos de ropa y cosméticos (con valor de alrededor de 37 millones de dólares) para "preservar el valor de la marca" y prevenir que los artículos fueran vendidos con descuentos. (Desde entonces han jurado no continuar con estas prácticas.)[12] Bryanboy, un popular *influencer* de la moda, tuiteó: "Me voy a tirar de cabeza de un puente si vuelvo a escuchar sobre otra línea de ropa 'sustentable'. No hay nada sustentable en crear algo nuevo en masa. Deténganse. Por favor. ¿Quieren saber qué es sustentable? Usar la ropa que ya tienes y ya. Adiós".[13]

Usar lo que ya tienes —y saltarte las tendencias de moda rápida— no sólo tiene un impacto positivo en el mundo; también puede mejorar mucho tu vida. La clave es que te *guste* tanto lo que ya tienes que lo quieras usar una y otra vez. Quizás eso significa identificar colores, cortes, patrones y telas que te hagan sentir de lo mejor, como lo hicimos en el ejercicio de "Próxima vez/última vez". Quizá significa recombinar las prendas de maneras inesperadas y novedosas. (He aquí una idea: ¿te acuerdas de esa camiseta viejísima y deslavada, casi transparente que te pones para dormir? Úsala con tu falda de tubo y tacones en lugar de jeans y calzado deportivo.) Definitivamente significa sacar de tu clóset TODO lo que sientas que es "bah". Y tener la seguridad de presentarte en una fiesta o en la oficina con algo que tus amigos y compañeros te han visto usar antes, muchas veces.

REPETIR EN EL TRABAJO

Haré una pausa por un momento. Si bien soy una defensora de este concepto, quiero ser honesta sobre las repercusiones de repetir tus atuendos en un contexto profesional. Como ya hemos establecido, las personas exitosas minimizan su estrés eliminando la fatiga por decidir, lo que para los hombres significa usar ligeras variaciones de lo mismo, todos los días. Pero ¿te imaginas si una mujer hiciera lo mismo? Repetir regularmente atuendos que son prácticamente iguales debe ser considerado un privilegio. Para las mujeres y las personas de color es mucho más complicado usar lo mismo diariamente o adoptar el uniforme informal y relajado de un niño prodigio de Silicon Valley. Hace poco, Goldman Sachs relajó el código de vestimenta de su oficina y NBC me contactó para darles mi opinión y comentarios. Esto es lo que les dije: si una mujer o alguien de una minoría que trabaja en Goldman Sachs (o en una corporación parecida de alto nivel) se presentara a la oficina o con un cliente usando unos jeans, una camiseta y unos Nike grises (el uniforme de Mark Zuckerberg) —o con un peinado de estilo no europeo—, seguramente se toparía con discriminación y su carrera podría verse perjudicada. Si usara ese *look* todos los días sin modificarlo, sin duda sería considerada excéntrica o rara. Para algunos profesionales la expectativa es completamente diferente. Así que un código de vestimenta relajado y la nueva aceptación de la repetición de atuendos tal vez no beneficie a nadie, ya que no todos debemos cumplir con los mismos estándares, sin importar lo que diga el manual para los empleados.

Verse bien en el trabajo importa porque —para ser franca— les dice a las personas qué tan inteligente y capaz eres, lo cual tiene un efecto en qué tanto serás ascendido y cuánto te pagarán. Competencia. Poder. Inteligencia. Carácter. Sociabilidad. Y no sólo estoy enumerando los atributos que un empleador quisiera en sus nuevos reclutas o en su empleado preferido. Éstas son las cualidades precisas que nuestra ropa refleja, de acuerdo con una investigación de la estudiosa de la moda Mary Lynn Damhorst. Analizó 109 estudios sobre ropa y percepción social que se hicieron durante cuarenta años y publicó sus resultados en un artículo titulado "In Search of a Common Thread: Classification of Information Communicated Through Dress" ("En busca de un hilo conductor: clasificación de la información a través de la ropa").[14] Concluyó que nuestra ropa telegrafía nuestra eficiencia en el trabajo. Las personas determinan nuestras aptitudes primero cuando ven qué traemos puesto, antes de siquiera decir una palabra. Un estudio diferente también publicado en *Clothing and Textiles Research Journal* descubrió que, en una clase, los maestros y estudiantes asumían que las alumnas quienes (a propósito de este experimento) usaban shorts y camisetas, eran *menos inteligentes y tenían una capacidad académica inferior* que las compañeras a quienes se les pidió usar traje.[15] Así que ahí tienes, verte pulcro y profesional en el trabajo no es sólo una opción: es una necesidad. Una manera de hacer esto sin mermar tu dinero o tus reservas emocionales, es editando tu clóset.

Para cambiar tu manera de abordar el tema, debes cambiar tu modo de pensar. Muchos hemos interiorizado los prejuicios que acabo de mencionar. Nos preocupa que si repetimos un atuendo pareceremos débiles, poco creativos, sucios o flojos. En un reportaje sobre la moda en el trabajo, Thrive Global reveló que "49 por ciento de las mujeres se siente demasiado cohibido con los atuendos que repite en el trabajo". En contraste, para la escritora Arianna Huffington las repeticiones son "una manera genial de empezar a cerrar la distancia del estilo entre los géneros, porque les otorgan a las mujeres la misma libertad (en forma de tiempo, dinero y esfuerzo) que tienen los hombres cuando combinan sus atuendos del día".[16] Tiffany Haddish usó el mismo vestido de gala Alexander McQueen de cuatro mil dólares para ser la anfitriona de *SNL*... y presentar los Oscar... y en el *tour* de la premier de su película *Girls Trip* (*Viaje de chicas*)... y hace poco para ser entrevistada en el programa de

David Letterman. Como lo afirmó en su monólogo en *SNL*: "Siento que debería ponerme lo que yo quiera, cuando quiera, tantas veces como quiera, siempre y cuando lo rocíe con Febreze".[17] Kate Middleton y Meghan Markle aparecen en los titulares cada vez que "reciclan" un vestido, porque es revolucionario ver a una celebridad con el mismo atuendo dos veces. No solía ser así y no tiene que quedarse así. La princesa Diana repetía sus atuendos, chicas. Keira Knightley usó su mismo vestido de bodas para la alfombra roja. Dos veces. Si la realeza (de Hollywood o de donde sea) puede deshacerse de este ridículo estigma con respecto a las repeticiones, también nosotras podemos.

¿RITUAL O RUTINA?

No necesito decirte que los seres humanos son criaturas complejas. Hasta este punto he enaltecido la repetición hasta el cielo. Y en general, creo que es la clave para una vida con menos ansiedad. Pero hay ciertos casos en los que la repetición no reduce tus preocupaciones: es un síntoma de ellas. Quiero subrayar la distinción entre la repetición sana y las rutinas de estilo dañinas. Para hacerlo, te platicaré de dos clientes que representan las dos caras de la moneda.

En el pasado estuve trabajando con Lauren, una editora de moda de *Cosmopolitan,* de veintitantos años, que se dio cuenta de que tenía más de una docena de camisetas de rayas.[18] Se preguntaba si su complejo de guardarropa repetitivo era algo de lo que debía preocuparse o tratar de cambiar. Después de hablar, descubrimos que era lo contrario: las rayas son uno de los elementos de su marca personal. Escuchemos para entender cómo es que dilucidamos entre una prenda cómoda y otra que es más bien una muleta.

CASO PRÁCTICO: NUNCA CAMBIARÁ SUS RAYAS

Dawnn: *¿Cuándo empezaste a notar que tu clóset estaba lleno de camisetas a rayas?*

Lauren: *En la primaria me di cuenta de que era un patrón al que volvía una y otra vez. Pero definitivamente las usé antes, cuando era muy chiquita. Últimamente, incluso mi mamá ha empezado a hacer comentarios de que debo dejar de comprar ropa de rayas, porque cada vez que veo una prenda con rayas, no sé qué me pasa, necesito comprarla, a pesar de que sé que tengo muchas camisetas de rayas en mi clóset.*

Dawnn: *Cuándo usas algo que no tiene rayas, de colores sólidos, ¿cómo te sientes?*

Lauren: *Bueno, hoy, por ejemplo, estaba usando un suéter blanco. Pero definitivamente me siento más cómoda —me gusta más mi atuendo— cuando uso rayas. Me siento atraída a ellas. Puedo usarlas con más cosas y le añado algo de color a mi atuendo.*

Dawnn: *Ya que gravitas hacia este patrón desde la infancia, y es algo a lo que regresas continuamente, parecería que las rayas te dan algún tipo de bienestar. Son casi como una mantita de seguridad o como la base cuando juegas al lobo; siempre puedes volver a ellas para sentirte segura. No importa qué vaya mal o si tu mundo está de cabeza, las rayas son ordenadas y estables. No fluctúan. Siempre están en las tiendas. Nunca pasarán de moda. Y sospecho que todo esto es inconsciente. La mayoría de la gente no se da cuenta de que busca patrones o estilos familiares para sentirse bien y segura.*

Lauren: *Definitivamente. Creo que diste en el blanco.*

Dawnn: *Cuando no nos sentimos seguros se debe casi siempre a que algo sacude nuestra confianza, ¿verdad? Las rayas son lo que te mantiene con los pies en la tierra, lo que te da tu centro; te permiten regresar a ti misma. Ya sea que estés en sexto de primaria o seas una editora adulta... Sea cual sea tu papel —hija, estudiante, profesional—, las rayas son tu cimiento, tu seguridad. Representan tu esencia. Ahora estás en el mundo de la moda, donde tienes acceso a una amplia gama de ropa, pero sigues regresando a este patrón, lo cual es muy interesante, ¿cierto? Mi impresión es que alguien a quien le gustan las rayas es muy buena* en hacer múltiples tareas al mismo tiempo y muchas cosas suceden en su vida. Es alguien que usa muchos sombreros, interpreta muchos papeles y es buena equilibrándolo todo. Lo que hacen las rayas es crear cierto orden si te sientes abrumada, incluso si trabajas bien bajo presión.

Lauren: *Eso definitivamente tiene sentido. Pero ¿no estoy siendo poco creativa con mis atuendos si sigo usando el mismo patrón? Aunque sea algo que me produce bienestar y me hace sentir mejor que nunca, ¿no se percibe como una debilidad? Honestamente, tengo tantas prendas de rayas que ni siquiera te las he mostrado. Tengo camisas de rayas empacadas para el verano, más rayas en una maleta debajo de mi cama. Muchas.*

Dawnn: *Mira, sólo es un problema si no puedes usar nada que no tenga rayas. Emplea este patrón para empoderarte. No voy a aconsejarte que te deshagas de algo que te da seguridad. Sería una locura. Sería como decirle a un hombre que no se ponga traje para una entrevista. Quitarte algo que te hace sentir tan segura no hará que te sientas mejor. ¡Te ves increíble con rayas! Ahora que sabes lo que hacen por ti psicológicamente, te sugeriría que las uses cuando las necesites. Si estás estresada o tuviste un mal día, te diría "¡Vete a casa y ponte esas rayas! Sólo póntelas". No hay nada de malo con buscar bienestar en nuestra ropa. Es como cuando eras niña y tenías tu osito o tu cobija favoritos. Como adultos, no tenemos permitido tener ositos y cobija; llevamos otro tipo de cosas al trabajo. ¿Y qué tenemos? Nuestra ropa. Las rayas te ofrecen seguridad. Úsalas.*

Como psicóloga de la moda, no considero que sea mi papel decirle a Lauren: "Ay, Dios mío, no deberías usar rayas porque tu mamá dice que las usas en exceso. Y mira, las usas cinco días a la semana". Ésa es una ideología de hace décadas, cuando los expertos en imagen personal ponían a las personas frente a un espejo de 360 grados y las regañaban, y luego la brigada glam hacía su entrada y voilà, la persona no se reconocía a sí misma. Como le dije a Lauren, mi trabajo es llegar a la raíz de las razones por las que te vistes así. Y entonces, si quieres introducir algún patrón nuevo, hazlo. Pero mi principal objetivo es empoderar a Lauren y señalar cómo las rayas le ayudan. Lo que sí hice, sin embargo, fue dejarle tarea.

Receta de estilo

Le pedí a Lauren que la semana siguiente a nuestra sesión pusiera atención en cómo se sentía cuando usaba rayas y cuando no lo hacía, y comparara los dos sentimientos. Le aconsejé que se preguntara cada mañana, antes de poner los pies en el piso: ¿Voy a usar rayas hoy porque estoy de este humor particular? O bien: ¿No voy a usar rayas hoy porque estoy de este humor particular? Una vez que aclare cuándo necesita más las rayas, puede identificar otros días en los que podrá sentirse más valiente para ponerse otra cosa.

....

Parafraseando la pregunta de Lauren, ¿tener un complejo de guardarropa repetitivo es algo malo o bueno? ¿Usar lo mismo una y otra vez es resolver un problema para crear otro? ¿Tus decisiones referentes a la ropa son consistentes o compulsivas, disciplinadas o desordenadas? "La parálisis en la toma de decisiones" (como lo explica el doctor Margalit) por tener muchas opciones de ropa puede orillarte a que te pongas los mismos viejos atuendos una y otra vez. Esto es diferente a tener un estilo distintivo o una moda uniformada, porque es una decisión pasiva y derrotada, y no una activa y empoderada.

Con cualquier comportamiento habitual, mucho se reduce a cómo la repetición impacta tu vida. ¿Puedes dejar de usar tanto lo mismo? ¿Te lo pones todos los días? ¿O es nada más un atuendo básico al que recurres para sentirte segura cuando lo necesitas? ¿Tus *looks* son la variación de un tema? Lauren tiene tops de rayas de muchos estilos y cortes, desde camisetas polo hasta *bodies*, y los combina con una variedad de pantalones y faldas, haciendo que su rotación sea novedosa. La repetición es problemática sólo cuando entorpece tu felicidad, tu productividad, tus relaciones, tu crecimiento o tu bienestar. Si usar una colección extremadamente editada y combinable te hace feliz, te da control y confianza, disminuye tu estrés y aumenta tu sensación de fluidez y eficiencia, entonces los atuendos uniformados funcionan para ti. Sin embargo, si te sientes tan arraigada a tu rutina que impide que hagas las cosas que necesitas o quieres, entonces ésa es una señal de que tu uniforme es un impedimento. Conozcamos al segundo "infractor de repetición" y sus batallas en las siguientes líneas.

CASO PRÁCTICO: EL GRADUADO

Hace algunos años, trabajé con un editor de treinta y tantos años, de una revista de Brooklyn.[19] *Me buscó para pedirme asesoría para renovar su guardarropa de trabajo después de darse cuenta de que —a pesar de su considerable colección de ropa— usaba pantalones caqui con una camisa de botones azul clara o amarilla pálida, todos los días, sin fallar y sin importar la temporada. Se sentía aburrido y sin estilo comparado con sus colegas. Genuinamente quería hacer un cambio, pero no podía desprenderse de su uniforme autoimpuesto. Su meta, decía, era "examinar las maneras en las que puedo romper con este complejo de repetición de una forma que pueda sentirme cómodo". Después de hablar un poco más, descubrió que esa rutina semanal de trabajo provenía de su infancia. Asistió a una escuela católica por doce años, donde debía usar un uniforme de pantalones caqui y camisa de botones de color tenue. Entender el POR QUÉ detrás de sus decisiones de vestimenta le ayudó a sentirse más abierto para considerar un cambio. Después de que trabajamos juntos, fue capaz de soltar un poco su uniforme.*

Receta de estilo

Le sugerí que empezara con algo pequeño. Lo primero que hicimos fue repasar su clóset y encontramos un reloj con un detalle rojo muy sutil. Lo animé para que se lo pusiera. Al introducir este pequeño detalle de color, mi objetivo era demostrarle de manera muy sutil que era capaz de usar algo diferente. Fui cuidadosa para no provocarle una conmoción. Al añadir el reloj, su look acostumbrado sólo cambió un poco, y la diferencia era apenas perceptible. Una prenda de un corte distinto y algún color brillante lo habría empujado demasiado lejos de su zona de confort, provocando ansiedad y dudas. El reloj resultó ser suficiente para hacerlo sentir que salía de la rutina. Hasta el día de hoy, todavía usa el mismo uniforme. El trabajo que hicimos juntos fue más un ejercicio de introspección. El reloj fue una manera de mostrarle de que era capaz de romper con ese patrón si así lo deseaba. No había razón para publicitar su esfuerzo o entrar a la oficina convertido en un hombre nuevo. Se demostró algo a sí mismo: que no era prisionero de sus pantalones caqui; que su uniforme era una elección y no una obligación.

....

Estoy realmente involucrada con los temas de afirmación de uno mismo, conciencia plena y meditación. Creo en los rituales. Son algunas de las mejores herramientas contra la ansiedad y han existido por milenios (consulta: religión). Los comportamientos ritualistas y repetitivos, como mi revisión matutina, tu régimen de cuidado de la piel por las noches o la rutina de los niños para irse a la cama, "amortiguan la incertidumbre porque evocan una sensación de control personal y orden", escribe en *Psychology Today* el doctor Nick Hobson, psicólogo y neurocientífico. Los rituales producen calma porque "engañan al cerebro para que piense que está experimentando el estado placentero de predictibilidad y estabilidad". Cuanto más regulares sean nuestros rituales, más poderosos se vuelven. Y no se requiere mucho tiempo: las investigaciones muestran que los nuevos hábitos pueden echar raíces en tan sólo cuatro días.[20]

Para quienes se benefician del complejo de guardarropa repetitivo, vestirse con un atuendo uniformado da libertad. Si a menudo te paras frente a tu clóset deseando que un estilista de Hollywood aparezca mágicamente y te diga qué ponerte, puedes llegar a amar este sistema. Pero ¿qué pasa cuando la repetición fracasa? Si la idea de ponerte algo nuevo o que se salga de tu zona de confort te llena de temor, puede ser una señal de preocupación. Si dudas en acudir a un evento formal como una boda o a la fiesta de la oficina de tu esposo porque implicaría que te arregles y modifiques tu *look*, ahí hay una bandera roja. Si usas la misma ropa y estilo una y otra vez, por años, y te sientes atrapado, con miedo de que algo sucederá si cambias, eso no es sano. Si ignoras por completo las normas cambiantes de la moda o te disocias de tu yo físico, entonces el complejo de guardarropa repetitivo puede virar hacia un territorio caótico y deberá ser atendido por un profesional competente y experto en salud mental.[21]

A quienes el complejo de guardarropa repetitivo les hace daño, suelen ver su ropa como un peso inevitable; su papel en la vida adquiere un significado exagerado. Repetir la ropa y evitar tomar decisiones puede ser —pero no necesariamente— un síntoma de trastorno obsesivo compulsivo. En general, las personas con complejo de guardarropa repetitivo gravitan alrededor de ciertas prendas porque las perciben como seguras y familiares. Esto se convierte en algo negativo sólo si te sientes atrapada en la rutina, como si tu ropa te estuviera impidiendo vivir la vida plenamente. Recuerda: sólo es algo *bueno* si vale la pena repetir.

CURADURÍA SENSACIONAL:
EL ARTE DE HACER MÁS CON MENOS

Como dijo Vivianne Westwood: "Compra menos, ELIGE bien, hazlo durar. Calidad, no cantidad".[22] Tener un estilo uniformado no te hace aburrido. Te vuelve icónico. Coco Chanel tenía un uniforme. Al igual que Janelle Monáe, Reese Witherspoon, Erykah Badu, Tilda Swinton y Kate Moss. Piensa en diseñadores como Carolina Herrera con su distintiva camisa de botones blanca y su falda de gala larga, o en Alexander Wang con su camiseta negra y sus pantalones de piel. Los uniformes funcionan para aquellos que marcan tendencias y, sin embargo, nunca se ven obsoletos. No causa sorpresa que algunos diseñadores que comprenden la idea de combinar nuestro guardarropa y optimizar nuestras vidas están teniendo más éxito comercial que nunca. Cuando Eileen Fisher —quien creó el famoso "sistema" de ropa a partir de ocho prendas clave— se mudó a Nueva York, se sentía abrumada tratando de aparentar el papel de diseñadora de modas. "Estaba batallando para arreglarme", le dijo a *The New York Times.* "Sentía que la ropa era muy complicada, en especial la ropa para mujeres, siempre cambiante. Sólo necesitaba verme bien y no pensar mucho en eso."[23]

Verse bien sin pensar mucho en ello. Eso, mi amiga, es hacer un sueño realidad. En 2013, Sarah LaFleur, una joven ejecutiva de una corporación, sintió una frustración parecida a la de Fisher. Así que se asoció con el exdiseñador principal de Zac Posen y creó una línea de atuendos básicos para la oficina combinables, confeccionados sabiamente. Basó su marca, MM.LaFleur, en la noción de que "para algunas mujeres, por una u otra razón, no es una prioridad comprar ropa, pero eso no significa que no les importe tener un buen estilo o verse elegantes". Tenía razón. MM.LaFleur creció un increíble 600 por ciento de 2014 a 2015.[24] Ropa como la de Cuyana también se disparó desde la oscuridad hasta ser una marca conocida con la frase "Menos y mejores cosas". Y el significado de AYR es *All Year Round* (Durante todo el año). ¿Su filosofía? "Diseñamos ropa para la vida diaria que no responde a las temporadas." ¿Qué es lo que han capitalizado estas exitosas marcas? *Más es menos.*

Como escribió el poeta Rumi: "La vida es un equilibrio entre tener y dejar ir". Ésta es una verdad profunda, y un gran consejo para editar tu clóset. Imagina un *rack* de ropa que no esté amontonado y que sólo tenga lo siguiente: una camisa blanca impecable de botones, un top de rayas con cuello abierto de hombro a hombro, un suéter de cuello de tortuga de color neutro, un suéter de botones largo, un cinturón delgado de estampado de piel de leopardo, un vestido negro sencillo, unos jeans oscuros, unos pantalones de buen corte, un saco, una gabardina y la chamarra de invierno de tu preferencia (*puffer,* de peluche estilo *teddy bear,* un abrigo de lana con vuelo ancho, etcétera), zapatillas bajas *chic,* unos tacones enormes, unas botas de piel clásicas. Alto total.

Hay dos razones por las que esta imagen es reconfortante:

1. **Todo combina.** Todos los elementos pueden mezclarse unos con otros de maneras atractivas. Por ejemplo:
   - Suéter de botones + cinturón de leopardo + pantalones negros + tacones
   - Camisa blanca fajada en los pantalones negros + gabardina + zapatillas
2. **Sus posibilidades finitas.** Tener menos ropa, pero adorar la que tienes es clave para estar tranquila. Menos opciones = menos estrés.

Ejercicio de psicología de la moda

CÓMO HACER UNA EDICIÓN EXPERTA DE TU CLÓSET

Cristóbal Balenciaga dijo una vez: "Elegancia es eliminación".[25] Vestirte bien, **no tiene que ver con lo que compras; sino con aquello de lo que te deshaces.**

Las dietas de eliminación son muy populares hoy en día. La idea es que evites toda la comida que potencialmente altera o inflama tu organismo. Luego, poco a poco, vuelves a incluir ciertos alimentos a tu dieta y así reconoces al instante a los culpables que te hacen sentir mal y los desechas de manera definitiva. Bueno, pues la metodología es muy similar.

Paso 1. Si no es un absoluto sí, entonces es un no. No tengas piedad con ninguna prenda que no te quede, esté rota o te haga sentir incómoda *de cualquier manera*. Quizás es un suéter que te pica. Quizás una falda que te aprieta de la cintura y hace que se te salgan los rollitos. Quizás esa camisa a la que nunca pudiste reemplazarle los botones. Hay una razón por la que no estás usando estas cosas. Te hacen sentir mal. Deshazte de ellas como si fueran amigos tóxicos. Sin piedad.

Paso 2. Última oportunidad para aquellas prendas que están en discusión. ¿Conoces ese dicho de *Si no la has usado en un año, deshazte de ella?* Yo, en cambio, me doy una semana más para usar esa prenda que tengo en la banca, sólo para ver si la puedo combinar de una forma novedosa. Si al finalizar la semana todavía no me inspira, está oficialmente fuera.

Paso 3. ¿Algún tema emergente? Una vez que hagas una eliminación rigurosa te quedarán sólo prendas que realmente amas: ropa en la que te sientes maravillosamente, que es cómoda, que responde a tu actual estilo de vida y no a tu pasado idealizado, no a tu fantasía futura de cuando pierdas cinco kilos. Tengo el presentimiento de que todas esas prendas compartirán una estética común.

Paso 4. Cuelga juntas las prendas similares para identificar redundancias. De esta manera puedes ver qué necesitas comprar, si es que necesitas algo. Sabías que te encantaban las camisetas de rayas. ¿Te habías dado cuenta de que tienes ocho? Quizá no te resistas a unos pantalones de cintura alta. Lo cual es evidente gracias a los seis pares que tienes ahí. O quizá no has encontrado un estampado floral al que te hayas podido resistir. Eso explica por qué tu clóset parece un jardín botánico. Usa todo esto para mejorar —o cancelar— tu próxima salida de compras.

Ejercicio de psicología de la moda

CÓMO ARMAR UN GUARDARROPA BÁSICO

La ropa con la que te quedas después de sacar todo el ruido, será la base de tu "marca". No entres en pánico si al final de este proceso te enfrentas con un problema. Puede ser que ahora tengas demasiadas camisetas y pocos pantalones. Quizá conservaste tus increíbles vestidos formales, pero no tienes nada que ponerte los fines de semana. Si te encuentras en esta situación, tal vez necesites (temporalmente) *algunas* prendas de rescate del montón de las desechadas, mientras ahorras para rellenar los huecos. O quizá decidas revivir a los expulsados renovándolos con elementos inesperados. Si vas de compras por algunas prendas actualizadas, recuerda: no estás vistiendo a un nuevo "yo". Estás vistiendo a quien eres ahora.

La definición típica del *guardarropa básico* está relacionada con tener un número de prendas (he visto el número 36 mencionado en internet) de una paleta de color limitada para que todo combine. Ante esto digo: *Para nada*. No necesitas apegarte tanto a la fórmula. Pero sí creo en el principio básico de crear muchas combinaciones a partir de unas pocas prendas claves.

Para mí, armar un guardarropa básico exitoso significa satisfacer tres requerimientos esenciales:

- **Piezas versátiles.** Como mencioné antes, soy una gran admiradora de la ropa en capas. Me aseguro de tener prendas que puedan usarse solas, *y también* debajo o encima de otras. Siempre y cuando una prenda sea halagadora y exprese mi personalidad, no le pongo demasiada atención a la temporada, ya que siempre me pongo una camisola debajo o algo encima para abrigarme más.

- **Números pequeños.** El estilo personal es subjetivo. La mayoría de mis prendas sobresalen y además tengo menos prendas básicas negras (*leggings*, camisetas, etcétera). Tal vez prefieras una paleta de color más apagada o patrones más sutiles que los que a mí me gustan. Pero sin importar qué prefieras, no necesitas inundarte de ropa. Es un juego de números. La meta es tener *no más de dos* del mismo tipo de prendas individuales. Ten en mente que una camiseta negra de manga larga es diferente que una camiseta negra de manga corta. Pero a menos que sea un artículo esencial en tu uniforme, es probable que no necesites muchas prendas de cada una.

■ **Completa cada categoría.** Los estilos, cortes, telas, colores y tipos de silueta que quieras tener dependen de ti: de tu tipo de cuerpo, del código de vestimenta de tu trabajo, de tus iconos favoritos, de tus preferencias. Son las *categorías* las que son universales. Todos necesitamos **elementos base** (para la parte de arriba, como camisetas y tops, y para la parte de abajo, como pantalones y faldas), **ropa de abrigo** (suéteres, chamarras, abrigos), **ropa para ocasiones especiales** (vestidos, faldas) y **accesorios** (zapatos, joyas, cinturones, sombreros, etcétera).

Considera tu estilo de vida. Alguien que trabaja en casa quizá no necesite una falda de gala. Alguien que trabaja con niños tal vez no requiera una gran selección de vestidos sexys para fiestas y prefiera invertir en unos jeans. Adoro los pantalones de pierna recta. Quizá prefieras los pantalones de pierna ancha tipo *palazzo* o los acampanados. Mi meta número uno para ti es que redefinas lo que significa tener "suficiente". Para incorporar esta idea a la vida, abramos las puertas de mi clóset para ver exactamente qué —y qué tanto o tan poquito— tengo.

EN MI CLÓSET TENGO...

Categoría 1. Elementos base

5 pares de *leggings* negros. Pueden combinarse para un atuendo muy arreglado o usarse como pijama o ropa de trabajo. (Versatilidad.)

5 camisetas negras: 2 sin manga, 2 de manga corta, 1 de manga larga. (Números pequeños.)

1 cuello de tortuga negro. (Números pequeños, versatilidad, pues puede usarse con algo muy arreglado o muy casual.)

3 pares de pantalones ceñidos y pierna recta. Uno blanco, uno anaranjado y otro azul. Los míos son Massimo Dutti. (Atemporales y versátiles.)

5 camisas de botones de distintos patrones y colores: una de estampado de leopardo, una anaranjada pálido que hace juego con los pantalones anaranjados, una color turquesa que hace juego con los pantalones azules, una blanca que hace juego con los pantalones blancos, y una color rosa encendido. Cuando combino las prendas en bloques de color me pongo la blusa rosa con los pantalones anaranjados. (Atemporales y versátiles.)

2 conjuntos: uno es una blusa de estampado floral con pantalones que hacen juego, de Ann Taylor. El otro tiene un estampado de cachemira inspirado en Versace, de colores primarios. Estos cuatro elementos (dos *tops* y dos pantalones) pueden usarse juntos o separados. Para una reciente aparición en televisión, me puse una capa blanca sobre el conjunto de estampado de cachemira, tacones color caramelo y una bolsa que hacía juego. (Atemporal y versátil.)

1 par de jeans. (Números pequeños.)

Categoría 2. Ropa para ocasiones especiales

1 falda de gala, larga hasta el piso. Puede usarse con una camiseta casual o muy arreglada, con un top formal y tacones. (Números pequeños, atemporal y versátil.)

5 vestidos ceñidos y reveladores para citas en la noche de distintas telas y colores. Me encantan los cuellos con diseños geométricos o los vestidos sin hombros. A veces me pongo un minivestido y me lo fajo dentro del pantalón para que quede como una especie de top. ¡Ropa en capas! (Versátil.)

1 vestido de gala colorido y con brillos, con el top ceñido y amarrado por delante de Zara. Puedo usarlo con una camiseta de manga larga encima para crear la ilusión de una camisa holgada separada. (Ropa en capas, versatilidad.) Es lo bastante sofisticado como para ser un atuendo formal si lo uso con tacones, pero si lo combino con un sombrero suave de fibras naturales, funciona como un vestido casual de verano. (Más versatilidad y atemporal.)

Categoría 3. Ropa de abrigo

2 capas dramáticas: una blanca, una de leopardo. (Números pequeños, ropa en capas.)

1 poncho negro tejido para transitar entre temporadas, y para vestirme cómoda. (Versatilidad, y ropa en capas.)

1 batón de brocado negro y dorado. Le añade elegancia a una base negra de *leggings* y camiseta. (Ropa en capas.)

1 chamarra de mezclilla para ponerme sin nada más o combinarla con un par de jeans para usar mezclilla con mezclilla, a la manera de un "esmoquin canadiense". (Versatilidad, números pequeños.)

Categoría 4. Accesorios

1 par de sandalias de tacón cubano para climas cálidos o salidas formales.

3 pares de tacones: uno negro, uno dorado, uno caramelo.

3 pares *funky*: tacones de estampado de leopardo, sandalias de correas adornadas con pompones, un par de tacones con pedrería para bodas. Todos de Aldo.

También tengo una pequeña colección de joyería, cinturones, bolsas de mano (que han sido buenas inversiones) y el ya mencionado sombrero suave de fibras naturales.

He aquí un consejo final que te quitará el miedo de vivir con menos: una vez que hayas reducido tu guardarropa a lo mínimo, puedes aderezar tus *looks* con extras llamativos —joyería, sombreros, bolsas de mano, cinturones, zapatos— para tu satisfacción personal. Es como agregarle especias a un platillo: una pizca de moda atrevida puede hacer mucho por ti. Un estudio del *Journal of Consumer Research* llama a esto *efecto del calzado deportivo rojo*.[26] En este estudio, los observadores respondieron de manera positiva a individuos que cambiaron *ligeramente* su *statu quo* por medio de su estilo. Cuando el atuendo de alguien muestra una pequeña modificación, como un esmoquin con una corbata de moño rojo en vez de negro, o unos Converse con un atuendo formal en un entorno profesional, ese individuo es percibido como alguien más competente y de estatus más alto que alguien que se viste de la forma esperada. "Los resultados sugieren que la gente juzga como algo positivo estas pequeñas desviaciones de la norma", reporta *Scientific American*, "porque sugieren que el individuo es lo bastante poderoso como para arriesgar el costo social de dichos comportamientos".[27] ¿Traducción? Arriésgate con ese pequeño extra.

EN CONCLUSIÓN
CONSEJOS Y APRENDIZAJES CLAVE DEL CAPÍTULO 4

- Arma un archivo digital o un **"catálogo" de selfies** que documenten cada atuendo que te gusta. Elige tus atuendos de cada día a partir de esta colección, planeada con antelación, de acuerdo con tu estado de ánimo.

- **Identifica tu etilo distintivo.** Encuentra un icono al cual emular, ya sea una celebridad, las fotos *vintage* de tu mamá en los años setenta o un *influencer* de las redes sociales, y luego edita tu clóset con esto en mente. Suelta los artículos que no caigan en esta categoría.
- **Pon un alto a la redundancia.** Cuelga una al lado de la otra la ropa del mismo tipo (camisas de botones blancas, pantalones negros, vestidos florales, todo en grupos). ¿Hay redundancias? Vende o dona los artículos que sobran. Luego anota: ¿qué tienen en común tus prendas favoritas? Durante una semana usa sólo lo que *de verdad ames* y ve si surge algún tema. Fíjate cuáles son los colores, los cortes, los estampados y las telas que te hacen sentir increíble.
- **Menos es más.** Intenta no tener más de dos cosas del mismo tipo. (¿Realmente necesitas *cinco* pares de pantalones negros?)
- **Vístete, arrasa, repite.** Si no estás seguro de repetir tus *looks*, piensa en las fuerzas sociales y de género que impulsan ese temor. Recuerda: ¡es más probable que la gente note que te ves a la moda, a que advierta que te pusiste algo dos veces!
- Cuando armes un guardarropa básico, **mantén la cantidad abajo y la versatilidad, arriba.** Busca prendas que no sean de temporada y que puedan mezclarse en capas. Siempre y cuando mantengas las cuatro categorías clave en tu guardarropa (básicos, formal, ropa de abrigo y accesorios) estarás lista para todo.

CAPÍTULO 5

El ánimo importa

La moda debe reflejar quién eres, lo que sientes en el momen-
to y hacia dónde te diriges.

—PHARRELL WILLIAMS

La ropa es una sustancia que altera el ánimo. Tu ropa afecta tu estado mental, para bien o para mal. Observa lo que llevas puesto hoy. ¿Refleja en realidad cómo te sentías cuando te levantaste esta mañana? ¿O estabas pensando en una presentación importante que tienes que dar, en la persona a quien quieres impresionar o en un comentario que alguien hizo alguna vez sobre tu apariencia? Quizá no le dedicaste ni un segundo a tu atuendo esta mañana. Te pusiste cualquier cosa para terminar pronto con el asunto, porque lo que *realmente* querías era volverte a meter en la cama. Te lo pregunto de otra manera: ¿qué tanto te ha ayudado tu *look* el día de hoy? ¿Tu vestido te estaba fastidiando cuando estabas sentada en tu escritorio? ¿Te morías de ganas de arrancártelo en cuanto llegaras a casa? ¿Te sentiste aburrida o demasiado básica con tu suéter gris? ¿O te sentiste optimista y llena de luz en tu vestido amarillo? ¿Tu atuendo te ha ayudado hoy? ¿O te ha dañado y obstaculizado de alguna manera?

Creo en que el estilo se busca de dentro hacia fuera porque lo que usamos en el exterior tiene un efecto real en nuestro interior. Los estudios pueden explicar esto. En su exitoso libro sobre la conexión cuerpo-mente, *Presence* (*El poder de la presencia*), Amy Cuddy, psicóloga social de Harvard, incluye un capítulo llamado "El cuerpo influye en la mente (¡Así que ponte como una estrella de mar!)". En él escribe: "La manera en que nos comportamos de un momento a otro ilumina el camino que toman nuestras vidas". Después de conducir una investigación revolucionaria sobre el lenguaje corporal, Cuddy explica cómo la pose de poder —expandir el cuerpo, estirarlo para verse alto, manos en las caderas, los pies separados, abarcar tanto espacio físico como sea posible— puede llegar a convencer de que *somos* poderosos. En un estudio, Cuddy y sus colegas les pidieron a los participantes que mantuvieran poses de poder durante un minuto. Los investigadores hicieron pruebas con la saliva de los sujetos, antes y después de la pose. Y tras analizar las hormonas relacionadas con la seguridad (testosterona) y el estrés (cortisol), descubrieron que el sencillo acto de posar mostrando poder puede aumentar la primera y reducir la segunda. Los investigadores demostraron que, si tu cuerpo actúa una narrativa determinada, tu mente la creerá.[1] Si una pose de poder puede lograr esto, ¿entonces por qué no un traje de poder?

Creer que te estás cuidando al vestirte bien (como sea que definas "bien") puede ayudarte a sentirte bien sobre ti misma. Todos los días vemos proliferar estos conceptos en la cultura pop del cuidado personal. El cuidado personal es un negocio creciente y un fenómeno de las redes sociales, no sólo porque todos *necesitamos* tener mascarillas de sábana con brillitos en nuestros traseros o remojarnos en baños de sales de 50 dólares al final de una dura jornada. El cuidado personal vende porque nos sentimos mejor cuando *creemos* que nos estamos cuidando bien. Es simplemente eso. Los placebos, las poses de poder, los regímenes de limpieza y belleza para la piel, las botellas de agua con cuarzos y cristales, llevar un diario y las velas aromáticas: toda esta utilería y prácticas tienen paralelo en los conceptos de la vestimenta basada en el ánimo que enlistaré en este capítulo. Los expertos han demostrado que el cuerpo influye en la mente. Ponte una camisa limpia e impecable y te sentirás limpio e impecable. Lo vales. Vístete así y es más probable que lo creas.

He aquí otro ejemplo de cómo funciona esta idea en nuestra sociedad. Hace una década, los gerentes del Banco Suizo UBS recibieron muchas críticas cuando les mandaron a sus empleados un código de vestimenta de cuarenta y cuatro páginas, instruyéndolos en todo, desde las formas aceptables de arreglarse (nada de barniz negro para las uñas, nada de perfumes penetrantes) hasta la joyería apropiada (sólo aretes). Este manual de estilo para los empleados incluía frases como: "Una apariencia perfecta puede traerte paz y una sensación de seguridad" y "Adoptar un comportamiento impecable se extiende a un arreglo impecable". También: "El atuendo es una forma clave de la comunicación no verbal".[2] Para nada soy así de restrictiva (me encanta ponerme un brazalete grande y un anillo llamativo), pero debo admitir que los banqueros tenían un punto. Hay mucha evidencia que apoya la noción de que nuestro aspecto tiene un papel determinante en cómo nos percibimos y nos desempeñamos. Y eso, mis amigas, es precisamente la razón por la cual es tan importante poner mucha atención en lo que nos ponemos.

Los atuendos establecen las expectativas, especialmente para las mujeres. Se ha sugerido que reaccionamos más fuerte a lo que nos ponemos que los hombres, quizá porque interiorizamos tantos mensajes sobre cómo se "supone" que debemos vernos. En un famoso estudio publicado en el *Journal of Personality and Social Psychology*, se le pidió a un grupo de mujeres que se probara unos trajes de baño y después hiciera un examen de matemáticas. A otro grupo de mujeres se le pidió que se pusiera suéteres y luego tomara el examen. El grupo que se puso los trajes de baño tuvo resultados mucho más bajos que el grupo de los suéteres. ¿El título del estudio? "Ese traje de baño se vuelve parte de ti: diferencias entre los sexos con respecto a la autocosificación, la alimentación restringida y el desempeño en matemáticas". Los autores, incluyendo a la notable psicóloga e investigadora Jean M. Twenge, concluyeron que las mujeres estadunidenses están acostumbradas socialmente a interiorizar las perspectivas externas en su apariencia física, y por consiguiente cosificarse. Teorizan que esto "consume recursos de atención, lo cual se manifiesta en un desempeño mental reducido".[3] Es muy claro que cualquiera que *no* está cargando con estos estándares culturales de belleza, tendrá la ventaja de un desempeño mental óptimo y sin distracciones. Los investigadores también les pidieron a diferentes grupos de hombres que se pusieran trajes de baño y suéteres, y que luego tomaran el examen de matemáticas. ¿Adivina qué? El efecto del traje de baño redujo el desempeño mental *sólo entre las mujeres*. Esto confirma lo que ya sabías: obsesionarte de manera negativa con tu apariencia e interiorizar la vergüenza que la sociedad te impone, literalmente merma tus recursos intelectuales.

¿Qué pasaría si aplicaras esos recursos a otras cosas, como al trabajo o a tu familia, a mejorar tu salud o aprender una habilidad nueva? La doctora Gail Dines, profesora de estudios de la mujer y socióloga, declaró algo que se reportó ampliamente: "Si mañana las mujeres nos levantáramos y decidiéramos que realmente nos gusta nuestro cuerpo, piensa en la cantidad de negocios que quebrarían".[4] El enfoque híper crítico en lo que percibes como tus defectos físicos tiene un costo real, psicológico y profesional. Se roba tu atención, así como tus reservas emocionales e intelectuales. Este estudio también es importante porque confirma dos cosas:

1. Nuestra ropa impacta en la manera en que nos sentimos, lo cual tiene un efecto real en nuestro desempeño.
2. El estilo ofrece una vía para tomar ventaja de esto, tómala y revierte las cosas. Si sabes que necesitas desempeñarte bien, usa algo que sepas que te ayudará a hacerlo.

Amo esta cita de Oprah: "En la vida obtienes lo que tienes el valor de pedir".[5] ¿Qué sucede si lo trasladamos a la ropa? En la vida obtienes lo que tienes el valor de ponerte. Lo que sea que te pongas, hará que tu ánimo se hunda o se levante para estar a tono. Tendrás el tipo de día al nivel de la valentía con la que te vistas. Si no sientes que mereces brillar y te presentas así, el mundo no te tratará como la líder/fabulosa/amazona del glamour/(inserta un apodo poderoso aquí) que eres. ¿Por qué? Porque TÚ no sentirás que mereces el mejor trato y por lo tanto no lo demandarás del mundo. Lo que te pones puede levantar tu ánimo o bajarlo, complacerte o incomodarte. Tú decides. No se trata de gastar toneladas de dinero para verte increíble. Se trata de ponerte lo que te haga sentir así.

La psicología de la vestimenta basada en el ánimo dice que te vistas bien y que lo demás se dará en consecuencia. Toma tu pulso emocional antes de acercarte a tu clóset y selecciona con consideración tu atuendo de un conjunto más pequeño de opciones previamente editadas, compradas con intención (no a lo loco, con frenesí o para llenar un hueco emocional), cuidando que tus prendas estén recién lavadas, y usando algo que sea un poco más especial de lo esperado; todas éstas son maneras de mandarte a ti misma el mensaje de que mereces ser tratada bien. Cuanto mejor creas que te ves, mejor te sentirás.

En este capítulo te mostraré cómo la ropa influye en tu ánimo y cómo usarla para mejorarlo. Pero primero, para darle vida a la conexión cuerpo-mente, o más específicamente, a la conexión ropa-psique, quiero presentarte a una clienta. Ella es el ejemplo perfecto de alguien cuya ropa narra su historia. El estilo es síntoma de sus problemas, pero también una parte integral de la solución. Sus atuendos están muy conectados con sus expectativas y está a punto de transformar las dos cosas. Vamos a conocerla.

Amber* tiene problemas con su imagen. Tiene treinta y tantos años y trabaja en casa, lo cual significa que pasa sola mucho tiempo. Ha subido bastante de peso durante la última década y ahora está en el proceso de recobrar su salud.

CASO PRÁCTICO: ENCUBRIMIENTO

....

Dawnn: *Hablemos del proceso de tu imagen corporal. ¿Cómo solías vestirte, cómo te vistes ahora y cómo te sientes sobre ti misma?*

Amber: *Hace seis meses empecé la dieta Keto, así que he podido bajar de peso drástica-mente. No puedo decir que alguna vez haya tenido un estilo particular. La mayoría de la ropa que elijo es para cubrir mi vientre. No tengo una figura de reloj de arena, más bien es como de "cuerpo de novio". Así lo llamaba Tyra Banks en su programa. Tengo caderas estrechas y mi vientre es del mismo tamaño que mis caderas. Así que incluso con la pérdida de peso estoy un poco nerviosa sobre qué ponerme.*

Dawnn: *¿Qué tipo de ropa sientes que es más halagadora para la parte media de tu cuerpo?*

Amber: *Me he ido sintiendo cómoda con camisetas grandes. Adoro el otoño por-que puedo ponerme varias capas de ropa. Soy una chica de leggings, camiseta sin mangas y suéter de botones. Los leggings se han vuelto mi mejor amigo. Así que si te asomas a mi clóset y encuentras veinte pares de leggings negros, no te asustes. Es lo que he estado usando por el peso que subí los últimos años. Pero los leggings te mienten y te hacen pensar que todavía eres de cierta talla, porque no te lastiman cuando te los pones.*

Dawnn: *¿A diferencia de los jeans? Porque si has subido de peso, ¿lo puedes sentir físicamente porque te duele subir el cierre y abotonarte?*

Amber: *Sí, exactamente. Me deshice de todos mis jeans. Después de pasar la talla 12 decidí que los jeans eran incómodos porque no se estiraban cuando comía. Soy una comedora emocional. Estoy trabajando en eso. Esos leggings no hacen nada por mi figura. Sólo son cómodos. Yo diría que mi estilo es la comodidad.*

Dawnn: *Así que tu uniforme básico son unos leggings, una camiseta sin mangas y un suéter de botones. ¿Esto te ayuda a sentirte menos cohibida porque puedes cubrirte con varias capas?*

Amber: *Sí. Cuando uso este tipo de atuendo me siento menos cohibida. En especial comparado con cómo me siento en el verano, porque entonces no puedes escon-derte. El verano pasado me deprimí porque dejé de salir. No quería que nadie me* viera. Sobre todo cuando me veía con gente de la secundaria, pues esperaban encontrar a la chica que habían conocido. Es algo así como: "Ay, ella era tan diferente". No quería que se burlaran. Me sentí mal. Así que en gran parte por eso me quedé en casa.

Dawnn: Parece que esto está afectando tu capacidad para socializar. ¿Te sientes aislada?

Amber: SÍ me siento aislada. Es una locura.

Dawnn: ¿Por qué dices que es una locura?

Amber: Porque lo dijiste. Nunca le puse nombre a mi sentimiento. En definitiva, me siento aislada. Lo bueno es que mucha de mi seguridad está regresando gracias a la pérdida de peso. He bajado como diez kilos hasta ahora. Quiero creer que volveré a sentirme segura y que podré salir de la madriguera en la que yo misma me enterré con comida y ropa cómoda.

Dawnn: ¿Qué usas en verano cuando no puedes ponerte tu uniforme básico?

Amber: Me pongo pantalones deportivos de yoga. No son exactamente leggings; son más ligeros. Los combino con camisetas, calzado deportivo o sandalias. Siempre me veo como si fuera a hacer ejercicio, pero en realidad no he entrado a un gimnasio desde hace mil años.

Dawnn: Suena a que tienes un look estilo athleisure. ¿Usar ropa deportiva te motiva a querer hacer ejercicio y comer más sano?

Amber: No, porque no es del tipo de ropa deportiva linda. Voy a Target o a Walmart sólo para comprar unos pantalones deportivos. Son cómodos. Los puedes usar muchas veces. Pero no es eso lo que quiero en realidad. Cuando pueda sentirme cómoda con cómo me veo en otra ropa, o cuando quepa cómodamente en un par de jeans, no quiero caer en la categoría de athleisure. Quiero verme bien. Quiero usar faldas de corte recto con cintura alta, sin que me cuelgue la barriga como saco de canguro.

Dawnn: Has logrado mucho con la dieta Keto. ¿Piensas seguir? ¿Cuál es tu meta?

Amber: Mi meta es perder treinta kilos. Quiero volver a pesar sesenta y ocho kilos. Tengo mucho camino por recorrer, pero en ese momento quiero dejar para siempre esta ropa deportiva.

Dawnn: *¿Qué te pondrías?*

Amber: *Antes los vestidos de verano eran mi uniforme. Nunca me consideré muy sofisticada, pero me gustan los vestidos veraniegos porque así no tengo que combinar nada.*

Dawnn: *Cierto. Son muy fáciles de usar. Pero también te permiten esconderte.*

Amber: *Sí.*

Dawnn: *Quiero darte un consejo. No te tortures si un día rompes la dieta. Eres humana. Dijiste que eres una comedora emocional. Creo que necesitas ponerle atención a tus emociones para que el resto se vaya acomodando. Me pregunto si debido al aislamiento experimentas más emociones negativas que intentas aliviar con comida... ¿Podría ser que tu aislamiento esté disparando tu manera emocional de comer?*

Amber: *Definitivamente es posible. Es más difícil mantener la dieta cuando estoy sola, sin hablar con nadie.*

Dawnn: *Te pido que estés atenta a estos periodos de aislamiento. Cuando te sientes aislada, ¿hay amigos a los que puedas hablarles, que conozcan tu apariencia actual y que te acepten tal como eres? Esfuérzate por pasar tiempo con esos amigos. Tu manera emocional de comer te lleva a vestirte holgada y cómoda, pero el aislamiento es la raíz de todo. Intenta usar lo que te haga sentir cómoda hasta que te sientas lista para sacar esos vestidos de verano.*

Amber: *De acuerdo.*

*¿Qué es exactamente lo que sucede con Amber? Lo primero que noté es que está **ilustrando su estado de ánimo** con su ropa cómoda, pero por desgracia, el ánimo que está perpetuando está muy lejos de ser el óptimo. También está experimentando **incongruencia de la moda**. Está usando ropa deportiva pero no está haciendo ejercicio. Tiene más de treinta años, pero se enfoca en un pasado idealizado (quién era en la secundaria) y fantasea sobre el futuro (cómo se vestirá cuando pierda peso). Está eligiendo quedarse en casa sola en lugar de arriesgarse a ser juzgada, lo cual le provoca sentimientos depresivos que la impulsan a seguir comiendo de manera emocional y aferrarse a esos pantalones deportivos de yoga (**complejo de guardarropa repetitivo**).*

El lado bueno de todo esto es que Amber está tomando medidas decisivas para lograr el peso al que quiere llegar (la dieta Keto). Y ya tiene la ropa que planea ponerse cuando alcance su meta. Si dijera algo como: "Ya quiero perder peso para comprarme esas faldas de corte recto y vestidos veraniegos..." y no estuviera haciendo algo para alcanzar el objetivo, habría otros problemas que solucionar.

Receta de estilo

Por su régimen de pérdida de peso, el cuerpo de Amber continúa cambiando. Más que sugerirle que se pusiera de inmediato otro tipo de ropa, le aconsejé que primero trabajara en sanar el problema emocional más urgente y que sí estaba en sus manos resolver: el aislamiento social. Eso, junto con el continuo mejoramiento de su salud, fortalecería su confianza y su ánimo, lo cual resultaría en ropa más variada y sofisticada que ilustraría ese ánimo mejorado. También le sugerí que no se preocupara tanto por los números en la báscula. Sus vestidos de verano funcionaban como un aliciente, pero yo apostaría que tan pronto como se empiece a rodear de amigos que la acepten como es y continúe cuidándose físicamente, tendrá la confianza para usar esos vestidos sin importar cuánto peso pierda.

¿Cuál es la lección? He hablado de mi experiencia postraumática y cómo ponerme ropa increíble elevó mi estado de ánimo, lo cual ayudó a sentirme mejor (al menos a corto plazo). Pero de todas maneras necesitas algo de mucho más peso que te levante emocionalmente. Vestirte mejor no va a ser un cambio duradero. Eventualmente necesitas reconocer y evaluar tus emociones para hacer un cambio en tu manera de vestir.

....

TODO EMPIEZA CONTIGO

Mientras continúas leyendo, quiero que mantengas en mente esta idea fundamental: tienes que vestirte por factores internos *antes* de que siquiera consideres los externos. ¿A qué me refiero con fuerzas externas?

Las tendencias en las redes sociales; la interminable invasión de nuevas colecciones de temporada o "entregas exclusivas" en las tiendas; las expectativas de tus amigos, familiares y colegas; la aprobación de algún tipo de autoridad inminente como un jefe; el código de vestimenta de un evento; etcétera. (Consulta el capítulo 8, "¿Te vistes para ti o para alguien más?".) Todo esto importa. Pero importa *menos* que la manera en que te hace sentir tu ropa. Puedes vestirte para *reflejar* cómo te sientes cuando te levantas por las mañanas, o vestirte para *cambiar* la manera en la que te sientes y así sentirte mejor, siempre y cuando te vistas *primero* para ti misma. Si afuera hace un frío terrible y quieres ir de verde limón, hazlo. "Arreglarse de más" (demasiado elegante) o "arreglarse de menos" (demasiado casual) es menos peligroso que desalinear tu estado mental y tu elección de ropa. Lo peor que puedes hacer es forzarte a usar algo que está en contra de cómo te sientes. Estas ideas son la base de la vestimenta basada en el ánimo.

Ya sé que soy repetitiva, pero debo enfatizar la importancia de hacer un reconocimiento de tu estado de ánimo por las mañanas. Somos criaturas profundamente emocionales. Pero en mi experiencia, la mayoría no reconoce sus sentimientos hasta que llega al punto de ebullición de la ira o de la melancolía que debilita. Como un cubo de hielo que emerge a la superficie de un vaso de agua: aunque tendemos a empujar nuestros sentimientos al fondo, éstos emergen a la superficie. Si reprimes tus sentimientos mañana tras mañana, ¿qué pasaría si, al igual que te lavas los dientes, tuvieras el hábito de reconocerlos? No esperes a que estés a punto de un ataque de pánico. Analiza cómo te sientes (o cómo *quisieras* sentirte) y vístete acorde con esto.

Cuando me levanto en días lluviosos, suelo sentirme melancólica. Hay días en que decido dejar fluir ese sentimiento, cuando se siente bien hacerlo: para sentirme calmada, neutral, y relajada. Cuando me siento un poco frágil y decaída, a menudo quiero ponerme ropa que cimbre mi mundo. Pero hay otros días en los que *quiero* modificar mi estado mental y sentirme un poco más alegre, así que esos días intento ponerme colores brillantes o algo con lentejuelas para mejorar mi ánimo. Darme cuenta de este comportamiento me ha llevado a subdividir mi teoría sobre la vestimenta basada en el estado de ánimo en dos categorías clave. En el capítulo 1 presenté: *vestirse para ilustrar el ánimo* y *vestirse para mejorar el ánimo.*

> **Vestirse para ilustrar el ánimo** significa vestirte para igualar tu estado de ánimo, para mantener el equilibrio, para no presionarte, mantenerte balanceada y continuar tu estado emocional.
> **Vestirse para mejorar el ánimo** significa vestirte para cambiar el estado de ánimo y sentirte mejor.

En principio, esto puede parecer un poco confuso para aplicarlo a la vida real. Ten paciencia. vestirte para ilustrar el ánimo no necesariamente significa ponerte pantalones deportivos cómodos. Puedes sentirte como una supermodelo y querer ilustrar eso con un *look* atrevido, como lo hice yo con mi atuendo formal para la gala del FIT, que describí en el capítulo 4. Si te sientes temeraria y poderosa, entonces ponte un atuendo temerario y poderoso que ilustre ese estado de ánimo. Si me siento sexy antes de una cita, entonces me pondré un minivestido rojo y tacones dorados. Puedes vestirte para llamar la atención y aun así estar Ilustrando tu ánimo.

Vestirse para mejorar el ánimo sólo significa vestirse para sentirse mejor. Puedes estar demasiado entusiasmada o frenética, o estresada después de un largo día en el trabajo o con tus hijos. (¡O simplemente despertar sintiéndote así!) En este caso, puedes *mejorar* tu ánimo con pantalones deportivos cómodos. Mejorar tu ánimo *puede* significar calmarte. Si lo que te pones te hace sentir mejor, y no igual, estás mejorando tu ánimo. En mi vida personal pongo en práctica esto todo el tiempo. Sufro de ansiedad. Cuando voy a terapia me envuelvo en *leggings* negros y suéteres largos tan suaves que casi podrían ser una cobija calientita. Cuando me siento ansiosa y estoy en casa, me pongo un kimono de seda o una bata enorme de lana para hombre. Me he dado cuenta de que cuando las uso mi ansiedad disminuye, mi apetito mejora y estoy más calmada. Mis batas me dan alivio. Mejorar el ánimo sólo significa que tu ánimo va de mal a mejor. No se trata necesariamente ir de pantalones deportivos a alta costura. Piénsalo así: tu humor es el síntoma y tu ropa es el remedio.

Tal vez te preocupe que vestirte para modificar tu ánimo te pueda hacer sentir incongruente o poco auténtica. Hablo más al respecto en el capítulo 8. Pero por ahora te diré lo siguiente: Vestirte para mejorar el ánimo no genera incongruencia porque es una decisión activa que haces para mejorar cómo te ves y sientes. Padecemos incongruencia cuando nos vestimos por factores externos —para encajar, para evitar el ostracismo, para complacer a otros— y negamos nuestras necesidades.

Cuando discutí estas teorías en la Radio Nacional Pública de Estados Unidos, mi entrevistador me preguntó algo importante: si el objetivo es vestirte de acuerdo con tu estado de ánimo cuando te levantas por la mañana, ¿entonces es un error sacar tu ropa un día antes? Después de todo, no sabes cómo te sentirás cuando te levantes. Mi respuesta: definitivamente *debes* planear tus atuendos, pero planea distintas opciones. Debes darte un margen.

Tomarte la temperatura emocional antes de vestirte en la mañana es la única manera de saber si te beneficiarás al mantener o mejorar tu estado de ánimo. Pero estar presente puede coexistir con la preparación previa. En definitiva, yo abogo por atender los problemas con anticipación. He aquí un consejo para eso.

Consejos de psicología de la moda

Prepárate para matar

Por la noche selecciona dos atuendos para el día siguiente. Arma uno que sea más sencillo y discreto, y otro más colorido, cargado de accesorios, texturas y a la moda. Esto reduce la probabilidad de la fatiga de decisiones (demasiadas opciones) mientras mantiene la oportunidad de vestirte de acuerdo con tu estado de ánimo.

Puedes vestirte para tu bienestar emocional y continuar siendo práctica. En el podcast de *2 Dope Queens*, Michelle Obama habló sobre la necesidad de tener listo tu guardarropa. Un día cualquiera podía tener una reunión sorpresa con un dignatario, convivir con niños en una escuela o hacer lagartijas en un programa de televisión: "Hay tanto de la moda que no se trata de *¿Se ve lindo?* Sino de *¿Voy a abrazar a alguien?*... Así que tienes que pensar en *¿Qué pasa con tu cabello? ¿Estás sudando?*... *¿Este saco te permite hacer lagartijas?*... Hay un gran universo con el cabello negro y el guardarropa negro en la vida pública".[6] Imagina que te estás arreglando para una entrevista de trabajo, una fiesta de la oficina o una primera cita. En los días previos al evento piensa con cuidado cómo te quieres sentir, cuáles son tus metas para estas interacciones sociales, qué tipo de reacciones esperas provocar. Quizás estés pensando: *La comodidad es clave. No quiero tener que estar metiendo el vientre toda la mañana. No puedo lidiar con esa ropa tan ajustada y pensar con claridad al mismo tiempo.* O bien: *Quiero sentirme glamorosa y sexy, que todos volteen a verme. O quiero proyectar que soy competente y sofisticada.* Pregúntate: ¿este atuendo generará el tipo de cumplidos que espero recibir? ¿Pasaré toda la velada preocupándome porque se me baja el escote o se me levanta la falda? ¿Sudaré mucho y se verá a través de mi camisa de seda? Anticipar puede hacer la diferencia entre estar seguro de ti mismo o ser una calamidad de la moda.

ILUSTRACIÓN DEL ESTADO DE ÁNIMO:
VESTIRTE PARA MANTENER EL EQUILIBRIO

A veces no quieres romper el molde. ¡Y está bien! Estoy aquí para darte permiso de usar lo que te haga sentir bien. No glamorosa, sexy o extrema. Simplemente bien. ¿Alguna vez has tenido un día en el que *sabes* que hay algo mal con tu atuendo? No te gusta lo que traes puesto y esta incomodidad se convierte en una sensación de inseguridad. Hay momentos en los que es mejor usar ropa que *coincida* con tu humor, más que algo que intente modificarlo. Si te levantas sintiéndote desganada, date una oportunidad y ponte algo cómodo y fácil que te hará sentir relajada y aliviada. (Un traje de una pieza negro, un suéter abrigador, jeans de cintura alta que hagan lucir tu figura y zapatillas clásicas, son todas buenas opciones y que tienen estilo.) No hay necesidad de añadirle preocupación a tu día obligándote a usar algo nuevo, restrictivo o demasiado formal. Puede aliviarte y relajarte un atuendo que ya hayas probado antes, con el que sabes que puedes contar, como mi uniforme todo negro para aeropuertos que describí en el capítulo 4. ¡Y puedes seguir conservando el estilo! Este tipo de vestir para ilustrar el ánimo garantiza la congruencia entre el interior y el exterior.

Del mismo modo, si te sientes segura y llena de energía, lista para conquistar el mundo, ¡ni se te ocurra desanimarte con ropa aburrida! ¡Si te sientes increíble, ilústralo! Puedes mantener ese agradable estado de ánimo con un atuendo deslumbrante y a la moda. (Consulta "Cómo tomar un riesgo de estilo" en la página 169.) Eso es también ilustrar el ánimo. Siempre y cuando te vistas como te sientes, estarás bien. Yo opino que "fíngelo hasta que te lo creas" es un mal consejo. En cambio, prefiero esta perla de sabiduría de Dolly Parton: "Descubre quién eres y luego hazlo a propósito".[7]

Mientras escribo esto, estoy practicando vestirme para ilustrar el ánimo. Cuando me levanté esta mañana me sentía femenina y relajada.

Sabía que dedicaría mi día a escribir, así que quería acentuar mi lado espiritual y creativo. Elegí mi vestido largo de colores. Afuera está helando (las palabras *vórtice polar* aparecen una y otra vez en las noticias), y no tengo ninguna intención de salir. Pero incluso si no me topo con otra alma, estoy vestida de la manera en la que me siento porque quiero mantener mi vibra de diosa. Tal vez no es común vestirse así, pero me hace sentir bien.

Lady Gaga también demostró vestirse para ilustrar el ánimo en Mujeres de Hollywood 2018, la gala de *Elle*. Esa noche le dijo a su audiencia que después de probarse vestido tras vestido, corsés de alta costura, telas con aplicaciones, las más finas sedas y las más lujosas plumas, sintió náuseas, y una enorme tristeza. En el pico del movimiento #MeToo cuando parecía que cada hora una nueva figura pública revelaba el nombre de su acosador, Gaga se debatía públicamente si debía mencionar el nombre de la personalidad de la industria del entretenimiento que la violó años atrás. (A la fecha de la publicación de este libro, todavía no ha declarado el nombre de su perpetrador.) Luego, como dijo en su discurso, en el rincón del vestidor vio un voluminoso traje gris para hombre de Marc Jacobs y empezó a llorar. Esto es lo que le dijo al público (el énfasis es mío): "En este traje, *me siento yo misma el día de hoy. En este traje, siento la verdad de quien soy desde el fondo de mi ser.* Y de pronto, lo que quería decir esta noche, se aclaró en mi mente [...] Como una mujer que estuvo condicionada desde muy pequeña a hacer lo que los hombres me decían, hoy decidí que quería recuperar ese poder. Hoy yo traigo los pantalones".[8] En esa noche, Gaga no uso ropa para elevar sus emociones o alterar su estado de ánimo; se vistió para revelarlo. No estaba actuando; buscaba autenticidad.

VESTIRSE PARA MEJORAR EL ÁNIMO:
VESTIRSE PARA ANIMARSE

Recientemente, en sus historias de Instagram, la congresista Alexandria Ocasio-Cortez declaró que llegar a casa al final del día y ponerse un juego de pijama es "la clave de la productividad". Además de tener un uniforme de trabajo distintivo, considera que tener un "uniforme de ropa de casa" establecido condiciona la mente para cambiar de modo trabajo a modo relajación, y eso combate el estrés de los profesionistas de tiempo completo. "Ponerse un juego de pijama es diferente que ponerse pantalones deportivos y una camiseta. Es una señal táctil y visual de que estás en modo 'apagado'", les dijo a sus seguidores. "Además, la decisión consciente de ponértelo te ayuda a cambiar de canal [...] CRÉEME que yo solía pensar que usar un juego de pijama era cursi, pero en verdad te ayuda a cambiar las cosas."[9] ¡Aleluya, hermanos! Además de cristalizar los beneficios de una vestimenta uniformada (consulta el capítulo 4), la ropa de casa de Alexandria es un muy buen ejemplo de vestirse para mejorar el ánimo. La congresista desea relajarse, desconectarse, sentirse mejor, así que se viste para asegurarse de que así sea. Sabe cómo quiere sentirse y se viste para lograrlo. Así de simple.

Vestirse para mejorar el ánimo significa seleccionar la ropa que aumenta tu felicidad, eleva tu espíritu y te hace sentir mejor, más fuerte, más segura y más empoderada. Es muy parecido a elegir una *playlist* para evocar el humor en el que estás; puedes vestirte mejor para animarte cuando te sientes decaída, llenarte de energía cuando te sientes aletargada o mejorar tu confianza en anticipación a una tarea importante.

El truco es que esto funciona sólo si lo que te pones es *auténtico*. Vestirse para mejorar el ánimo no es sólo vestirse elegante cuando estás obligada a hacerlo. Es usar la ropa para modificar tu perspectiva según lo necesites. Un gran ejemplo sería ponerte colores felices para ayudarte a lidiar con la depresión estacional: literalmente, iluminar tu perspectiva.

Si estás pasando por un periodo emocional difícil, quizá quieras considerar no vestirte como te sientes en ese momento, sino como te *quieres* sentir. (Puedes subirte el ánimo con una chamarra metálica o accesorios brillantes.) Si intentas esto con pasos pequeños, usando ropa de abrigo un poco más vanguardista o pequeños accesorios brillantes, es menos probable que te sientas como un fraude.

Tu atuendo puede ayudarte a romper con un humor recurrente. La ropa puede cambiar tu paradigma interno. A veces llamo a esta lección "Cómo *Sasha-Fierce-cificas* tu vida". Esto es porque nadie mejora el ánimo tanto como Beyoncé. Aunque lleva tiempo enfocándose en lo real (ve: *Lemonade,* Beychella), antes, la reconocida y tímida estrella dependía de un alter ego llamado Sasha Fierce para, bueno, proyectar ferocidad. Esta otra personalidad le permitía a Beyoncé ser salvaje en el escenario. Sasha Fierce era temeraria. Se movía diferente que Beyoncé. Sonaba diferente. Y, ciertamente, se vestía diferente. Durante una entrevista transmitida por televisión, Beyoncé le dijo a Oprah que Sasha Fierce sólo existía en el escenario: "Cuando te pones una peluca y esa ropa caminas diferente [...] siento que todos tenemos esa cosa que se apodera de nosotros". Beyoncé encarnaba a Sasha Fierce momentos antes de subir al escenario, y su ropa era indispensable para lograrlo: "En general, cuando escucho los acordes, cuando me pongo mis tacones de aguja... Sasha Fierce aparece, y mi postura, mi manera de hablar y todo es diferente".[10]

Observa cómo los tacones altos desempeñan un papel integral en el cambio (o mejoramiento) del ánimo de Beyoncé. Josie Maran, modelo y empresaria de productos ecológicos de belleza, también se viste para mejorar el ánimo en situaciones profesionales. Cuando aparece en QVC para promocionar su línea exitosa de productos orgánicos de belleza, usa vestidos de bandas elásticas y tacones altos que "me dan una personalidad y me meten en el personaje", dijo una vez a *The Cut*. Su atuendo de televisión le permite "unirse a este otro personaje, esta personalidad vibrante, divertida, carismática y enérgica. Y tengo el pelo voluminoso.

Y tengo una filosofía que dice que el pelo voluminoso es igual a ventas voluminosas".[11]

Claro que éstos son ejemplos extremos. Para ti y para mí, vestirse para mejorar el ánimo no requiere que nos pongamos algo súper ajustado o cubierto de lentejuelas. No tienes que convertirte en un personaje con vestuario para sentirte más feliz. (Tampoco tienes que dejar que tu *look* se aleje demasiado de tu autenticidad.) Un detalle puede hacer mucho. Piénsalo así: vestirse para mejorar el ánimo es como el café. Tomas una taza y te sientes energizada y vigorizada. Tres tazas y te da tembladera. Es muy sencillo: vestirse para mejorar el ánimo es ponerte lo que te anime en ese momento. La próxima vez que quieras sentirte mejor para ir a un *brunch* ponte algo "especial", ya sea un *bralette* debajo del saco, aunque nadie más lo vea, o una bolsa de mano tipo *bucket* con aplicaciones. Lo que importa no es el precio ni la visibilidad del *look*, sino el efecto que tiene en ti.

CASO PRÁCTICO:
NO PUEDES MENTIR CON UN VESTIDO NEGRO

Actualmente trabajo con una clienta llamada Patricia. Ella tiene cincuenta y tantos años y hace poco perdió su trabajo en un programa educativo no lucrativo para niños en situación de riesgo. Tuvo este trabajo por décadas y era perfecto para ella. Sobresalía en su labor. Y estaba tan dedicada que, a lo largo de los años, se volvió parte de su identidad. Luego vinieron los recortes presupuestales y fue despedida. Como había trabajado con niños, el uniforme cotidiano de Patricia eran leggings y suéteres con calzado deportivo o zapatillas planas. Ahora está en casa, desempleada y usando la misma ropa que asocia con su antiguo trabajo: un recordatorio de todo lo que perdió. Lógicamente, ponerse esta ropa exacerba su tristeza y su sensación de derrota, y se está deprimiendo. "Estoy en la siguiente etapa de mi vida", me dijo durante una llamada telefónica reciente. "Todos mis hijos están en la universidad.

Yo estoy en casa. Debería estar trabajando. No tengo idea de qué hacer conmigo misma." Por fortuna, Patricia no tiene presiones financieras. Pero está sufriendo una crisis de identidad. Confesó que, como no tiene un horario de trabajo riguroso, ha empezado a dormir todo el día.

Receta de estilo

En el primer caso práctico de este capítulo, aconsejé a Amber que, para modificar su ánimo, se dedicara al trabajo emocional antes de ponerle atención a la ropa. Para Patricia, debido a la repentina pérdida de su trabajo, sentí que el caso era más apremiante. Podía quedarme ahí y animarla a que buscara un trabajo todo el día, pero debido a su desesperanzada fijación en el desempleo, me preocupaba que evitara esa tarea. Así que decidí enfrentar las cosas de manera distinta, usando la ropa como mi puerta de acceso. Le aconsejé vestirse para mejorar su ánimo, de inmediato.

A manera de ejercicio, le pedí a Patricia que usara su vestido de día favorito y los tacones más chic que poseyera, aunque no tuviera planes para salir de casa. Le dije: "Quiero que te sientas de nuevo como una mujer, como un ser humano, que recuerdes la sensación física de la seguridad. Una vez que te hayas vestido, fíjate si puedes encontrar la energía para ir a una cafetería con tu laptop durante una hora y dar los primeros pasos para actualizar y corregir tu currículum. Tantea el ambiente, manda un correo a alguien de tu red profesional. Será todo un proceso. Pero, por lo pronto, debes dejar tu antigua ropa de trabajo a un lado. No puedes dormir todo el día si traes puesto un vestido sencillo pero lindo. No puedes acostarte con aretes y tacones. Si te pones una camisa blanca de botones, unos pantalones grises, unos zapatos de tacón con correa y talón abierto tipo kitten y un bonito bolso de mano, es más probable que puedas sentarte frente a la computadora, te tomes un café y seas productiva. Tendrás una razón para ir a WeWork o a Starbucks a buscar en internet algún trabajo".

¿Cuál es la lección? Vestirse para ilustrar el ánimo tal vez no ayuda cuando el ánimo que estás perpetuando es la melancolía. Vestirte para estar acorde con tus emociones, en el caso de Patricia, sólo deterioraría su autoestima, pero vestirte para mejorar tu estado de ánimo, probablemente la restablecerá.

NEGOCIOS RIESGOSOS

Soy fiel creyente de las terapias de exposición. Consisten en que el terapeuta crea un ambiente controlado y seguro en el que expone a su paciente, de manera gradual, a aquello que teme o evita (objetos, situaciones o actividades). El propósito es demostrarle al paciente que las consecuencias que teme son poco probables y que es capaz, en última instancia, de mejorar su calidad de vida. Un ejemplo es pedirle a alguien que teme hablar en público que dé un discurso frente a una audiencia amigable, reunida expresamente para el caso. Esto ayuda al paciente a confrontar y superar su ansiedad.[12]

Cuando aplicamos esto al estilo, significa ponerte algo que te emociona, aunque te haga sentir un poco nerviosa. Puedes demostrarte que nada terrible sucederá (nadie se burlará de ti ni se te quedará viendo) si usas color lavanda, lentejuelas o una falda. Hace poco me puse un vestido color bronce y dorado y unas sandalias de tacón color café con borlas en la punta. En definitiva, fue un *look* más arriesgado para mí, pero lo bajé de tono con una bolsa satchel de piel color crema. Intenté algo nuevo, lo logré con éxito, expandí mi horizonte y mejoré mi ánimo. Me sentí fabulosa. Y puedo rastrear este impulso a la necesidad de superar mis miedos de la infancia. En casa de mi papá, los fines de semana teníamos grandes cenas familiares, en las que mi papá me pedía que cantara *a cappella* frente a todos. Más tarde comprendí que su objetivo era ayudarme a desenvolverme y apaciguar mi pánico escénico. Esto realmente me ayudó a prepararme para hablar frente a grandes audiencias. Tomar un riesgo en la moda es algo similar. Sólo tienes que hacerlo, y cuanto más lo hagas, más te acostumbrarás a confrontar y conquistar tus miedos. La confianza llegará. Y tomar riesgos de estilo va de la mano con mejorar el ánimo. Hace poco leí una cita del singular diseñador Rey Kawakubo de Comme des Garçons: "Necesitas usar algo fuerte de vez en cuando, y eso puede sentirse extraño. Te hace consciente de tu existencia [...]

Cuando usas ropa que está en oposición a algo (convencional) sientes cómo aumenta tu valentía. La ropa puede liberarte".[13]

He aquí algunos consejos para invocar esa valentía.

Ejercicio de psicología de la moda

CÓMO TOMAR UN RIESGO DE ESTILO

1. Pequeñas cosas a menudo

El doctor John Gottman, psicólogo y gurú de las relaciones personales, tiene un famoso lema: "Pequeñas cosas con frecuencia".[14] Su teoría es que, si haces pequeñas buenas cosas por tu pareja a menudo, tendrán un efecto positivo acumulativo más fuerte en tu relación que si haces grandes gestos dramáticos y románticos de vez en cuando. Esto aplica también para el estilo. Más que mostrar tu lado más glamoroso una vez al año para esa ocasión especial (¿recuerdas a Sonal, del capítulo 2, que "lo daba todo" cuando se arreglaba para las bodas?), intenta añadir algún toque de glamour en tus atuendos cotidianos. Los accesorios son la manera más segura y simple de lograr algo nuevo. Piensa en estampados de piel de leopardo, imitación piel de víbora o botas de repujado imitación cocodrilo, una cangurera de piel color pastel, unos aretes grandes y contundentes, una minifalda de piel combinada con una camiseta blanca y unos Stan Smith de Adidas. Incluso puedes hacerte una cola de caballo con un moño de terciopelo negro y dejar el resto de tu atuendo súper simple. Clásico.

2. Pon a prueba tu nuevo *look* el fin de semana

Escoge un fin de semana en el que no tengas muchos planes importantes. Quizá vas a cenar con tus papás o a ver una película con una amiga. Es el momento para probar esos botines de piel de víbora (conservando el resto de tu atuendo neutral con unos jeans y una camiseta blanca) y ver cómo te sientes.

3. Neutraliza los estampados audaces

Si vas a ponerte estampados de piel de animal, busca uno de elementos pequeños y sutiles, y no uno de manchas grandes y ostentosas. Un vestido clásico azul marino con lunares blancos es más seguro que ponerse uno con el que parezcas dálmata. Un estampado floral delicado o abstracto se sentirá mejor que otro de ramos grandes y brillantes. Cuando te pongas un saco a cuadros, busca un tejido de pata de gallo en lugar de uno de grandes cuadros como tablero de ajedrez. Los gráficos discretos comunican mucho.

4. Elige un "héroe" colorido

Por razones de las que hablaré en el capítulo siguiente, ciertos colores emulan reacciones emocionales más fuertes que otras. Si tienes un clóset lleno de negro, blanco, gris y color crema, no te perjudicará expandirte, te lo prometo. Integra lindos colores pastel o cortes interesantes (un suéter color lavanda con grandes hombreras, un saco largo azul índigo con cinturón o una falda-pantalón rosa pálido). Y selecciona una prenda colorida para empezar. Considérala el "héroe" de tu atuendo: la estrella del espectáculo. Mantén el resto de tu atuendo de mezclilla o monocromático.

5. Prueba con prendas de abrigo contundentes

Una chamarra de pluma de algún color neón, un abrigo corto de piel falsa, un sobretodo de leopardo, una fantástica gabardina de seda. (Aunque el color sea neutral, la textura inesperada sobresaldrá.) Una vez más, usa algo monocromático, o jeans y una camiseta blanca. La belleza de este consejo consiste en que, si estás incómoda con un abrigo más atrevido, ¡puedes quitártelo cuando quieras!

EL PODER SANADOR DE LA MODA

En una entrevista preguntaron a la crítica de moda Robin Givhan: "¿Tiene la moda la capacidad de influir en nuestro ánimo y emociones?" ¿Su respuesta? "¡Absolutamente sí!" Se dio cuenta de que cuando las mujeres necesitan algún aliciente, a menudo compran un nuevo par de zapatos o un labial. "Es una manifestación de la creencia de la gente que, si se ve mejor, se siente mejor acerca de sí misma."[15] Organizaciones como Dress for Success y Smart Works (una organización británica sin fines de lucro apoyada por Meghan Markle) son muy efectivas porque usan el poder de la ropa para cambiar la percepción, ya que nos esforzamos por mostrar nuestra mejor cara. Estas organizaciones de caridad ofrecen un servicio clave a millones de mujeres en desventaja, dándoles un atuendo profesional y asistencia de compras personalizada. Son tan útiles porque *saben* que verte bien literalmente puede cambiar tu vida.

Históricamente, vestirse bien ha sido una ventaja muy poderosa en tiempos oscuros. Hannah Betts, columnista británica, describió que ir de compras por ropa maravillosa es una manera de reconfortarse a ella y a su mamá cuando esta última estaba muriendo de cáncer. Recuerda cómo le mostraba a su mamá las prendas recién adquiridas y describe cómo la ropa significaba "alegría, menos egoísmo y la promesa de algo distinto para el futuro; era gozo y también una armadura". En la misma columna, Betts señala que después de la Segunda Guerra Mundial, cuando las víctimas del Holocausto fueron liberadas de los campos de concentración, "los observadores se dieron cuenta de que el estado de ánimo cambió y se volvió más optimista, no con la llegada de comida, sino de labiales... Sólo por medio de los adornos se restauró la sensación de humanidad".[16]

Como soy de ascendencia jamaiquina, he investigado y averiguado mucho sobre el significado del Carnaval, la bacanal de Pascua que se lleva a cabo una vez al año en distintas islas caribeñas y se llena de disfraces coloridos, bailes en las calles, fiestas y desfiles. Tradicionalmente el Carnaval ha sido una oportunidad para despojarse de las cadenas de la esclavitud; para celebrar —y reclamar— la colectividad.[17] Los esclavos caribeños eran tratados con brutalidad. Su ropa era una herramienta para acentuar su estatus social "inferior", ya que los esclavos literalmente eran obligados a vestir harapos que exhibían el deterioro y las heridas de su abuso. Eran despojados de la poca ropa que tenían, y por lo tanto los despojaban de su humanidad. La vestimenta también se usaba para distinguir al amo del esclavo, al propietario y la propiedad. Los esclavos que escapaban en busca de su libertad, entendían que la ropa era una manera de recobrar su voluntad, no sólo de verse libres, sino de sentirse libres. La colonización trajo consigo bordados, sedas, encajes y algodón al Caribe, lo cual se tradujo en el vestuario colorido y ornamentado que se usa actualmente en el Carnaval. Con el tiempo, el Carnaval continuó como una manera para los descendientes de los esclavos de volver a mirar su cuerpo, de restaurar su dignidad. Desde entonces, disfrazarse para el Carnaval ha sido elevado al rango de arte. Si no lo crees, busca en Google los atuendos que Rihanna usa en Barbados cada año. Esto no es poca cosa porque ataviarse con un vestido elaborado implica venerar el cuerpo: un reto, un desafío, una medida vívida de confrontación con el maltrato que soportó el cuerpo esclavizado durante tanto tiempo.

Mi instinto para vestirme impecable tras la agresión que sufrí; mujeres que luchan contra enfermedades graves, en busca de sí mismas y algo de paz por medio de cosas hermosas; la oportunidad de disfrazarse de manera encantadora para el Carnaval que le ofrece algo a los descendientes de los esclavos; todos estos reclamos comparten algo con el arte japonés de *kintsugi*. *Kintsugi* es el método ancestral de reparar la cerámica rota con oro, plata o platino, iluminando las grietas o fracturas de la porcelana con metales preciosos. Esta práctica data de siglo XV y, de acuerdo con los historiadores, celebra la historia particular de cada artefacto, enfatizando el lugar donde se rompió o se lastimó, dejando una cicatriz, sin intentar esconder las marcas. *Kintsugi* hace que la pieza reparada sea aún más bella, ya que le da una nueva forma y le ofrece una segunda vida.[18] Mi esperanza es que todos nos volvamos más bellos y únicos en la medida en la que sanamos. Usar ropa interesante y emocionante es una manera de subrayar —y no esconder— quienes somos: más fuertes por haber estado rotos. Brillando en oro, platino o plata.

EN CONCLUSIÓN
CONSEJOS Y APRENDIZAJES CLAVE DEL CAPÍTULO 5

- **Primero lo primero.** Tus emociones son lo *primero* que debes considerar al decidir qué ponerte. Antes que las tendencias, los códigos de vestimenta o las opiniones de los demás.
- **La ropa es una sustancia que altera el ánimo.** Interiorizamos el mensaje de nuestro atuendo. Ya sea que busques ropa básica y cómoda de algodón o vestidos de coctel energizantes, la ropa puede ayudarte a mejorar tu ánimo.
- **Si te sientes deprimida, arréglate.** Es mucho más difícil acostarte si traes puesto un vestido, aretes y tacones.
- **Prepárate, pero mantente en el presente.** Planea dos *looks* potenciales la noche anterior a un evento importante o una reunión. Por la mañana, observa tu ánimo y luego selecciona el *look* que coincida mejor con él o lo modifique, según lo desees.
- **Da pasos pequeños.** Para arriesgarte con el estilo, empieza por los detalles: intenta con un accesorio inesperado, ropa de abrigo de colores, un estampado sutil. Pon tu *look* a prueba un fin de semana, con una audiencia amigable.

CAPÍTULO 6

Colores en contexto

¿Podemos dejar de fingir que algo llegará a ser el nuevo negro?
—NORA Y DELIA EPHRON, *Love, Loss, and What I Wore*
(*Amor, pérdida y lo que traía puesto*)

Hace muchos años di una plática en el Foro de Seguridad de Kiev en Ucrania. El panel en el que participé se enfocaba en cómo la forma en que visten las personas afecta el inconsciente. El moderador, David Eades, periodista de la BBC, dijo bromeando que ese día no había dedicado ni un segundo a pensar en su atuendo. Le expliqué a él y a la audiencia que la corbata escarlata que traía puesta comunicaba capacidad, poder y liderazgo. Estuviera o no consciente de ello, eligió la corbata por una razón. Meghan Markle —molesta por la severidad de las reglas de etiqueta de la monarquía— rompió el protocolo al usar barniz de uñas negro en los Premios de la Moda Británica en 2018. (Su Majestad, la reina Isabel, usa únicamente rosa pálido marca Essie del tono "Zapatillas de ballet".) La revista *Glamour* reportó a un fan que tuiteó: "¡Vaaaaya, a Meghan Markle le vale un c...! ¿Barniz de uñas negro también? ¡ADORO A ESA GUAPÍSIMA REBELDE!".[1] Es una reacción muy fuerte para algo tan sutil como barniz de uñas. Y es una evidencia del poder del color.

EL COLOR COMO COMUNICACIÓN

Cada quien prefiere unos colores más que otros, y las preferencias individuales hablan mucho sobre la personalidad y la actitud. ¿Cómo explicamos esto? ¿Y cómo podemos usar esta información cuando nos vestimos para nuestro beneficio y para manifestar nuestras intenciones? Para empezar, ¿no sería increíble contar con una especie de decodificador de color? ¿No sería muy útil para todos una guía que nos dijera qué tonos son los mejores para los eventos importantes, como una entrevista de trabajo, una reunión para conocer a la suegra o una primera cita? Bueno, pues eso es justo de lo que se trata este capítulo. ¡El asunto del color está cubierto!

En las páginas siguientes analizo cada color del arcoíris de la moda y explico los sentimientos y las reacciones que cada uno suele inspirar. Los repasaremos uno a uno, te asesoraré sobre el momento ideal para utilizar ciertos tonos, y te daré consejos de estilo realistas que cualquiera puede poner en práctica. Espero que después de leer este capítulo no seas tímida con respecto al color. Por el contrario, podrás verlo —y usarlo— como una herramienta esencial para armar tu estilo.

Pero primero, de manera general, hay que saber que el color no tiene rival cuando se trata de impactar en la percepción. Por ejemplo, el rojo. Seré directa, chicas: el rojo es sexy Y PUNTO. ¿Sabías que está demostrado que sólo ver el color rojo tiene efectos afrodisiacos?[2] Ése es sólo un ejemplo del poder del color en acción. He dado cursos de psicología del color y he estudiado a detalle la relación entre el espectro de color, el ánimo y el comportamiento. Veamos un caso práctico que muestra algunas de estas dinámicas.

CASO PRÁCTICO: EL IMPACTO DEL COLOR

....

Hace más o menos un año conocí a un joven llamado Andrew.* Él me buscó porque tenía roto el corazón. Su novio había terminado con él hacía poco. Además, pasaba por una etapa de transición porque estaba a punto de terminar la universidad y empezar su vida como adulto independiente. Estaba distraído y deprimido por el creciente deterioro de su relación, y sus calificaciones habían bajado a lo largo de su último semestre. Sentía que había perdido la motivación y la alegría de vivir. El momento no era ideal. En los próximos días se entrevistaría para diversos trabajos en la industria de la moda, porque esperaba comenzar a trabajar cuando se graduara. Se sentía muy desanimado, desconcentrado e incapaz de prepararse para estas reuniones tan importantes. Andrew y yo apenas tuvimos tiempo de sentarnos a platicar los detalles de su ruptura. La mañana en que nos vimos por primera vez tenía una importante entrevista para obtener una pasantía remunerada.

Receta de estilo

El tiempo era esencial, así que decidí enfocarme en la moda, incluso antes de indagar más en el contexto o las emociones de Andrew. Dije: ¿Cuál es la manera más rápida de levantarte el ánimo para que arrases en la entrevista? De inmediato estuvimos de acuerdo en un llamativo atuendo: una camisa abotonada color amarillo neón y pantalones grises. Esta prenda no era inapropiada, ya que la compañía a la que Andrew quería entrar impulsaba la expresión individual. Teoricé que el neón impactaría su sistema y lo revitalizaría, como desfibrilador en una sala de emergencias. Mi receta fue: "Ríe ahora, llora después". Le insistí que regresara a verme la semana siguiente y le dije: "La única manera en que esto no resulte problemático es que los dos lloremos después". A la semana de su entrevista (que estuvo muy bien: me contó que se sintió seguro de sí mismo, ¡y que le habían dado el puesto!), finalmente nos sentamos a platicar sobre sus sentimientos. Pero primero habíamos impactado en su sistema con color, porque necesitaba una descarga de energía para afrontar la abrumadora situación que atravesaba.

Cuando Andrew se vio a sí mismo en neón se motivó a ajustar su estado de ánimo a este color y se sintió más optimista. El arcoíris y los colores brillantes en general tienen un significado cultural dentro de la comunidad LGBTQIA+. Comunican orgullo y resiliencia. En ese momento en particular, para poder lidiar con el estrés Andrew necesitaba compartimentar su decepción amorosa. Insistí en que regresara a verme porque si hubiera usado ropa sólo para suprimir, enmascarar o esconder sus emociones, con toda seguridad habrían brotado después de manera negativa o a través de algún comportamiento dañino. (Andrew me dijo que se sentía inclinado a buscar sexo casual cuando se contrariaba o si algo amenazaba su autoestima.) Creo que el brillo neón de su camisa ayudó a levantar su ánimo de manera temporal, y redirigió su atención fuera del oscuro abismo. Pero su ropa era una curita, no una solución permanente a sus problemas.

¿Cuál es la lección? Un color brillante te puede levantar el ánimo y ayudarte a sobresalir en una competencia. Puedes intentarlo con un bodysuit rosa intenso con unos pantalones blancos, o una bolsa cruzada anaranjada sobre un abrigo color camello. No es necesario forrarse de fosforescente de pies a cabeza. Pero recomiendo muchísimo el uso de color si necesitas reanimarte y hacerte notar.

COLOR Y CRIMEN

Todo el tiempo nos confrontan los colores, pero las interpretaciones que nuestro inconsciente hace de ellos pueden provocar que nos comportemos de manera extraña. (¿Vieron lo que hice?) Por lo tanto, es importante recordar que nuestras asociaciones de ciertos colores están basadas sólo parcialmente en este hecho. El resto es proyección. Por ejemplo: desde tiempos antiguos, el negro ha sido asociado con el misterio y la muerte.[3] Dormimos en la oscuridad. Los hechiceros practican la magia negra o las artes oscuras. La Muerte usa una larga túnica negra. También el asesino de la película *Scream* (*Grita antes de morir*). El color en sí mismo ha sido cargado con un dejo siniestro. Y esto puede trasladarse a la vida real. Entre 2000 y 2010, más de cien personas vinculadas con crímenes graves en Nueva York, a la hora de cometer el crimen o durante el arresto traía puesta ropa de los Yankees color azul marino o negro. "Ningún otro equipo se le acerca", escribe Manny Fernandez en *The New York Times*. El reportero agrega que algunos criminólogos y especialistas en psicología del consumidor atribuyen este fenómeno a la relación que hay entre la gorra y los raperos tipo gángster o incluso con Jay-Z.[4] Me pregunto si el color oscuro de las prendas también desempeña un papel. De las diez gorras de equipos que más usan los pandilleros, la mitad son de color negro, gris, azul marino o verde oscuro. Éstos no son colores felices o brillantes.[5] No comunican el optimismo multicolor de un video de Taylor Swift. La otra mitad de las gorras es color rojo. Esto también es notable. Por supuesto, el rojo tiene una connotación sexual y romántica, pero está también asociado con el peligro, la advertencia, la sangre y las sirenas de emergencia. El rojo es estimulante. El rojo emana acción. El rojo significa guerra.

En mi clase de Psicología del Color en el Fashion Institute of Technology (FIT), los estudiantes y yo discutimos sobre el hecho de que Trayvon Martin llevaba puesta una sudadera con capucha la noche que fue asesinado. De hecho, uno de los oficiales, quien investigaba la trágica muerte a balazos del muchacho de diecisiete años, sugirió que el chico fue señalado no por su color de piel sino por su atuendo.[6] De acuerdo con los documentos del caso, el detective de homicidios Christopher Serino "considera que cuando George Zimmerman [el vigilante vecinal autodesignado] vio a Martin con la capucha, lo consideró sospechoso".[7] En el revuelo mediático que siguió a los hechos, Geraldo Rivera declaró: "La capucha es igual de culpable de la muerte de Trayvon Martin, como lo es George Zimmerman". Las pandillas del barrio de Florida en el que habitaba Zimmerman y al cual acudió Martin para visitar a su papá, usaban sudaderas con capuchas.[8] Pero resultó que Martin era sólo un estudiante de secundaria que iba de su casa a una tienda para comprar dulces.

Después de su muerte, en señal de solidaridad y como un llamado a la justicia, legisladores, jugadores de la NBA y madres que han sepultado a sus hijos en circunstancias similares se vistieron, a manera de tributo, con sudaderas con capucha. Mis estudiantes y yo exploramos si la preconcepción negativa que Zimmerman tuvo de Martin pudo ser influida por el color de piel del joven, *en combinación* con el color de su sudadera. Cuestionamos si ambas cosas podrían siquiera ser evaluadas por separado. Debatimos si, a final de cuentas, esto último tenía relevancia.

Ésta era la pregunta a la que le dábamos vueltas: ¿la ropa oscura proyecta agresión y peligro? (Sabemos que significa muerte.) De acuerdo con un estudio de la Universidad de Cornell, publicado en el *Journal of Personality and Social Psychology*, los atletas profesionales que usan ropa deportiva negra juegan de manera más agresiva que sus compañeros que usan ropa blanca. ¿Cómo lo sabemos? Los datos reportados por la NHL y la NFL de un periodo determinado del estudio, indican que los equipos que usan uniformes negros tienen más penalizaciones. De acuerdo con los autores del estudio,[9] el simple hecho de cambiar de uniformes de cualquier color a uniformes negros tuvo como resultado un "aumento inmediato de penalizaciones". La razón (y disculparás el juego de palabras) no es blanca y negra. Los investigadores descubrieron que vestirse de negro provocaba que los jugadores se comportaran más agresivamente. Pero también concluyeron que el color generaba un prejuicio en los jueces que arbitraban los partidos. Parece ser que una vez que los jugadores se ponen negro, los oficiales en posiciones de poder interpretan sus acciones como más agresivas y consideran que merecen más castigos.

Estamos lidiando aquí con un desequilibrio de poder. El hecho de que los jugadores se sientan inspirados a jugar más agresivamente al vestir de negro es un asunto que merece ser examinado. Pero los jugadores no deberían cargar con toda la responsabilidad por este cambio de dinámica. Debemos aceptar la interpretación subjetiva de los árbitros que, después de todo, son humanos con prejuicios inherentes. Creo que la gente tiene prejuicios contra el color negro. Cultural e históricamente, se nos enseña que interpretemos todo lo negro como malo, negativo o demoniaco, mientras que el blanco se ve como puro y angelical. El que percibe debe darse cuenta de esto. Un jugador ambicioso vestido de blanco puede ser percibido como asertivo (una característica positiva), mientras que un jugador en un uniforme negro que se comporte de la misma manera puede ser percibido como agresivo (una característica negativa). Esta diferencia tiene consecuencias en la vida real.

Por supuesto, el negro también representa luto y depresión (un día negro, un perro negro). Pero para legiones de neoyorquinos, seguidores de Audrey Hepburn y fanáticos de la moda minimalista, simplemente es el color más genial. ¿Así que si lo usas serás percibido como gótica o como glamorosa? ¿Como macabra o como urbana? ¿Cómo sabes si el color que estás usando envía el mensaje que quieres, tanto a ti como a los demás? Conozcamos a una clienta que necesitaba claridad en cuanto a su elección de colores.

CASO PRÁCTICO: VÁLGAME DIOS

Hace algunos años trabajé con una clienta llamada Marion* que siempre usaba ropa negra y gris oscuro. Se acercó a mí buscando ayuda para romper esta rutina de color porque le aburría ese uniforme. Pero al repasar su clóset, se resistía a la idea de separarse de sus suéteres oscuros, con los que se sentía familiarizada. Percibí que cada vez que mencionaba la posibilidad de donarlos, ella se contrariaba. Cuando empezamos a platicar un poco más sobre su vida nos dimos cuenta de que su apego con los colores oscuros había comenzado hacia una década, poco después de la muerte de su esposo. Le señalé que el negro está asociado con el luto. Me sorprendió (y a ella también) descubrir que ella jamás había hecho esta conexión de manera consciente.

Le expliqué el concepto de periodo de contacto emocional, que se refiere a ese lapso que necesitamos para sentirnos conectados con un asunto, antes de que baje la intensidad de esa sensación. Me pregunté si ella necesitaba un periodo de contacto emocional más prolongado para conectarse con su pérdida. Le sugerí que considerara que el luto no opera en un tiempo lineal ni voluntario, y que no estamos obligados a "superar" nuestros sentimientos después de que haya pasado un tiempo determinado, un año, por ejemplo.

Receta de estilo

Le sugerí a Marion que hablara sobre su dolor, que ahondara sobre el hombre al que ella llamaba su "único y verdadero amor", y sí, que usara ropa negra. Cuando reconoces tus emociones eres capaz de moverte a través de ellas. Vestirse de colores oscuros era una manera de vivir sus emociones. Una vez que Marion aceptó todo esto pudo abrirse a la idea de sanar y continuar con su vida, y poco a poco incorporó más color en su guardarropa. Como Marion se sentía aún incapaz de deshacerse de todas sus prendas oscuras le sugerí que introdujera detalles de color con los accesorios. Y lo hizo con gusto. Añadir pequeñas dosis de color a su océano negro le ayudó a visualizar el siguiente capítulo de su vida.

....

COLOR Y CULTURA

¿Lista para una revelación? Los hombres y las mujeres ven, literalmente, las cosas distintas. Los hombres son menos capaces que las mujeres de percibir las diferencias de color. (Esto se debe a las diferencias neuronales en la corteza visual del cerebro.)[10] Ocho por ciento de los hombres del norte de Europa es daltónico (incapaz de distinguir entre el rojo y el verde), mientras que sólo 0.5 por ciento de las mujeres lo es.[11] Ése es el hecho biológico. Pero las asociaciones de color son también culturales e históricas. Muchas de nuestras conexiones emocionales con el color

—ponerse blanco de miedo, verde de envidia o sumergirse en el negro del olvido— datan de hace siglos. Sin embargo, las tradiciones consideradas indiscutibles, como que las novias vistan de blanco, pueden rastrearse a momentos o movimientos históricos específicos. En este último caso, al vestido de bodas de encaje blanco marfil de la reina Victoria en 1840. Antes de Victoria, las novias usaban colores brillantes como el rojo. El blanco estaba reservado para el luto (y en algunas culturas orientales sigue siendo así hasta el día de hoy).[12] Usar una tela que puede mancharse con tanta facilidad demostraba la riqueza de la reina veinteañera y que podía darse el lujo de limpiarla.[13]

Todos estos ejemplos ilustran la manera en que nuestras asociaciones con el color, modernas y occidentales, parecen estar grabadas en piedra, cuando en realidad son simples modas y tradiciones. Como lo señala Valerie Steele, directora del Museo del FIT, el color es un constructo social. En 2018 ella curó una exposición dedicada por completo al rosa en la moda y citó al historiador Michel Pastoureau: "La sociedad es la que 'hace' el color, lo define, le otorga significado. El color no tiene un significado objetivo. El color es lo que hacemos de él".[14]

Saber todo esto le da sentido al hecho de que diferentes sociedades le asignen a los colores significados no sólo distintos, sino a veces divergentes. Distintas culturas, distintos códigos. He aquí un ejemplo: investigadores exploraron la terminología de los niños de la tribu de Himba, al norte de Namibia, y la compararon con la de niños británicos de la misma edad. Resultó que los colores que los niños británicos reconocían como rojo, anaranjado o rosa, son categorizados en una sola palabra en Himba: *serandu*. Los niños Himba también usan una palabra, *zoozu*, para describir una variedad de tonalidades que en inglés podría ser azul oscuro, verde oscuro, café oscuro, morado profundo, rojo oscuro o negro.[15] En Estados Unidos, los prisioneros usan anaranjado. En el sureste de Asia lo usan los monjes. Los *fashionistas* occidentales consideran en general que el negro y el blanco son elegantes y sofisticados, mientras que los patrones coloridos y de estampado animal son... otra cosa. Global. Tribal. Étnico. Distinto. Pero si me preguntas a mí, ésa es una forma muy aburrida de ver el mundo.

El color tiene también asociaciones de género: cuando los futuros padres se emocionan tanto con la fiesta —rosa o azul— para revelar a la familia el sexo de su bebé es un buen ejemplo de ello. Dividir a los sexos en rubros de color es una completa invención. Hasta el siglo XX, los bebés occidentales usaban blanco. En algún momento, el azul fue para las niñas y el rosa para los niños. He aquí un fragmento de un artículo de *Earnshaw's Infants' Department*, un catálogo de ropa para bebés, publicado en junio de 1918: "La regla generalmente aceptada es que el rosa es para niños y el azul para niñas. La razón es que el rosa, al ser un color más fuerte y decidido, va más acorde a los varones, mientras que el azul, siendo más delicado y refinado, le queda más bonito a las niñas".[16] Hoy en día consideramos que la verdad es lo opuesto, gracias al marketing masivo posterior a la Segunda Guerra Mundial y que se estableció definitivamente en los años ochenta.

En la moda hay, a grandes rasgos, diez categorías básicas de color similares a las del espectro ROY G BIV, o espectro arcoíris, que nos enseñan en la escuela: rojo, anaranjado, amarillo, verde, azul, morado, rosa, café, negro y blanco. (Para los curiosos, yo planteo que los colores compuestos más comunes, como el gris, el turquesa y el coral, provocan emociones similares que sus colores base: negro-blanco, azul-verde y rojo-anaranjado, respectivamente.)

En las páginas siguientes, analizo cada color del arcoíris de la moda para ayudarte a comprender el mensaje que proyecta. Te aconsejo sobre los colores que debes seleccionar para complementar tu ánimo y alcanzar tus objetivos. Elegir qué color usar es una decisión más sutil, emocional y significativa de lo que creemos. Pero el color puede ser un poderoso aliado. Te invito a que seas audaz. Expándete. Sí, se necesita seguridad para atreverte a llamar la atención, y eso es exactamente lo que algunos colores hacen. Pero si te animas, usar color es un riesgo de estilo con grandes recompensas. Con una comprensión más profunda de lo que significa el color, de lo que detona en ti y en otros, tendrás otra poderosa arma en tu arsenal, y una perspectiva más informada de cómo acercarte a tu clóset.

ROJO

El rojo es intenso. El rojo es romance y peligro, fuego y furia, en igual medida. Piensa en la película de *La letra escarlata.* Las opresivas túnicas rojas de *The Handmaid's Tale* (*El cuento de la criada*). Atrevida lencería de encaje. Rosas rojas. Un estudio demostró que las mujeres que vestían de rojo en un bar eran abordadas por más hombres, que si llevaban puesto cualquier otro color. En otro estudio, los hombres eligieron sentarse *más cerca* de una mujer que traía una camiseta roja, que de otra que vestía de azul.[17] Un estudio más mostró que los hombres tienden a dejar *mejores propinas* a las meseras con camisetas rojas que a aquellas con otros colores.[18] (El color de las camisetas no tuvo efecto en el monto de las propinas que las mujeres dejaron a quienes les servían.) El simple hecho de cargar una laptop roja o pararse enfrente de un muro rojo arrojó resultados en los que las mujeres eran calificadas (de nuevo, por los hombres) como sexualmente más atractivas, que aquellas que llevaban computadoras color plata, negras o azules, y se paraban frente a paredes de otro color que no fuera rojo.[19]

A través de una combinación de condicionamiento social y factores biológicos, parece ser que muchos hombres occidentales relacionan el rojo con la sexualidad, la fertilidad y/o el romance. Culturalmente, vemos esto en práctica en las zonas de tolerancia iluminadas con luz roja, en los labiales rojos, en los emoticones de corazón rojo, en la canción "La vida en rosa", en el día de san Valentín y en la triple X roja para indicar contenido pornográfico. El rojo es festivo y es protagónico en las celebraciones. Una leyenda urbana dice que los conductores de automóviles rojos reciben la mayor cantidad de multas por alta velocidad (aunque las pruebas de ello son escasas). El rojo acelera el corazón (literalmente). En Occidente, debido a su relación con nuestra fuerza vital —la sangre—, el rojo simboliza pasión, vigor, emoción, energía, valentía y acción. Su asociación con la buena salud y la vitalidad (mejillas sonrosadas) explica por qué los talismanes y las piedras rojas como los granates y los rubíes han sido usados históricamente como protección ante la enfermedad.[20] En Japón, aún se cree que el rojo tiene el poder de repeler la maldad.[21] De hecho, en muchas culturas occidentales, el rojo es indicador de prosperidad, buena fortuna y alegría. En India, las novias usan rojo y el *sindoor*, un polvo rojo-anaranjado, se aplica a su cabello durante la ceremonia como significado de que ya están casadas.[22]

El rojo representa choque y conflicto, como cuando la sangre se derrama (muchas naciones tienen banderas con rojo), representa ira (rostros rojos indicando un temperamento incendiario) y peligro (¡ALTO!). Tan sólo al *mirar* el color se incrementan nuestro metabolismo y ritmo respiratorio, y aumenta la adrenalina.[23] Equiparamos el rojo con peligro de vida o muerte —el rojo envía destellos— para que cuando lo veamos nos aprestemos a luchar o a huir, dando como resultado estas respuestas psicológicas. El rojo es al mismo tiempo invitación (el rubor del primer amor, la cara colorada de un niño) y advertencia (bandera roja), un significante de ira (ver rojo). El rojo es intenso. El rojo no es tímido. No es sutil. Así que, ¿cuándo y cómo debes desplegar su poder de fuego?

Cuándo usar rojo

Cuando se trata de moda, el poder del rojo puede ser complicado. Usarlo puede darte más que lo que buscabas y menos de lo que deseabas. Así que consideremos la manera de utilizarlo de la forma más efectiva posible. Muchos de nosotros aprendimos que el rojo comunica fuerza y poder, pero como está erotizado, especialmente para las mujeres, puede mandar señales no tan deseables; por ejemplo, en un contexto laboral. Es un color de poder, pero sugiero que procedas con cautela cuando lo uses en el trabajo. Un vestido rojo entallado puede ser demasiado para una entrevista o interpretado como escandaloso en un contexto corporativo. De hecho, de acuerdo con la Universidad de Rochester, en escenarios competitivos como un examen escrito o un evento deportivo, su sola presencia puede llevar a que te desempeñes peor. (¡Quizá quieras deshacerte de esa mochila roja!) Y hablando de escenarios competitivos, sabemos que el rojo aumenta la percepción del atractivo femenino en el sexo opuesto, pero las mujeres pueden juzgar a otras mujeres que usan rojo como amenazantes o lascivas.[24] Una pequeña dosis de rojo en unos aretes o algún acento en una mascada de seda o en los zapatos, puede dotarte de una pizca de temeridad sin lanzarte a la zona de peligro. En un ámbito más personal, si buscas captar la atención romántica de alguien, o si vas a una fiesta o a un bar con la intención de atraer a alguien, no pasarás desapercibida si vas de rojo.

ANARANJADO

Últimamente, el anaranjado quemado y el caléndula han tenido un gran éxito en las pasarelas. En Occidente asociamos este tono brillante con la frescura, la diversión, el humor, la luz del sol, y, por supuesto, las dulces y jugosas naranjas de Florida. En las culturas orientales, el anaranjado simboliza felicidad y espiritualidad. En Tailandia, Camboya y Sri Lanka, los monjes budistas portan túnicas anaranjadas porque los tintes vegetales con los que las tiñen están disponibles en la región.[25] Sin embargo, la imagen de los monjes está estrechamente relacionada con el naranja; y la asociación de este color con la sabiduría, el sacrificio, la santidad, es indeleble. El anaranjado tiene otras connotaciones menos santas. Es sinónimo de basura plástica, uniformes de prisión y mano de obra barata (por ejemplo, en la serie *Orange Is the New Black*). Cuando se combina con el negro, el color invoca de manera instantánea la Noche de Brujas y las celebraciones de Halloween. No hay ningún otro color que sea tan divisorio. El anaranjado oscila desde buen gusto hasta lo más ordinario.

Cuándo usar anaranjado

Todavía se buscan datos duros y evidencia que confirmen que, al ver el color anaranjado, nos sentimos alertas, y al ver azul, calmados, debido a que son colores que asociamos con los ciclos naturales del día y la noche. En mi experiencia en el diseño y la moda, el anaranjado *puede* hacer maravillas por la vitalidad. Considéralo como la vitamina C de tu guardarropa. Si te falta motivación y no quieres hacer ejercicio, usar anaranjado puede cargarte de una energía efervescente al instante. No puedes menos que sentirte viva si usas anaranjado. Adoro la forma en que un traje de baño anaranjado resalta sobre la piel morena. Una chamarra anaranjada de plumas sobre blancos cremosos invernales es una delicia *chic*. Un suéter coral o caléndula sin hombros se ve maravilloso con un par de jeans azul pálido de cintura alta. Ponte mocasines anaranjados de piel y el resto de tu atuendo en tonos neutrales monocromáticos. En el nivel práctico, dada la alta visibilidad del anaranjado y por su contraste en entornos naturales (piensa en los astronautas con sus trajes, los chalecos de los oficiales de tránsito, los conos de precaución), es un color ideal para los fanáticos de las actividades al aire libre.

AMARILLO

En muchas culturas, este tono alegre simboliza felicidad, gozo y esperanza. Empezando con la Dinastía Qing (a mediados del siglo XVII) en China, el amarillo se convirtió en el color de los emperadores y estaba reservado para la familia real.[26] En tiempos modernos se asocia con frescura, pulcritud y limpieza. Piensa en recipientes con limones en una cocina de mármol blanco y brillante. Lemon Pledge (el lustrador de muebles). El inocente optimismo de Abelardo en Plaza Sésamo. La traviesa niña Harajuku con una mochila de Pikachu a la espalda. Pero el amarillo también puede tener connotaciones menos luminosas. Está asociado con cobardía, precaución y con las tiras de plástico que acordonan las escenas de crimen. Es el tono icónico de los trajes para el manejo de material peligroso y del cráneo cruzado por dos huesos que etiqueta los contenedores de residuos tóxicos. Los antihéroes usan trajes de plástico amarillo para cocinar metanfetamina en *Breaking Bad*. Hace poco, en Francia, los chalecos amarillos (requeridos por ley para usarse por cualquiera que estuviera involucrado en un accidente de tránsito) fueron usados por una multitud de manifestantes demandando todo, desde precios más bajos en los combustibles hasta la renuncia del presidente Emmanuel Macron. Con su connotación de clase trabajadora (piensa en los obreros de la construcción con sus chalecos amarillos), Vanessa Friedman, de *The New York Times*, lo llamó "una de las prendas más efectivas de la historia". El tono dominó las fotos aéreas de las protestas, y tal como señalara Friedman, era "imposible pasarlos por alto incluso en las pantallas más pequeñas de las redes sociales [...] era ampliamente entendido como una señal de alarma".[27]

Cuándo usar amarillo

Con su vibra de carita feliz de emoji de no-te-preocupes-y-sé-feliz, el amarillo puede infundir en el portador un aura de alegría y amabilidad. Si enfrentas una situación social estresante —como conocer a tus suegros por primera vez o mudarte a una nueva ciudad y hacer nuevos amigos— vestirte con algún detalle de amarillo puede transmitir una sensación de simpatía. Pero unas palabras sabias: una pizca de amarillo logra mucho; no necesitas forrarte de pies a cabeza para cosechar sus frutos. Un suéter amarillo brillante combina muy bien con la mezclilla. El calzado deportivo amarillo neón añade un toque moderno a un vestido *slip* con una camiseta debajo. Un vestido de coctel color mostaza con sandalias doradas brillantes será un buen tema para iniciar una conversación. El amarillo es mi color base para subir el ánimo. ¡Es muy difícil enojarse si llevas amarillo puesto! Si eres maestra y trabajas con niños, si eres papá o mamá y te toca hacerte cargo de un grupo de niños, no puedes equivocarte si usas este alegre color. Usa un grueso suéter amarillo de cuello de tortuga y unos jeans de tubo. Buen día, rayito de sol.

VERDE

El verde es ese extraño color que significa virtualmente lo mismo en todo el mundo. Gracias a su asociación con el mundo natural, significa primavera, fertilidad, esperanza, renacimiento y regeneración. En Occidente, es el color icónico de la buena suerte y la conciencia ecológica. Incluso la palabra *verde* es la manera rápida de referirse a los productos y prácticas amigables con el medio ambiente. Por supuesto, *verde* también puede significar inocencia, ingenuidad e inexperiencia. La Ciudad Esmeralda en *El Mago de Oz*, donde Dorothy busca algún tipo de guía divina, tiene origen en la utopía celestial que puede rastrearse hasta la astrología, en la cual el verde es el color de la sabiduría.[28] En la cultura china, la jadeíta, la cual es a menudo de un verde brillante, es el material más valioso y preciado (como el oro en Occidente). Debido a su aparente indestructibilidad, ha sido usada históricamente como un símbolo de riqueza, poder y estatus.[29] Cuando se mira de forma menos positiva, el verde se asocia con envidia y avaricia. Celos = el monstruo de los ojos verdes. De cualquier modo, el verde cubre mucho territorio común. Ya sea que hablemos de prosperidad o avaricia, el dinero hace girar al mundo.

Cuándo usar verde

En mi opinión, el verde significa *siga,* ya sea que vayas manejando o lo uses en tu ropa. No puedo pensar en muchas situaciones de la vida real en las que usar verde esmeralda, verde botella u ocre verdoso sea de mal gusto. A últimas fechas, Lizzo, Zendaya y Sarah Paulson han salpicado de color limón la alfombra roja de forma memorable. El verde combina de manera hermosa con otros tonos. Si quieres probar la tendencia de combinar tu ropa por bloques de color, puedes elegir un overol verde olivo, con una gabardina turquesa alrededor de tus hombros. Un vestido *slip* de satén verde hoja es perfecto para cualquier fiesta, en especial debajo de un blazer con buena estructura. Una vez más, el rojo no es el único color poderoso. El verde puede enviar un mensaje de fuerza y prestigio menos amenazante. Si vas a dar una presentación o debes lidiar con cualquier forma de fobia social, quizá te sientas tentada a usar negro porque en general es muy halagador, una apuesta segura y muy difícil de verte inadecuada. Sin embargo, el verde simboliza estabilidad y confianza y puede inspirar inconscientemente una asociación con ingreso (y quizá, sólo quizá, la habilidad de alguien para generarlo). La próxima vez que necesites impresionar a alguien, prueba con una falda de tubo verde con una blusa blanca y tacones de gamuza color caramelo. El verde no sólo invoca elegancia y sofisticación, usarlo puede también ayudarte a (*cof*) tener suerte con el sexo opuesto. Recientemente invité a Sacha Moon, maestra reiki y clarividente radicada en Londres, a dar una conferencia en mi clase de Psicología del Color. Ella explicó que la gente usa ciertos colores, e incluso los come, para alinear sus chakras (los centros de poder espiritual en el cuerpo humano, según los antiguos textos hindúes). Cada chakra posee un color, y cada uno corresponde a órganos específicos y a áreas emocionales, psicológicas y espirituales de la persona. El color del chakra del corazón es verde.[30] Por lo tanto, si tienes el corazón roto, puedes usar verde, meditar con piedras verdes o comer alimentos verdes para sanarte y darte amor. ¡Así que a comer verduras! La pizca de sal es opcional.

AZUL

En Occidente el azul ha sido tradicionalmente asociado con la paz, la calma, la serenidad, la tranquilidad y el reflejo del mar y el cielo. Un estudio en la revista *Evidence-Based Complementary and Alternative Medicine* sugiere que la exposición a la luz azul puede disminuir el ritmo cardiaco y los niveles de estrés.[31] De acuerdo con una encuesta realizada por la compañía británica Travelodge, las personas que duermen en recámaras azules promedian casi *dos horas más* de reposo por noche que quienes duermen en cuartos cafés o morados.[32] Otro dato aún más fascinante: las luminarias azules en las calles instaladas en Glasgow, Escocia, al igual que las de las plataformas de los trenes en Japón, resultaron en una menor incidencia de crímenes y suicidios en esas áreas. Según *Psych Central*, lo anterior puede deberse a la asociación del azul con la presencia policiaca.[33] El azul es también referencia de confiabilidad ("*true blue*", o azul verdadero), confianza y autoridad (piensa en los uniformes de la Marina, en el logo de Citibank). El azul marino es un color conservador, corporativo: elegante, clásico y fuerte. Los azules más brillantes tienen dejos de romanticismo. En la tradición estadunidense, las novias usan algo azul el día de sus bodas; el famoso Diamante Hope es azul profundo, igual que el "Corazón del Océano" de la película *Titanic*. El zafiro de compromiso que Kate Middleton heredó de la princesa Diana también es azul. Por supuesto, el azul simboliza la melancolía. La expresión en inglés para decir que estamos profundamente tristes es "sentirse azul" ("*feeling blue*", "*blue mood*" o "*baby blue*"). El Periodo Azul de Picasso es un ejemplo de esto. De hecho, algo tiene la vibra celestial del azul que lo coloca en el rango de lo metafísico. En el hinduismo, este color se asocia con la inmortalidad y con el dios Visnú, quien es azul.[34] Hoy en día, los populares amuletos azules "ojos de Dios" se usan para resguardarse de la negatividad o la envidia y tienen su origen en el antiguo Egipto.[35]

Cuándo usar azul

Vístete de azul en cualquier momento que estés buscando calma o que desees proyectar autoridad y poder. Si los demás te perciben como alguien fuera de control, usar azul oscuro puede ser una manera de demostrar que en realidad llevas las riendas. El azul es el color preferido de los hombres.[36] Así que, si necesitas impresionar una audiencia mayoritariamente masculina (por ejemplo, en una sala durante algún tipo de entrevista o un proceso de aplicación), usar una tonalidad conservadora y tradicional —un traje azul marino de saco con hombreras marcadas y pantalón— puede ayudarte a mostrarte confiable y competente. Si te sientes exhausta, busca la serenidad del azul para calmarte y centrarte. Recurre al azul cuando necesites que te tomen en serio. Pero no tiene que ser soso: el azul de la flor nomeolvides y el azul cobalto han estado de moda durante algunos años y son una forma segura de añadir detalles de color a tu guardarropa, ya sea con unos botines de piel de víbora, cinturones ultradelgados de piel o una bolsa de asa larga tipo *bucket*. El azul se ve fabuloso con colores metálicos, negro o blanco. Un top tipo marinero con sus clásicas franjas azules y blancas es una prenda neutral (J.Crew tiene unas increíbles); usa una para atenuar una falda ajustada de estampado animal o para quitarle el tono formal a una falda pantalón negra de piel. Añade un poco de joyería ostentosa y listo.

MORADO

Como es poco frecuente en la naturaleza, así como históricamente difícil y caro de producir, el morado ha sido la bandera de reyes y reinas, y alguna vez estuvo al alcance sólo de uno por ciento de la población. Los ciudadanos romanos lo tenían prohibido bajo pena de muerte porque el morado estaba reservado para el emperador. Alejandro Magno y otros miembros de la antigua realeza usaban túnicas empapadas en tinte de púrpura de Tiro, que sólo podía fabricarse aplastando las conchas de unos escasos y valiosos caracoles de mar #CantMakeThisStuffUp (#Imposible DeInventar). En el Imperio bizantino, los gobernantes usaban largas túnicas moradas y firmaban sus dictámenes con tinta del mismo color.[37] La reina Isabel I prohibió por ley que cualquiera, excepto los miembros de su familia más cercana, usaran este llamativo tono.[38] Hoy en día, el morado se sigue asociando con un alto valor. (Por ejemplo, el Purple Heart, o Corazón Púrpura, la condecoración militar otorgada en Estados Unidos y que confiere un altísimo honor.) También tiene asociaciones místicas, mágicas, espirituales y sobrenaturales, lo cual explica su relación con la inspiración creativa. Después de tantos siglos, mantiene su vínculo con la realeza, la riqueza, la ambición y la fama. Se cree que puede estimular la mente, inspirar la creatividad e incluso la musicalidad. Tan sólo pregúntale a un fan de Prince.

Cuándo usar morado

De todos los colores en el canon de la moda, el morado posee la personalidad más extravagante. El morado es la Tiffany Haddish de los colores: *She ready!* Si estás por embarcarte en un proyecto creativo, quieres sentirte elegante o deseas adentrarte en tu mundo espiritual, el morado es el color correcto para hacerlo. Ponte unos jeans color lavanda con un suéter rosa pastel, una boina de un morado tenue que complemente un atuendo totalmente gris, o una bolsa de gamuza morada para reavivar los *looks* monocromáticos. Alguna vez trabajé con un músico que quería tener una sensación de euforia y hacer fluir su creatividad mientras componía, sin tener que usar estupefacientes, como lo había hecho en el pasado. Le aconsejé que pintara de morado las paredes de su estudio. ¿Y adivina qué? ¡Sí le ayudó! (Al menos terminó su álbum a tiempo.) Hablando de realeza, el morado es el color del chakra de la coronilla, el cual

---

* *¡Lista para lo que venga!*, nombre de su famoso especial de *stand up comedy.* (N. de la T.)

gobierna la mente. Así que, en teoría, vestirse de morado podría hacerte sentir más cerca de Dios o de tu propio poder superior. Prince estaba tan comprometido con este tono que se apropió de él y lo convirtió en parte de su imagen; en una ocasión pintó su casa en West Hollywood con franjas moradas, y lo demandaron por ello.[39] No se puede negar que él hizo de la música, el misterio, la magia y la realeza su marca personal.

ROSA

El rosa es al mismo tiempo un favorito de la "gente fresa" y posee un dejo de subversión. Tanto la canción "PYNK", de Janelle Monáe, como "Pink", de Aerosmith, son piezas acerca de los órganos reproductivos femeninos; también lo fueron las gorras tejidas de la Marcha de las Mujeres de 2017 en Estados Unidos. El rosa envía un poderoso mensaje, pero el contexto lo es todo. Tradicionalmente, el rosa comunica inocencia y feminidad. Es delicado, nada amenazante y de "niña". En Suiza, las celdas en prisión están pintadas de rosa en un esfuerzo por calmar a las internas. Algo similar hizo la Universidad de Iowa: pintó de rosa los baños y casilleros para los equipos visitantes, con la esperanza de colocar a los oponentes en un "modo pasivo".[40] Algunas esposas famosas en el mundo de la farándula se han presentado, como avalancha, vestidas como algodones de azúcar extraídos del manual básico para el uso del rosa de Jackie Kennedy, a fin de posicionarse como lo que un crítico de moda denominó el "poder adyacente". En esta marea de momentos mediáticos, Melania Trump, la reina Rania de Jordania, Meghan Markle y otras mujeres prominentes, usaron rosa pálido para aparentar conformidad, disminuir su presencia y permitir que brillen los hombres que realmente tienen el poder. Considerada como una reafirmación de las estructuras patriarcales, su elección de color fue apodada por Isabel Jones, de la revista *InStyle,* como "rosa copiloto".[41] ¡Y todo esto, al contrario de lo que sucedía hace algunos siglos cuando el rosa era un color de poder! Valerie Steele, del Museo del FIT, señala en su exposición *Pink: The History of a Punk, Pretty, Powerful Color* (*Rosa: la historia de un color punk, bonito y poderoso*), que tanto en los trajes para caballero como en los diseños de interiores "el rosa era un color unisex muy a la moda en el siglo XVIII en Europa, en contraste con los siglos XIX y XX en los que el rosa fue codificado como 'femenino'". En Japón y en India —y últimamente en Hollywood— se usa de manera regular por hombres y mujeres.[42]

Cuándo usar rosa

Estamos en una era que me gusta llamar *rosa postmillenial*. El rosa es el nuevo negro. Se ha despojado de su empalagosa dulzura, de su subtexto híper feminizado, y ha vuelto para vengarse. Ahora el rosa es oficialmente neutro. Es no binario. No está encadenado a las lindas princesitas, Mi Pequeño Pony o Barbie. En 2019, Cardi B portó un traje rosa y altísimos tacones del mismo color, para presentarse en la corte. Hemos recuperado su poder y hemos redefinido su significado. En términos de cómo integrarlo a un estilo, el rosa funciona igual que un color neutro. Úsalo de pies a cabeza. Arriésgate o no hagas nada. Ponte una gabardina de un rosa vibrante o una capa rosa pastel, combina bloques de color de un traje de seda rosa invernal con un bolso de mano de flecos color coral. O evoca a J.Lo / Rihanna / Kendall Jenner con un explosivo vestido de noche de tul color fucsia. Los hombres deberían sentirse empoderados al usar rosa, sin importar su orientación sexual. Me encanta un hombre con un traje de lino rosa para una boda en un clima cálido.

NEGRO

El negro es un misterio. Si está tan estrechamente ligado al peligro, la muerte y el luto, ¿por qué nos sentimos tan inclinados a usarlo? Es el color icónico de Drácula, las brujas, la plaga (alias, la Muerte Negra), la mala suerte (los gatos negros) y la inconsciencia involuntaria (un desmayo). Y, sin embargo, es sinónimo de elegancia y sofisticación, y prácticamente la mitad de la población neoyorquina le ha jurado lealtad. Nuestra atracción hacia el negro puede provenir de dos cosas irresistibles para los compradores, principalmente mujeres: lujo y adulación. Hemos interiorizado la idea de que el negro adelgaza y, por lo tanto, nos hace más atractivos. Para citar a Coco Chanel: "El negro lo tiene todo".[43] Nos llena de confianza. Desvía la atención no deseada. Da la impresión de ser serio, fuerte y estar en control. Está desprovisto de cursilería o frivolidad, es el color con más poder y ofrece un pase rápido para quienquiera que lo asuma como propio. El negro dice: *Yo me hago cargo.* Y también: *No te metas conmigo.* "Pero, sobre todo", como dijo el diseñador Yohji Yamamoto para *The New York Times*, "el negro dice: 'Yo no te molesto, ¡tú no me molestes!'."[44]

Cuándo usar negro

Cuando pensamos en usar negro (vestidos negros básicos, una camiseta, jeans), asumimos que no hay posibilidad de equivocarse y que es a prueba de tontos. Pero es una manera errónea de pensar. (Y si sirve de algo mencionarlo, Anna Wintour odia el negro.)[45] A veces usar negro es aplastante y su simplicidad oscurece tus fortalezas en vez de iluminarlas. Sí, el negro puede enmascarar tu tamaño o tu peso, pero también puede hacerlo con tu personalidad y espíritu. Es fácil —quizá demasiado fácil— esconderse detrás del negro. En la vida no siempre quieres desvanecerte. Si vas a un evento de trabajo o a una fiesta en la que quieres ser notado, o al menos no pasar desapercibido, el negro no te ayudará. Sin embargo, hay formas de sacarle ventajas a la seguridad que ofrece el negro: considera un patrón floral sutil, que es lo bastante distinto como para decir: *¡Hey! Mírenme. Pongan atención.* Juega con las texturas. Ponte un top de gamuza negra, sin mangas, con un par de jeans o una camisa de tejido de ganchillo de hilaza gris con una falda de piel negra, unos pantalones de seda negra con un suéter blanco de corte de bolero o una chamarra negra de piel sobre un vestido entallado *slip*. No hay ninguna ley que diga que el negro debe ser simple.

BLANCO

El blanco es el color de la pureza y la virtud, de la inocencia y la esterilidad, de los ángeles y los hospitales, de las palomas de la paz. El blanco es virginal, inmaculado, fresco como la nieve recién caída. Y precisamente por ello puede ser tan transgresor, tan dispuesto a la subversión. A veces ciertas imágenes nos erizan la piel: piensa en las túnicas del Ku Klux Klan o en "los hombres en batas blancas" que vienen por los enfermos mentales. El blanco también puede enviar mensajes esperanzadores. Las sufragistas de principios del siglo XX vestían de blanco. Hillary Clinton les rindió tributo cuando se postuló como la primera candidata a la presidencia de un partido importante. Las mujeres del partido Demócrata del Congreso de Estados Unidos siguieron su ejemplo y visten de blanco de manera regular cuando el presidente Trump se dirige a ellas. "Usamos blanco para unirnos en contra de la administración de Trump que quiere revertir el increíble progreso que las mujeres hemos logrado en el último siglo, y continuaremos apoyando el avance de las mujeres", dijo Lois Frankel, abogada demócrata de Florida, en su declaración de 2017. "No retrocederemos."[46] ¿Ondear la bandera de la rendición? Para nada. Aunque hace mucho abandonamos la idea de la novia virginal, el blanco permanece como el color más popular de los vestidos de novia. Incluso si las novias dicen que no al *vestido*, tienden a usar blanco (mira la chaqueta Le Smoking de Bianca Jagger o el *jumpsuit* con capa de Solange). En la historia de la alfombra roja, el vestido de cisne de Björk, el traje volteado de Céline Dion y el vestido de capa Tom Ford de Gwyneth Paltrow para los Oscar de 2012, fueron grandes momentos para el color blanco en la moda. Cuando una mujer usa blanco, no hay posibilidad de que pase desapercibida, ni hay forma de pensar que no tiene algo que decir.

Cuándo usar blanco

Aunque no usemos blanco en las protestas, este color puede ser una manera de afirmar algo de manera categórica. Si en términos de moda te sientes atrapado en la rutina, usar blanco te permite empezar de cero. El blanco te da una sensación de renacimiento, un nuevo comienzo, un lienzo en blanco en el cual enfocarte en los accesorios. Sí, puedes usar blanco después del Día del Trabajo, en invierno, de día o de noche. El blanco ofrece una oportunidad para cambiar el guion. Jugar con la idea de la pureza virginal puede ser algo extremadamente sexy. Un vestido ligero blanco con una blusa vaporosa y alpargatas es un clásico *look* veraniego que muestra la piel de una forma no obvia ni vulgar. El blanco es elegante como ningún otro. Mi vestimenta básica de etiqueta es un homenaje a la diseñadora Carolina Herrera, cuyo uniforme es una impecable blusa blanca de botones, muy almidonada y una falda larga. Herrera dijo una vez: "Adoro las blusas blancas porque las siento como una mantita de seguridad. Las puedes usar con todo. Es la persona y la forma en que la usa lo que hace la diferencia".[47] Cuando voy a una gala o a algún evento elegante, me gusta usar una blusa blanca de botones con una deslumbrante falda color metálico hasta el piso. El *look* es balanceado y armónico: negocios de la cintura para arriba, y fiesta de la cintura para abajo. Es mi manera de ponerme glamorosa mientras honro el código de vestimenta y mantengo mi sentido de dignidad y control.

CAFÉ

En el horóscopo chino, el café simboliza la tierra.[48] Esta asociación es compartida por el mundo occidental. El café implica practicidad, comprensión de lo elemental, comodidad, estabilidad, confiabilidad: la sensación de estar enraizado, con los pies en la tierra. En la moda, el café toma una de las propiedades de su textura. El café satén y el terciopelo son densos, chocolatosos y suntuosos. El marrón es utilitario y acorde a lo militar. El color piel es suave y cremoso. Los beige, caramelo o grano de café son clásicos y neutrales. Un abrigo café camello o una gabardina café tostado son la encarnación de lo *chic* (ve la película *Casablanca*). De acuerdo con la biblia cibernética de la moda Who What Wear, el café "es hoy en día uno de los colores con más tendencia".[49] Si quieres una prueba de esto, ve las pasarelas primavera-verano de 2019. Kim Kardashian y Kanye West (con su colección de Yeezy Season 2 y la línea de fajas SKIMS) han construido marcas enteras basadas en tonos color piel, revitalizando los colores "aburridos", fabricándolos de materiales inesperados (látex, algodón elástico), cortes (*bikers* o *bralettes* asimétricos) o combinaciones (marrón de pies a cabeza).

Cuándo usar café

Si quieres proyectar calidez, integridad y accesibilidad, el café es tu amigo (igual que el amado abrigo de osito de peluche). El café es para madres de la tierra. He bromeado con mis estudiantes sobre la necesidad de usar un atuendo café, y no negro, si el amor de tu vida te lleva a conocer a su mamá; ¡te verás mucho más estable y confiable! Si sientes que las cosas avanzan demasiado rápido y quieres desacelerarlas y tranquilizarte, usar café puede ayudarte a sentirte centrada y con los pies en la tierra. Hace poco aconsejé a una amiga que estudiaba en la universidad y trabajaba de tiempo completo al mismo tiempo. Se sentía voluble, frenética y desconectada de su propio cuerpo cuando iba de las clases al trabajo y de regreso a casa a estudiar. Estaba tan desgastada que se sentó conmigo a llorar. Sentía que estaba viviendo en piloto automático y con el tanque vacío. Le sugerí que vistiera de café para que eso la ayudara a sentirse más presente, más apegada a la realidad. El café es terrestre, pero también puede ser celestial. Mezcla tonos y texturas para lograr un efecto totalmente suntuoso: usa un vestido *slip* de seda color cobre con sandalias repujadas de piel de cocodrilo color chocolate, y un suéter esponjado y ancho color caramelo, o un traje de terciopelo bermejo con un par de rutilantes zapatos abiertos de tacón y correa. Es como una reconfortante taza de chocolate caliente.

EN CONCLUSIÓN
CONSEJOS Y APRENDIZAJES CLAVE DEL CAPÍTULO 6

- **Coloréame de felicidad.** El color inspira reacciones emocionales. Algunos colores parecen inducir respuestas físicas (el rojo acelera el ritmo cardiaco; el azul es calmante), mientras que otros tienen fuertes asociaciones culturales (el morado es para la realeza; el verde, para el dinero). Piensa qué sentimientos quieres comunicar e inspirar cuando selecciones los colores de tu ropa.
- **Evita la rutina.** Si usas los mismos colores una y otra vez y te sientes encajonado y aburrido, busca las razones emocionales detrás de tus elecciones. ¿Te vistes con colores oscuros para llorar una pérdida, temes que te acosen en la calle si te vistes de rojo? Reconsidera tus motivaciones cuando se trate de color.
- **Los detalles son poderosos.** Para incorporar color en tu guardarropa, empieza por los accesorios. Una bolsa colorida o un par de zapatos resaltarán al lado de un atuendo monocromático (todo gris, café camello o negro).
- **Aligérate.** Los colores pasteles como el rosa pálido, el lavanda, el amarillo suave o el azul cielo son una manera menos intimidante de integrar detalles de color en tus combinaciones de ropa.

CAPÍTULO 7

Accesorios de poder

Nuestra corona ya ha sido comprada y pagada. Todo lo que hay que hacer es usarla.

—JAMES BALDWIN

¿Alguno de los lectores de este libro es fan de Cardi B? Si es así, quizá recuerden cuando perdió su amada mantita morada —seguramente un tesoro de su infancia— y publicó en las redes sociales una perorata de maldiciones hilarantes y, como acostumbra, armó todo un alboroto en internet. Poco después encontró su mantita en un clóset, pero no antes de que sus seguidores de Instagram le hicieran su propia cuenta.

Por desgracia, la mayoría de nosotros no somos Cardi B. No es socialmente aceptable que, como adultos, andemos por ahí con nuestras mantitas, chupones u ositos de peluche para reconfortarnos. Sin embargo, podemos reemplazar esos objetos de la niñez con lo que a mí me gusta llamar *accesorios focales*. Un accesorio focal es cualquier objeto que te haga sentir calmada, conectada o segura de ti misma. Es un artículo que puedes usar regular o religiosamente, o con reverencia, y que tiene un significado poderoso para ti. Quizá sea el anillo de bodas de tu abuela, tu sortija de compromiso, una bufanda tejida por tu tía favorita, un par de guantes de piel que te heredó tu mamá. Quizá nunca te quitas este artículo o tal vez sólo lo usas en ocasiones especiales. Te sentirías terrible si se perdiera o dañara. Quizá te sientes desnuda cuando no lo tienes. A menudo decimos que estos objetos tienen un valor sentimental, pero es mucho más que eso: tienen poder. No se quedan en el cajón, pasivos, acumulando polvo. Cuando los usamos todos los días (y recordamos la memoria de nuestro ser amado haciéndolo), los convertimos en parte de nuestro cuerpo, o bien, para parafrasear a William James, en una extensión de nuestro ser. Son una parte de nosotros o están conectados con alguien a quien amamos. Encarnan nuestro legado. Y por eso su capacidad de evocar una emoción es muy, muy real.

CASO PRÁCTICO: CERCA DE SU CORAZÓN

....

Un estudiante chino que conocí hace poco me explicó por qué siempre usa un collar que sus abuelos le dieron, y por qué jamás se lo quita, ni siquiera cuando se baña. Me dijo que lo siente como parte de él. Y al estar próximo a su cabeza y a su corazón, le da la sensación de que sus abuelos están con él, influyendo en sus pensamientos y emociones. Le dieron este amuleto en su cumpleaños número doce. Cuando se mudó de China a Estados Unidos para asistir a la universidad, se separó de sus abuelos. El collar le ayuda a sentirse con los pies en la tierra y conectado con su familia que está tan lejos. Usarlo también es una manera de mostrar reverencia a sus mayores: el deber filial es un valor cultural importante en China. Dijo que quitarse el collar se sentiría como el fin del mundo. Incluso imaginarse su pérdida le causaba ansiedad. Si se lo quitara, sentiría que su familia ya no está cerca de él, como si hiciera algo malo, traicionara sus raíces, y eso resultaría en mala suerte o en algún tipo de consecuencia grave. Éste es el nivel de significado psicológico con el cual ha dotado a este delicado accesorio.

....

Los accesorios focales no son exclusivos de las culturas orientales. En Occidente dotamos de sentido a las sortijas matrimoniales, las reliquias familiares, las pulseras de amistad, las patas de conejo y los ojos de Dios (como el que usa Naomi Campbell, al parecer todos los días, las veinticuatro horas, los trescientos sesenta y cinco días del año). Estos tótems tienen mucho potencial psicológico positivo. Cuando Kim Kardashian West fue a la Oficina Oval a discutir con el presidente Trump la reforma en las prisiones, usó un accesorio para calmar sus nervios: un reloj que alguna vez perteneció a Jacqueline Kennedy Onassis y que ella compró en una subasta. "Me dio poder", le dijo Kardashian West a *Vogue*. "¡Entremos y pongamos manos a la obra!"[1] Si mis clientes sufren de ansiedad, a menudo les sugiero que usen accesorios que tengan algún significado. Pueden ser potentes panaceas.

Si esta idea te gusta, pero no tienes alguna reliquia familiar ni una joya que ames lo suficiente como para usarla todos los días, ¡no te preocupes! Un accesorio focal puede ser cualquier cosa: un sombrero, una bolsa, unos anteojos, una bufanda, un cinturón o una cajita para guardar tarjetas de presentación. Siempre y cuando le asignes un valor simbólico, puede ayudarte a invocar la compostura y la seguridad en ti misma cuando más lo necesites. Cuanto más lo uses, más impactará en tu comportamiento, porque lo que fortalece su efecto es el ritual, la acción repetida, el compromiso activo de hacerlo parte de tu vida.

Mira a tu alrededor: quizás algo que te regalaron o algo que te heredó una persona querida puede interpretar este papel. Si no, *tú* puedes integrar accesorios focales nuevos y dotarlos de significado. Regalarte algo especial (no tiene que ser caro), ya sea en tu cumpleaños o por algún logro profesional o tan sólo como un emblema de aceptación de ti misma, es un acto de empoderamiento. Estos objetos crean una sensación de bienestar interior que te ayudará a proyectar equilibrio.

Todos sabemos que Elizabeth Taylor amaba las joyas. Su despampanante colección se subastó por un total de 116 millones de dólares. Pero su asistente de muchos años declaró al *New York Post,* en su sección *Page Six Style*, que esas piezas eran "mucho más que sólo joyas para la actriz.

Tenían valor sentimental. Cuando viajaba compraba de recuerdo una joya, le gustaba conmemorar los momentos".[2] Empatizo con Liz, y no sólo porque no me puedo resistir a una diva llena de diamantes. Siempre que doy una presentación o voy a una primera cita, uso brazaletes grandes. Hablo con mis manos, y sentir el peso de estos accesorios en mis muñecas me hace sentir centrada. Últimamente he estado usando los mismos brazaletes casi todos los días: uno delicado de cuentas *vintage*, y otro estilo *art déco* con cristales Swarovski. Se han convertido en una parte esencial de mi uniforme para hablar en público. Las pocas veces que he aparecido en público o he dado una clase sin ellos me he sentido nerviosa y voluble, como si una ráfaga de viento me pudiera barrer de pronto. De hecho, los terapeutas recomiendan una estrategia para transitar por un ataque de pánico que consiste en enfocarte en tu cuerpo, hacer conciencia de tu respiración, observar tus sensaciones físicas. Quizá procures aterrizar tu atención en cómo se sienten tus piernas cuando estás sentada en una silla o en la tersura particular de la pluma que sostienes en la mano. Una vez que te das cuenta de que no te irás flotando, podrás estabilizarte. ¿No es interesante que un objeto tan pequeño pueda marcar la diferencia en cómo te sientes? En este capítulo explicaré las razones de esto. Pero antes, veremos cómo decidir qué accesorios usar cuando quieres sentirte de cierta manera.

Consejos de psicología de la moda

CÓMO ESCOGER ACCESORIOS PARA TUS EMOCIONES

Michael Kors dijo alguna vez: "Siempre he creído que los accesorios son el signo de exclamación del atuendo de una mujer".[3] El punto es: ¿qué te estás diciendo a ti misma con tu atuendo, y cómo quieres enfatizarlo? He aquí una fórmula sencilla que puede ayudarte a responder estas preguntas: Si te sientes X, usa Y. Analicemos esto.

Si te sientes...

Abrumada, usa anteojos de sol.

Ponte un par de lentes oscuros, un labial rojo, un atuendo monocromático y *voilà:* glamour instantáneo. Nadie tiene por qué saber que pasaste la noche estresada (o llorando). Habrá días en que te sientes introvertida y quieres honrar ese sentimiento, pero de todas maneras debes ir al trabajo y enfrentar la carga sensorial de la vida pública. Los lentes oscuros son socialmente aceptables y una manera con estilo de colocar un escudo protector sin ofender a nadie.

Exhausta, usa una bufanda.

En climas fríos, nada brinda una seguridad tan acogedora como una bufanda tejida de estambre suave, lino o lana de *cashmere*. En climas cálidos, me encanta una mascada *vintage* de seda. Son tan versátiles que funcionan enredándolas, como chal o a manera de pañuelo en el cuello estilo París *chic*. Las bufandas son básicamente una cobija para tu cara. Te *abrazan* a dondequiera que vayas.

Sola, usa una reliquia familiar.

Ya sea un collar de tu mamá, el reloj de tu novio o el anillo de tu papá colgado en una fina cadena, las joyas que alguna vez pertenecieron a tus seres queridos pueden infundirte de su espíritu. Es sorprendente cómo puedes sentirte envuelta en amor y conectada con algo más grande que tú con tan sólo usar una reliquia familiar. Al usar algo viejo y heredado recuerdas que otros han existido antes que tú, que alguien te ha amado tanto que te ha legado algo de valor, y que esto también —sea lo que sea con lo que estés lidiando— pasará.

Desanimada, usa tacones altos.

Hay un dicho que proviene de la música country que dice: "Cuanto más alto el pelo, más cerca de Dios". Así me siento respecto a los tacones. No puedes sentirte poco sexy con unas botas largas hasta el muslo y de tacón de aguja. Debido a la manera en que los tacones alteran nuestro físico (levantan el trasero, los pies aparentan ser más pequeños y obligan a contonear la cadera al caminar), la realidad es que cualquier tacón alto hará que las mujeres sean más atractivas para los hombres heterosexuales. Un estudio francés publicado en los *Archives of Sexual Behavior* descubrió que la altura de los tacones de la mujer está directamente relacionada con la disposición de los hombres a contestar una encuesta cuando ella se les acercaba en la calle, o para recoger un guante que ella había dejado caer, y a acercarse a ella en un bar (lo cual hicieron el doble de rápido en comparación con las mujeres que usaban zapatillas planas).[4] Para muchas mujeres, la clave para sentirse sexys es sentirse deseada; los tacones aceleran este proceso. También son el extra más impráctico, lo cual (inconscientemente) puede ser atractivo para algunas personas. Cuando usamos tacones no podemos caminar largas distancias, y el lujo de pagar por un servicio de transporte o un taxi se vuele una necesidad. Los tacones son para trabajos en oficinas de pisos alfombrados, no para trabajo manual. A menudo son referentes de clase. Sonia Rykiel, diseñadora, preguntó una vez: "¿Cómo puedes vivir en la cima si no usas tacones altos?".[5]

Fuera de control, usa un cinturón.

Si vas a usar un vestido con un cinturón muy delgado o un saco con cinto estarás concentrando energía por encima del ombligo, el área conocida en los círculos espirituales como el chakra del plexo solar. Este chakra está ligado a la autoestima, la fuerza de voluntad, el placer y la responsabilidad personal. De acuerdo con un sitio sobre la anatomía de los chakras, si éste se encuentra en desequilibrio puedes experimentar una caída en tu auto-estima, tener problemas de control o arranques emocionales provocados por el estrés.[6] Si te tratas a ti o a los demás pobremente, buscando alivio en la comida poco saludable o las drogas, si hay alguna meta que no alcanzas o un hábito que no puedes romper, puede ayudarte poner atención en esta área.

Desorganizada, usa una bolsa de mano.

En la obra *Amor, pérdida y lo que me puse* de Nora y Delia Ephron, hay una escena llamada "Odio mi bolsa". Detalla todas las maneras en las que una mujer puede "fracasar" en usar bien un "accesorio demandante y difícil" (es decir, mantenerlo organizado y en combinación con nuestros atuen-dos). "Esto es para aquellas que entienden, en pocas palabras, que su bol-sa es, de alguna manera horripilante, una misma", escribieron las hermanas Ephron.[7] Tanto Marie Kondo como la experta en felicidad Gretchen Ru-bin nos dicen: organiza tu espacio físico externo para lograr la paz interior. Apliquemos esto a las bolsas.

Considera la posibilidad de cambiar a una bolsa pequeña, una cartera de mano tipo sobre o una bolsa redonda de asa larga, una cangurera o una bolsa de PVC transparente. (Staud, Need Supply y Mansur Gavriel tienen unas increíbles; también Zara.) La necesidad es la madre de la invención. Si no tienes un morral enorme para llenarlo de basura, no te verás forzada a limpiarlo y no tendrás más remedio que reducir tus posesiones. Reducir es la única opción. Las bolsas transparentes no permiten secretos. Te juro que no intento torturarte; trato de aligerar tu carga. He visto tantas mu-jeres mayores con los hombros torcidos por años de abuso de morrales sobrecargados. Considera la posibilidad de descargar aplicaciones de pago automático o de llevar dinero en efectivo contigo, en lugar de tarjetas de crédito (gastarás menos y tu cuenta de banco te lo agradecerá). Limítate a un monedero delgado o una cartera, un solo labial, lentes oscuros, llaves y tu teléfono. Eso es todo.

TENER Y CONSERVAR:
EL PODER DE LOS OBJETOS DE CONFORT

Si alguien usa un accesorio todos los días, lo veremos en cada foto donde esta persona salga a lo largo de los años y pensaremos (de manera inconsciente) que ese objeto es parte de él. Esto explica por qué quienes siguen de cerca a la familia real se regocijan cuando ven que Kate Middleton usa el anillo de compromiso de la princesa Diana (como si Diana acogiera a Kate desde el Más Allá). Es la misma razón por la que Lady Gaga pagó más de cien mil dólares por el guante de pedrería de Michael Jackson.[8] Es también por lo que la imagen (tuiteada por Yoko Ono) de los lentes salpicados con la sangre de John Lennon, y que él usó el día que lo mataron, es tan devastadora. Liz Taylor era sinónimo de diamantes hasta tal punto que su perfume, White Diamonds, sigue siendo una de las fragancias promovidas por una de las celebridades más populares de todos los tiempos.[9] Jennifer Lopez se manifestó en *oposición* a sus joyas, diciéndonos que no nos dejáramos engañar por las piedras que tiene porque ella sigue siendo Jenny, la del barrio.

Para algunas celebridades, los accesorios son adjetivos. Combina algunas pulseras de goma y rosarios y *voilà*: eres una (rebelde) Madonna de los años ochenta. Grace Kelly será relacionada por siempre con el bolso Hermès que lleva su nombre (clásico). Jackie O tenía sus grandes lentes de sol (glamoroso); Lisa Bonet tiene, por su parte, sus pequeñísimos lentes (bohemio). Carrie Bradshaw tiene sus Manolos (*fashionista*).

Diane Keaton tiene su bombín (estrafalario). Un pequeño objeto puede decir mucho de una persona.

Los accesorios también nos cuentan nuestras propias historias. Nos hablan. Toca tu anillo de bodas si es que usas uno. Probablemente te remontará al día que te casaste. Los aretes de tu abuela te unen a ella a través del tiempo y el espacio, quizás incluso más allá de la muerte. Dicen: *Estás conectada, protegida: fuiste amada incluso desde antes de nacer.* Tus tacones altos te hacen sentir femenina, sexy, modifican tu forma de caminar y transmiten tu posición socioeconómica, todo a la vez. Esos tacones pueden decirte que eres valiosa, que eres una jefa tiránica. Puedes estar segura de que la pata de conejo te trae buena suerte o que el ojo de Dios bloquea la envidia ajena. O quizá tu pendiente religioso te recuerda tu propósito superior, tu comunidad o los valores con los que fuiste educada. En efecto, nuestros "amuletos de la suerte" —nuestros accesorios— se llenan de poder porque creemos que lo tienen. Ningún otro artículo de la moda funciona así.

Es más difícil imaginar a alguien con "calcetines de la suerte" (aunque seguro se podría) o teniendo una relación emocional con... los pantalones de su abuela. Desde la infancia, los niños forman una relación estrecha con objetos irremplazables, pero esos objetos no son siempre deseables. Una muñeca mordisqueada y babeada puede ser considerada por su pequeño dueño como el más preciado objeto en el mundo. (Tan sólo pregúntale a cualquier mamá o papá que ha dejado olvidado uno de esos muñecos en el asiento de un taxi.) Este tipo de pensamiento mágico empieza temprano y, de hecho, nunca termina. Un objeto es valioso mientras se perciba de esa forma. La buena noticia es que eso significa que puedes decidir que cualquier objeto es valioso. Puedes comprarte un accesorio focal —un anillo de coctel, un brazalete, una bufanda— y establecer una relación con él al usarlo con regularidad. Puedes llegar a creer que te brindará paz, prosperidad o protección.

CASO PRÁCTICO: CIMBRANDO LA CASA

Recientemente trabajé con una mamá primeriza y treintañera llamada Eliana. Es música y cantante de ópera profesional. Cuando nos encontramos, ella pasaba en casa la mayoría del tiempo, cuidando a su nuevo bebé. Sus problemas —perder la identidad, volverse loca, aislarse socialmente y depender de lo que ella llamaba "ropa elástica, holgada y a prueba de babas"— son frecuentes entre muchos padres primerizos. Pero en el caso de Eliana, este problema se exacerbaba por el hecho de que su trabajo rara vez requería que abandonara la casa, excepto para una presentación ocasional por la tarde. Cuando nos vimos, Eliana decía cosas como: "Me siento haragana. Ni siquiera necesito vestirme. Mi bebé vomita encima de mí. No me siento sexy. No me siento animada. No me siento linda. Mi esposo llega a la casa y yo me veo hecha una m... Estoy usando la misma ropa que ayer". ¿Su gran pregunta? "¿Cómo vuelvo a ser yo misma?"

Mi respuesta a Eliana era más cuestión de ponerle los pies en la tierra: no regresas a ser tú. Tal como le expliqué, tú sigues siendo la antigua tú, pero también eres la nueva tú; necesitamos unir ambas y podemos usar accesorios para lograrlo. Le dije que la idea no es hacer una transformación mágica en donde dejas a la antigua Eliana atrás y te conviertes de pronto en una nueva persona. Tú y tu estilo necesitan evolucionar.

Receta de estilo

Eliana amaba las joyas, así que le sugerí que usara algún accesorio focal: cinturones de cuentas con detalles de monedas doradas, anillos y pulseras divertidos: artículos que le permitieran conectarse con su antigua yo, la Eliana de antes de ser mamá, pero que fuera seguro usarlos cerca del bebé. (El bebé jalaba sus aretes, así que estaban fuera del juego.) Ella optó por continuar usando leggings por razones prácticas, así que le sugerí que los combinara con algunas de las camisetas favoritas que usaba antes de que su bebé naciera, y unas zapatillas bajas muy chic que la hicieran sentir un poco más arreglada. Armamos varios atuendos con esta misma fórmula, creando propuestas muy neutrales para hacer que sus accesorios resaltaran. No la vestí con ropa totalmente diferente ni la saqué de su zona de confort; tampoco le pedí que se *arreglara demasiado para quedarse en casa. Al contrario, la idea era demostrarle que tenía un clóset lleno de opciones que eran apropiadas para su nuevo estilo de vida. El* look *que armamos para ella seguía siendo práctico, pero un poco más pulido, gracias, en primer lugar, a la joyería y los cinturones. Tanto su estilo como su actitud mejoraron muy pronto.*

....

LUJO, MARCAS, Y LOGOS: ¿PODER PARA LA GENTE?

Quiero tomarme un momento para hablar del papel que los accesorios tienen en la cultura pop en general y en la cultura *hip-hop* de manera específica. Los logos y marcas de diseñador son como jeroglíficos del lujo. Y en ningún lugar son tan visibles como en las bolsas de mano, las maletas, los zapatos, los lentes de sol y la joyería. Tómate un segundo para pensar en estos símbolos de estatus globalmente reconocidos: las letras entrecruzadas del logo LV de Louis Vuitton, la doble C de Chanel, la cabeza de Medusa de Versace. Estas imágenes icónicas comunican constantemente el gusto más fino de quien lo usa y que tiene el dinero para gastar en ello. En su video "Bodak Yellow", Cardi B establece su predominio rapeando en sus zapatos rojos (Christian Louboutin). Los diamantes fueron los mejores amigos de las chicas. Ahora lo son de los raperos. *Ice, grillz, frosting, drip, drip*, accesorios lujosos llenos de pedrería. Jay-Z declara su amor por Beyoncé llamándola la chica más ardiente del medio, pero el hecho que ella use la *cadena* de él afianza el estatus de esta poderosa pareja.

Los accesorios son un elemento definitorio en la cultura del *hip-hop* por lo que representan (dinero, lucimiento, ascensión). Por dos décadas han sido usados para indicar un escape de la pobreza urbana. Alardear con Dolce & Gabbana y Prada, forrarse de diamantes, mostrar al mundo que te catapultaste lejos del barrio usando cualquier recurso necesario.

¿Recuerdas el término "*ghetto fabulous*" (fabuloso de barrio)? La joyería ostentosa y brillante ofrece una prueba contundente de que has llegado.

El poder de los accesorios es que indican poder. Desde los raperos hasta las chicas de la serie *Real Housewives*, se fascinan usando logos descaradamente lujosos. Hace algunas Navidades, Kris Jenner presumió una maleta de diez mil dólares con un vistoso logo de Goyard y el monograma "RICO COMO LA M...", llevando con esto la logomanía a otro nivel.[10] Así que, hablando en términos psicológicos, ¿qué obtienen estas personalidades famosas por posar y alardear con estos carísimos y brillantes objetos? Básicamente, lo mismo que los humanos hemos obtenido desde tiempos antiguos: los accesorios comunican estatus, riqueza y poder. La corona más antigua del mundo —se cree que data del 4500-3600 a. C. y fue enterrada con un prominente miembro de la sociedad de la Edad de Bronce— fue descubierta no hace mucho en Israel.[11] La reina egipcia Nefertiti fue de las primeras en marcar tendencias en cuanto a accesorios. Su *look* icónico (delineador con kohl y tocados dramáticos) fue tan influyente que Rihanna le rindió homenaje en *Vogue Arabia* en la edición de noviembre de 2017.[12] De emperadores a papas y reinas de Disney, las coronas, los cetros y las zapatillas de cristal dicen lo que el público necesita saber sobre quién está en la cima.

Cuando un fanático de los zapatos deportivos duerme fuera de una tienda de Foot Locker para pagar 200 dólares por un par especial de Nike, ¿qué lo motiva? Si volvemos a mi teoría de *vestir para mejorar el ánimo*, es fácil darse cuenta de que usar logos de diseñador cae como anillo al dedo. Usar una bolsa de Chanel te dice que eres merecedora del lujo, que eres parte de un club de elite. Ser dueño de una te hace importante. Esta asociación con el lujo a través de los accesorios puede incluso brindarte alegría (aunque de manera temporal). Puedes llegar a sentir pertenencia, ya que te conectas con otros fans obsesionados por el calzado deportivo y que reconocerán tus Nike LeBron 14's. Ninguno de estos beneficios psicológicos debe pasarse por alto (ejem).

Las marcas de lujo trabajan *rápido*. En una serie de experimentos realizados por investigadores daneses y publicados en la revista *Evolution and Human Behavior*, las personas que usaban logos de diseñador de manera muy evidente recibieron un trato preferencial en situaciones sociales. Obtuvieron mayor cooperación por parte de extraños cuando les pidieron de manera aleatoria que contestaran una encuesta. Recibieron también más recomendaciones de trabajo y salarios sugeridos más altos. Incluso recaudaron más dinero que sus contrapartes vestidos con ropa sencilla, cuando solicitaron dinero para obras de caridad. "La gente reacciona a las marcas como una señal de calidad incuestionable", dijeron los investigadores. "Sólo los mejores pueden pagarlas."[13] Sí, al instante en que vemos un logo de diseñador, nuestros cerebros lo interpretan de inmediato como una persona de mucha calidad. Incluso cuando sabemos que asumir esto es erróneo.

Igual que el Gollum y su obsesión por el anillo, puede ser infantil buscar autoestima a través de pequeños objetos brillantes. Si usar un accesorio caro te hace sentir presumida, si hay incongruencia entre lo que representa este artículo (¡Soy rica! ¡Tengo estilo! ¡Soy fabulosa!) y con quien sientes que eres de verdad, si comprar estos objetos está fuera del alcance de tu presupuesto y perjudica tus finanzas, entonces el logo se sentirá más como una etiqueta de estupidez. Los accesorios de lujo no son un sustituto del valor personal.

A menudo cuando la gente usa artículos que transmiten de manera escandalosa su estatus es para compensar su inseguridad o restaurar su disminuido poder personal. Un estudio en el *Journal of Consumer Research* descubrió que nuestro nivel de materialismo (o sea, la dependencia de los objetos para ser feliz) es más alta en la secundaria, justo cuando la autoestima es más baja. Cuando los adolescentes reciben retroalimentación positiva de sus compañeros, su sentido de valía mejora y su deseo por objetos materiales disminuye.[14] ¿Tu bolsa con logo estampado grita: "Me siento impotente así que estoy sobrecompensando con este objeto obviamente demasiado caro"? En un estudio diferente, en coautoría con Adam Galinsky de Northwestern, famoso por su teoría de "cognición atávica", se les pidió a los individuos que recordaran algún momento en que se sintieron impotentes. Poco después, estas personas estuvieron más dispuestas a comprar artículos de lujo como mascadas de seda o abrigos de piel y a gastar más dinero en ellos. No demostraron el mismo impulso para comprar objetos más cotidianos como minivans o secadoras. "Gastar más allá de las posibilidades de cada uno para comprar artículos relacionados con el estatus es [...] una imitación costosa de una estrategia que intenta lidiar con amenazas psicológicas, como sentirse impotente", escriben Galinsky y su colega Derek D. Rucker. Y no sorprende que las minorías de negros e hispanos sean las que gastan *más de su dinero* en símbolos de estatus (consumo conspicuo) que los blancos.[15] En otras palabras, la sed de accesorios de lujo es más fuerte para aquellos que enfrentan una impotencia sistémica. Christian Jarrett lo resume en *The Psychologist*, publicada por la Sociedad Psicológica Británica: "Ver nuestros objetos como una extensión de nosotros mismos puede depender, en parte, de qué tan seguros estamos de quienes somos".[16]

¿Así que cuál es el antídoto para el materialismo y esta urgencia de adquirir estatus a través de los objetos? Es encontrar otras maneras de construirte, de establecer tu valía: a través del acondicionamiento físico, los deportes, el voluntariado, el estrechar los lazos con tu comunidad, el trabajo o lo que sea que te haga vibrar. Ser ostentosa no curará tu tristeza. Me detendré a reflexionar en esto la próxima vez que me empiece a hacer ojitos una bolsa que cuesta más que mi renta. Y la próxima vez que te suceda esto a ti, pregúntate: ¿Me siento impotente? ¿Por qué? ¿Hay algo que pueda hacer y que no cueste para darme seguridad en mí misma?

ACCESORIOS Y POLÍTICA:
DE LAS GORRAS *PUSSYHATS* HASTA LAS PULSERAS DE DIJES

A veces el más pequeño de los objetos es el que hace más ruido. ¿Quieres una prueba de un accesorio que tenga poder de convocatoria en términos políticos? Dos palabras: gorras MAGA.* Cuando la moda llega a los titulares en estas épocas, parece inevitable que se trate de noticias que tienen que ver con accesorios. En 2017, Nike lanzó su Pro Hijab. Algunos pronosticaron que era un paso enorme hacia la inclusión. Otros acusaron a la marca de promover la opresión de las mujeres. Meses después, Missoni presentó las gorras *pussyhats* en las pasarelas. Miuccia Prada declaró alguna vez al *Wall Street Journal*: "Lo que usas es la manera en la que te presentas al mundo, especialmente hoy en día, cuando los contactos humanos son tan rápidos. La moda es un lenguaje instantáneo".[17] Cualquiera que haya leído este libro hasta aquí sabe que estoy de acuerdo totalmente con esta afirmación. Si Prada fabricara una camiseta con el eslogan impreso "La moda es un lenguaje instantáneo", la compraría y la usaría para dar clases. Y, sin embargo, como traición máxima, fue Prada quien cometió una de las equivocaciones más dolorosamente racistas de la última década, al diseñar y presentar un accesorio ofensivo. Durante las celebraciones de fin de año de 2018, la compañía presentó un dije para bolso de mano de 550 dólares que se parecía muchísimo a las muñecas Golliwog y al personaje de *Little Black Sambo* (Negrito zambo). "Las empresas de la moda no sólo venden artilugios", escribió Robin Givhan del *Washington Post* al reportar la polémica en la que Prada pidió perdón, sacó de circulación los dijes y estableció un comité asesor de inclusión y diversidad. "Ellos venden identidad personal, fantasías íntimas e incluso autoestima. Comercian en territorio sensible."[18]

---

* Estas gorras son promovidas por Donald Trump en Estados Unidos. Llevan el lema Make America Great Again estampado al frente. *(N. de la T.)*

INCLINO MI SOMBRERO:
ACCESORIOS, CULTURA, Y COMUNIDAD

En su ensayo "What Church Taught Me about Black Lipstick" ("Lo que la Iglesia me enseñó sobre el labial negro"), la autora Stacia Brown escribe sobre la expresión que escuchaba a menudo cuando era niña: "No te ves como lo que has vivido".[19] En otras palabras, la vida pudo haber sido ruda contigo, pero nadie podría adivinarlo por tu aspecto. Para Brown, quien creció en la pobreza, el labial era un artículo accesible para mejorar el ánimo. La magia del labial es que, sin importar los problemas que el mundo haya dejado caer sobre tus hombros, todavía tienes la capacidad de ponerte un poco en los labios y dar tu mejor cara. Adoro su ensayo.

Para mí, los sombreros tienen poder. De hecho, no sólo los sombreros. Los tocados, las pelucas y los peinados desempeñan un papel importante en la cultura negra y en mi historia personal. Cuando observo las diversas formas en que cubro mi cabeza y la razón por la que lo hago, me conduce a ideas sobre feminismo y comunidad, identidad e intimidad. En estas épocas, los titulares nos bombardean con historias desalentadoras de insensibilidad e ignorancia relacionadas con el pelo de las personas negras, como cuando el adolescente negro Andrew Johnson fue obligado a cortar sus rastas para participar en la competencia de lucha en la secundaria New Jersey. (Permitió que el árbitro le cortara el pelo antes que perderse la competencia, la cual ganó.)[20] O cuando se le pidió a la empleada de la tienda Ross Dress for Less en Denver que cubriera su peinado tradicional bantú. Esto se permitió a pesar de que en el manual de empleados no había indicaciones de ningún tipo sobre el peinado, y el estilo bantú ha sido usado por celebridades como Gwen Stefani y Reese Witherspoon sin ningún problema.[21]

En la comunidad negra, lo que usamos para cubrir nuestro cabello está estrechamente ligado con nuestra identidad. Y es así para mí, de manera personal. Cubrir mi cabello natural con accesorios como sobreros, mascadas o pañoletas estampadas amarradas a manera de tocado es mucho más que una declaración de moda. Es una declaración de independencia. Cuando las mujeres negras de cierta edad van a la iglesia usan sombreros elaborados. Es un sistema codificado. Los sombreros para la iglesia son una manera de demostrar respeto hacia uno mismo, hacia tu comunidad y hacia Dios. Históricamente, esta tendencia empezó como la forma en que las mujeres que hacían servicio doméstico durante la semana podían despojarse de sus deprimentes uniformes de servicio y se engalanaran con sus atuendos domingueros. Aunque estas mujeres hubieran tenido una semana horrible, aunque sus vidas estuvieran cayéndose a pedazos, se vestían de manera impecable e iban a la iglesia el domingo (mejoría del ánimo 101). En nuestra comunidad se sobreentiende que el sombrero funciona de manera diametralmente opuesta a la experiencia de estas mujeres: cuanto más infernal ha sido su vida, más extravagantes son sus sombreros. Nos referimos a deslumbrantes sombreros emplumados, con aplicaciones y pedrería. Portan sus sombreros con orgullo, llueva o truene, en el calor extremo, y a menudo sobre pelucas, pero nunca las verás sudar. (Los abanicos ayudan.) Siempre he admirado cómo, para procurar tener los sombreros en su lugar, ellas mantienen una postura increíblemente erguida. Incluso cuando gritan *¡Aleluya!* y bailan en alabanza, los sombreros no se mueven. De acuerdo con Deirdre T. Guion Peoples, profesora de marketing en Carolina del Norte, esta muy particular manera de presentarse a uno mismo es llamada *hattitude.*[*][22]

De niña, acostumbraba a ir a la iglesia sólo para mirar los sombreros. Al igual que las niñas británicas se sienten cautivadas por los tocados en las bodas de sociedad, yo me maravillaba con el hermoso desfile. Sin embargo, nunca he usado uno de estos sombreros. Soy soltera y no tengo marido ni hijos, y no considero estar lista para ello. Si me pusiera un

---

[*] Juego de palabras intraducible del inglés, en el que *sombrero* y *actitud* se mezclan. *(N. de la T.)*

sombrero de iglesia, estaría violentando una regla tácita. Las mujeres mayores de mi barrio me dirían *"Para nada,* niña". Los sombreros son señal de jerarquía, de importancia. Sólo cuando eres un curtido sobreviviente de las pruebas y tribulaciones de la vida, te ganas el derecho de usar uno. Son tan sacrosantos que cuando Michael Cunningham, fotógrafo y escritor, armó un libro de retratos de mujeres negras usando sus sombreros de iglesia, los denominó *Coronas.*[23]

Cuando era niña, enfrente de mi casa vivía una mujer mayor a la que llamábamos señora Johnson.* Esta señora *había vivido.* Se había mudado de Mississippi a Cleveland, criado cinco hijos y trabajado cerca de sesenta años en la oficina de correos, empleo que era considerado muy bueno por ser de gobierno. Recuerdo que me gustaba visitarla sólo para ver su colección de sombreros. Cada sombrero estaba guardado cuidadosamente en su propia caja. Me maravillaban las hermosas cajas color pastel, el inmaculado papel de china. Así como un general mostraría sus medallas, cuando una mujer mayor devela su colección de sombreros, está revelando sus insignias de honor. Sus sombreros confirman su estatus de veterana.

Conozco a una mujer negra mayor que es diferente, rica y algo así como una líder matriarcal en Brooklyn. Me contó sobre un incidente que sucedió hace muchos años, cuando estaba de compras en una tienda departamental de lujo en la zona acomodada de Manhattan. La dependienta le preguntó qué hacía ahí y luego la siguió subrepticiamente por el departamento de suéteres, dejándole muy claro que no pertenecía a ese lugar. Así que la matriarca compró cada suéter de lana de *cashmere* que estaba en exhibición en los mostradores. Hace poco me invitó a ver su colección de sombreros. Era una invitación sagrada y me sentí honrada al recibirla. Como ya tiene cierta edad, me regaló cinco de sus sombreros. No bromeo cuando digo que al recibirlos lo sentí tan trascendental como si recibiera un diploma. Tengo todos los sombreros empacados y a salvo en sus cajas especiales. Me sientan perfecto. Sólo estoy esperando ser mayor para que me queden.

Lo que uso actualmente son enredos o tocados para la cabeza. Para aquellos que no lo saben, muchas chicas negras los usamos cuando no nos hemos peinado; es decir, que no traemos el cabello al estilo europeo —largo y liso—, por lo regular, gracias a una peluca o extensiones de cabello entretejidas. Tengo el pelo grueso y me llega hasta el broche del brasier, pero nunca lo muestro en público. Hay días en que quiero darle a mi peluca o a mi cuero cabelludo un descanso y de todas formas verme a la moda. Uso un turbante de estampado de piel de leopardo, acomodado a lo alto, estilo colmena. Mi cabello natural me conecta con mi niñez, a los días en que mi mamá trataba o alisaba mi cabello, antes de que las extensiones o las pelucas siquiera estuvieran presentes. Cuando mi cabello natural está expuesto me encuentro en mi estado más inocente, vulnerable y real. Ser vista sin maquillaje es *nada* comparado con la sensación de desnudez que esto me provoca. Como adultas, las mujeres negras hemos sido condicionadas a esconder este aspecto de nosotras. Las únicas personas a quienes les permito ver mi cabello natural son mis padres y mis hermanos. En estos días, alguien con quien salgo me preguntó si puede verme sin mi tocado o mascada, pero no siento que la relación haya llegado a ese punto todavía.

Hoy en día, impulsado por la cultura pop y las redes sociales, se está cocinando un movimiento en el que las mujeres se han centrado más en lo africano, o lo "socialmente responsable", y están diciendo: *¡Al diablo con las pelucas y las extensiones!* Están mostrando su cabello natural en toda su gloria, sumergiéndose en su cultura y su autenticidad, publicando en Instagram hashtags como #WakandaForever (#WakandaPorSiempre). Mi corazón se hincha de orgullo por ellas. Pero también creo que la manera en la que te peinas, lo que decides mostrar o esconder, es una elección extremadamente personal. Si ves mi cabello natural, significa que eres mi estilista, mi mejor amiga o mi esposo. Para mí, es así de íntimo.

También me siento empoderada, acechando las calles de la ciudad de Nueva York, en mi tocado de leopardo. Me ofrece más que sólo protección de los elementos o de la vulnerabilidad. Me hace sentir majestuosa. Para evitar que la tela resbale de mi cabeza, necesito caminar con un andar elegante, el cuello alargado, la espalda muy derecha, igual que las mujeres de los sombreros de iglesia. ¿Por qué estoy compartiendo esto contigo más allá de demostrar el poder psicológico de los accesorios, como este capítulo prometió? Quiero señalar que mientras los conflictos culturales, religiosos, raciales y políticos en nuestra sociedad nos dividen, los sombreros nos han conectado. Cuando veo a las mujeres judías ortodoxas cubriendo sus cabezas con pelucas o a las mujeres musulmanas usando un hiyab, cuando pienso en la señora Johnson o en la matriarca de Brooklyn, siento como si todas tuviéramos en común algo profundamente personal. Zadie Smith, una novelista (que usa una mascada para envolver su pelo) le dijo a NPR: "Muchas más mujeres en el mundo usan algo sobre sus cabezas que las que no lo hacen, y me gusta ser parte de esa sororidad".[24] Todas somos reinas usando coronas.

EN CONCLUSIÓN
CONSEJOS Y APRENDIZAJES CLAVE DEL CAPÍTULO 7

- **Lazos inquebrantables.** Los accesorios pueden reducir el estrés haciéndonos sentir más conectados con nuestros seres queridos o nuestra comunidad. Si no tienes un anillo de bodas o una reliquia familiar, elige tu propio accesorio significativo.
- **Úsalo repetidamente.** Al usar o llevar un accesorio de forma ritual y cotidiana (no es necesario que sea joyería), se incrementa su poder psicológico y puedes llegar a creer que te protege y tranquiliza.
- **¿Logomanía extrema?** Si ambicionas marcas de lujo puedes estar tratando de compensar la disminución de tu poder personal. ¿Qué puedes hacer hoy para empoderarte que no tenga nada que ver con adquirir estos símbolos de estatus?

CAPÍTULO 8

¿Te vistes para ti misma o para alguien más?

La conformidad es el único crimen real de la moda. No vestirte como eres y adaptar tu espíritu a alguna identidad de grupo es sucumbir al fascismo de la moda.

—SIMON DOONAN

La ropa puede ser un imán de emociones cuando la usamos para obtener aprobación o ser aceptados. ¿Alguna vez has comprado un artículo nuevo que esté de moda porque no te gustaba tu estilo? ¿Alguna vez has *evitado* usar algo que amas o minimizado algún aspecto de ti misma porque te preocupaba atraer atención no deseada, suposiciones equivocadas o prejuicios? Cuando avanzas demasiado en cualquiera de estas direcciones —usar ropa para encajar o no usarla por miedo a sobresalir— pierdes lo que te hace ser *tú misma*. Y es ahí donde la cosa se pone fea.

Como mencioné antes, mi estilo distintivo es minimalista *glam*. Cuando doy clases en el FIT le cargo la mano a lo *glam*. Estar rodeada de estudiantes creativos me inspira a experimentar y ampliar los límites de mi *look*. La confianza en mí misma está a la vista y con frecuencia uso mi capa blanca con tacones de aguja de estampado de leopardo. Cuando voy a casa a visitar a mi familia en Ohio, pienso: *No puedes* vestirte así en Cleveland. Si me atreviera a hacerlo, la reacción sería contundente. Mis amigos y familiares dirían: *Te pasas. ¿Qué diablos?* Mi familia no se calla las cosas. Así que cuando voy a casa apago mi *look*. Uso mi cabello natural. Zapatos bajos en lugar de tacones. Nada de maquillaje. Nada de joyas. Uñas sin pintar. Bolsas de mano sin estructura. Me visto más sencilla. Incluso tengo una colección específica de ropa con muchas sudaderas, *leggings* y calzado deportivo (aunque por lo regular lo evito) sólo para estos viajes a ver a mi familia.

A primera vista, este comportamiento puede parecer rudo, incluso como si me negara algo a mí misma. Mi prima Ericka me dijo hace poco: "Dawnn, ¿por qué dices que tienes un 'yo de Ohio' y un 'yo de Nueva York'? ¡Sólo eres tú misma! ¿Por qué llegas a tales extremos para cambiar? ¡Sé quien eres!". Le respondí: "Chica, ¡no tienes idea! *No* entiendes a mi familia". Estoy tomando una decisión consciente para integrarme. No quiero ser marginada. En el campo de la psicología social, hay mucha discusión sobre pertenecer a "grupos populares" versus "grupos marginales". El guardarropa asimilativo funciona como tu membresía a algún tipo de club o fraternidad. Imagino a mi familia como ese tipo de clubes. Y quiero pertenecer, tener esa sensación de comunidad. Así que, si los requerimientos de vestimenta son pantalones *cargo* y una gorra de beisbol, estoy dispuesta a aceptarlo a cambio de la armonía social y la seguridad emocional. Con absoluta conciencia, le doy prioridad a esos beneficios, por encima de mi deseo de expresión personal a través de la ropa. Por supuesto me ayuda saber que tendré la oportunidad de vestirme impecable una vez que regrese a mi vida en Nueva York.

Cuando viajé a Dubái para encontrarme con unos clientes, todos ellos usaban el vestido tradicional: el hiyab o la abaya. Hay un símil en esto. Tu opinión de mi decisión de simplificar mi manera de vestir en Ohio depende de tu perspectiva cultural. Desde un ángulo muy individualista, vestirse en ropa bajada de tono puede parecer un autosacrificio. Injusto.

Puedes pensar que estoy oprimida. Desde otro ángulo, puedes considerar que honro al grupo, a la colectividad. En algunas culturas asiáticas o de Medio Oriente (y al parecer en mi familia), seguir la norma del grupo es una señal de respeto y solidaridad. Después de todo, nos adherimos a códigos de vestimenta profesionales. ¿Por qué no a los familiares?

Esto me genera conflicto. Veo ambas caras. Y estoy siendo completamente honesta. Mi decisión de simplificar mi estilo en Ohio es para protegerme a mí misma. No quiero ser criticada por lo que me pongo. Los días en que estoy en la casa familiar, me hace sentir mejor vestirme para encajar en mi familia, que ponerme en riesgo y provocar sus comentarios. Valoro más protegerme emocionalmente en esa situación que sentirme cien por ciento maravillosa en mi ropa. Psicológicamente, para mí, en ese contexto, el estilo es una consideración menos importante que sentirme a salvo y cómoda.

No es poco común usar la moda para evitar colocarte en una situación social incómoda. Algunas personas de la comunidad LGBTQIA+ lidian con esto todos los días. Hace poco asistí con varios colegas a una sesión de entrenamiento donde presenté un caso práctico. El sujeto era un estudiante joven, gay, de la ciudad de Nueva York, educado en una familia muy devota y conservadora del sur de Estados Unidos. El escenario que se nos presentaba era que cuando estaba en su casa con su familia, se vestía para "pasar" como un hombre cisgénero heterosexual, vistiendo ropa tradicionalmente masculina. Pero cuando vivía su propia vida en Nueva York elegía vestimentas más coloridas, de género neutral, estructuradas y no tradicionales. No se había revelado frente a sus papás.

No me atrevería a decirle a este joven que se desprendiera de su fuente de protección —su ropa masculina por tradición— y arriesgara exponerse al menosprecio, el ostracismo, el dolor, el corazón roto y, posiblemente, la violencia, a menos que, y hasta que, lo decida hacer. A veces es más fácil protegerse. Elegir el menor de los males. A veces es más fácil decir "Seré yo mismo" que hacerlo. La ropa puede ser una armadura, ya sea que estés en algún país de Medio Oriente con leyes de modestia, en la comunidad LGBTQIA+ o en mi endemoniada familia. Puede ser preferible alinearse que sufrir. Quizá no puedas darte el lujo de *no* alinearte. Y debido a que la ropa tiene un papel tan vital en nuestras relaciones, la gente toma decisiones todos los días. No hay que juzgarla por eso.

Pero hay una advertencia crucial: puedo simplificar mi vestimenta en Ohio, pero cuando lo hago, me aseguro de usar los mejores Jordans, Adidas o Balenciaga, y las gorras de los Yankees más pulcras que puedo encontrar. Encuentro una manera discreta y sutil de complacerme, de expresar mi estilo individual, de personalizar mi *look* incluso cuando me integro, cuando nadie nota estos pequeños detalles excepto yo. Ésta es la lección más importante de este capítulo: quiero que comprendas que hay formas en las que puedes seguir siendo tú misma y apropiarte de tu *look*, al mismo tiempo que cumplas con los requerimientos de la colectividad, sin que eso implique vulnerarte. Lo que sea que uses, *debe tener un nivel de autenticidad*, ya sea descarado o sutil. No estoy tan preocupada por el punto exacto de ese nivel, siempre y cuando exista: siempre y cuando *te sientas* genuina. Sólo tienes que encontrar el hilo en algún lado y tejerlo.

Todos estos comportamientos —la manera en la que modifico mi estilo en Ohio, la forma en que el joven gay del caso práctico se viste cuando regresa a casa en el sur— caen en el ámbito de la **asimilación de identificación de la moda**. Defino este término como vestirse para integrarse a una situación sociocultural. En un ámbito más amplio, hay un comportamiento que denomino **cambio de código situacional de la moda**. Éste se da cuando la gente (sobre todo las minorías) modifica su estilo para congeniar en ciertas situaciones y luego cambia a una vestimenta diferente para adaptarse a otras. Piénsalo como saltar de una ventana a otra en tu buscador de internet.

Muchos nos comportamos así sin darnos cuenta. Como lo mencioné en el capítulo 4, tengo un uniforme para viajes. Cuando voy al aeropuerto casi siempre uso un estilo específico que me permite congeniar con cualquier cultura. En mi experiencia, si voy al aeropuerto tan *avant-garde* como cuando voy al FIT, la gente se quedará mirándome. Así que mi uniforme (todo negro, suéter suave de cuello de tortuga o uno que se abotone, pantalones pitillo y un par de tacones de aguja) me ayuda a mezclarme casi en cualquier lugar, sin que mi atuendo deje de verse profesional y apropiado. He comprobado que esta vestimenta funciona perfecto a cualquier región del mundo que vaya y es perfecta para diversas ocasiones. Lo he usado en Dubái, en Ucrania, en Corea del Sur. Lo he llevado durante conferencias corporativas, reuniones con clientes y en salones de té en algún hotel en Londres. Tan sólo con ponerme mi uniforme me acerco un paso hacia la integración con la cultura en la que me encuentre. El cambio de códigos y la asimilación no siempre me hacen sentir distinguida, pero me permiten sentirme tranquila, preparada y protegida en cualquier contexto.

Antes de seguir adelante, me gustaría contarte otra experiencia que tuve relacionada con este tema. Celebré un cumpleaños a lo grande hace algunos años. En lugar de hacer lo que acostumbraba, que era ir a un bar en alguna terraza con mis amigas, viajé a Dubái para salir a los clubes nocturnos y pasear por la playa. Era una manera más que glamorosa de empezar mi año y adoré cada minuto de mi viaje. Mi regreso a casa incluía una parada en Oslo. Durante el vuelo, la aerolínea noruega en la que viajaba experimentó una repentina falla en el motor y empezó a descender con rapidez. Tuvimos que hacer un aterrizaje forzoso, y de todos los lugares posibles, bajamos en Shiraz, Irán. Como puedes imaginar, llevaba conmigo sólo mi ropa de fiesta: pantalones blancos de seda, camiseta con brillos, vestido de tela metálica, mi (muy vigorizante) traje de baño color tangerina. En ese momento traía puesta una versión de mi uniforme básico de viaje: una blusa negra de seda con patrones florales haciendo juego con unos pantalones de Ann Taylor. Cuando aterrizamos en Irán, mis compañeros de vuelo y yo tuvimos que entregar nuestros pasaportes, y a pesar de las llamadas tranquilizadoras por parte del Departamento de Estados Unidos y la embajada local de Suiza, me sentí agitada y completamente fuera de mi elemento. Entre otras preocupaciones, recuerdo haber pensado: *Ay Dios mío, ¿estoy vestida apropiadamente?*

Y entonces el personal de la aerolínea empezó a repartir sábanas y a darnos instrucciones para cubrirnos de acuerdo con las leyes locales. Me di cuenta de que la mujer que me había entregado la sábana usaba un fabuloso hiyab de seda. Pensé: *Si tengo que cubrirme a la fuerza, por lo menos quiero verme así. ¡No quiero que parezca que me caí de la cama y quedé enrollada en las cobijas!* Cuando bajamos del avión y entramos al aeropuerto de Shiraz, platiqué con una mujer iraní de veintidós años que me contó que había sido arrestada hacía poco por tener destapado el cuello en público. De golpe me di cuenta de que mi blusa no se abotonaba hasta el cuello. Y la cuestión con la sábana sólo me añadió ansiedad y me hizo sentir vulnerable y visible. Me preocupaba estar proyectando falta de respeto o provocando la desaprobación y el castigo potencial, sólo por verme como soy.

Fuimos escoltados a un hotel en Shiraz, donde esperaríamos veinticuatro horas a que la aerolínea mandara un nuevo avión para recogernos. Después de instalarme les pregunté a los encargados del hotel dónde podía encontrar una tienda cercana para comprar alguna blusa discreta y una mascada para cubrir mi cabeza. El encargado de la tienda fue muy amable y me mostró cómo acomodar la mascada al estilo de las mujeres locales (un ejemplo más de asimilación de identificación de la moda). Usé mi ropa nueva de regreso al hotel y la he conservado hasta hoy como un recordatorio de mi estancia en Irán. Tan pronto como entré al *lobby* sucedió algo notable. Los empleados del hotel —particularmente los hombres— que me habían ignorado durante el registro, de pronto se desvivían por ayudarme. Uno me ofreció café, y cuando le expliqué que no tenía dinero para pagar, insistió en que era gratis. Al día siguiente otro empleado me dijo: "¿Puedo ayudarla con sus maletas? Oh, espere adentro del hotel y yo le aviso cuando esté listo el transporte para llevarla al aeropuerto. No hay razón para que usted esté esperando afuera. No se preocupe". Mientras tanto, llevaban al resto de los pasajeros hasta la banqueta para que esperaran.

¿Qué sucedió exactamente? Estaba cosechando las recompensas de los comportamientos centrales para este capítulo (cambio de código situacional de la moda y asimilación de identificación de la moda). Adapté mi estilo para integrarme mejor o ganar la aceptación de un grupo sociocultural. Y aunque mi motivación para hacerlo en Irán no era para mejorar el ánimo, sino para evitar ir a prisión, hasta cierto grado era un sentimiento familiar. Ambos comportamientos son sobre pertenecer y estar en conformidad con algo. Y la mayoría de nosotros hacemos esto regularmente, casi sin pensarlo. Sí, hasta en Estados Unidos, la tierra de la libertad. Por ejemplo, cuando compras una bolsa It, usas la moda para integrarte y ser aceptada. De hecho, en esencia, nuestras razones psicológicas para hacerlo son iguales, sin importar en qué lugar del mundo estemos.

Sucedió algo más mientras me preparaba para abordar el avión y salir de Shiraz, que me conmocionó. Mientras pasaba por el área de los filtros, a punto de cruzar hacia territorio internacional, una oficial de seguridad del aeropuerto se acercó a mí y me arrancó la mascada de la cabeza. Uso la palabra arrancar y no jalar, de manera deliberada. "¡Eres libre!", dijo. "¡Vete, eres libre!" Ella y sus colegas (otras mujeres) se tomaron de las manos a manera de silenciosa celebración. Empaticé con sus intenciones. Lo entendí. En ese momento, para mí, cubrir mi cabeza era una elección. Para ella, todos los días, es un requerimiento legal. No tiene la oportunidad de cambiar de código. Está obligada a cubrirse la cabeza. Y ahí estaba ella, literalmente despojándome de la necesidad de congeniar, una vez que ya no era imperativo. Pero, en parte porque ella tomó la decisión por mí sin pedirme permiso, me sentí indefensa, desnuda y expuesta. Recuperé mi mascada, la volví a colocar en su lugar y me subí al avión. Tan pronto como estuve a salvo, en el aire, me la quité.

Para cuando llegué a Nueva York me había olvidado por completo de la mascada. Pero ahora que estoy aquí sentada, pensando que todos nos vestimos para pertenecer y las razones por las que lo hacemos, me pregunto si alguno de nosotros es verdaderamente libre...

LA NACIÓN DE LA ASIMILACIÓN: POR QUÉ NOS VESTIMOS PARA PERTENECER

Los códigos de vestimenta son algo cotidiano. Ya sean explícitos (una boda de etiqueta rigurosa) o menos definidos ("casual de negocios"), es aconsejable y favorable vestirse "apropiadamente" para la situación, lo que sea que eso signifique. El asunto es que no siempre es fácil entender y actuar acorde a las reglas no escritas. Los repetitivos y breves consejos sobre moda sólo añaden ruido y confusión: *Siempre es mejor arreglarse de más que de menos. Vístete como si fueras a ver a tu peor enemigo* (gracias, Kimora Lee Simmons).[1] *Arréglate para el trabajo que quieres, no para el que tienes.* Los estudios muestran que las personas que se visten hábilmente disfrutan de ventajas sociales y económicas.[2] Pero las mujeres, las personas de color y las minorías tienen retos adicionales y son marginadas cuando se trata de cumplir estos estándares arbitrarios de "verse apropiado". ¿"Apropiado" significa que debemos modificar nuestro cabello natural? ¿Mostrar más piel (si no, eres aburrido), pero nunca demasiado (si no, estás buscando algo)? ¿Debemos evitar usar sudaderas con capucha, mascadas amarradas en la cabeza, bindis o cualquier artículo que evidencie asociaciones religiosas o raciales para lograr aceptación social y sentirnos seguros? ¿Para evitar ser acusados de apropiación cultural? (Hablo mucho más sobre este tema en el capítulo 10.) ¿Gastamos mucho dinero en ser aceptados y sentirnos aprobados?

A veces sentimos el impulso de adherirnos a múltiples códigos en nuestra vida. Si miras a tu alrededor, las conversaciones sobre cambios de código están en todas partes. Muchas figuras públicas han expuesto estos temas y las emociones complejas que los acompañan. El comediante Dave Chappelle una vez dijo en el programa *Inside the Actors Studio*: "Todos los afroamericanos somos bilingües. Todos nosotros. Hablamos el *slang* callejero vernáculo y el idioma para una entrevista de trabajo. Hay una forma determinada en la que debo hablar para tener acceso".[3] La actriz y comediante Jessica Williams dijo que, cuando era niña en California, nunca se sintió adaptada, ni en su escuela mayoritariamente blanca, ni en la iglesia bautista mayoritariamente negra a la que acudía. "Me decían que actuaba demasiado como blanca", le dijo a NPR. "Todo eso era muy dañino. Crecí escuchando: 'Eres demasiado bonita para ser negra', 'Hablas bien para ser negra'."[4] La actriz Kerry Washington se crio en el Bronx, su mamá era profesora en la universidad y su papá era agente de bienes raíces. Vivían enfrente de un conjunto de edificios multifamiliares, pero ella pasaba todo el día en la escuela Spence, una institución privada en el Upper East Side, una zona para la clase alta de Manhattan a la que acudían también Gwyneth Paltrow y Emmy Rossum. Ir y venir entre dos barrios, dos grupos de amigos, dos clases socioeconómicas le dio a Washington una especie de doctorado en cambio de códigos. "Es casi como ser bicultural", declaró alguna vez a la sección *Page Six* de la revista *New York Post*. "Tuve la ventaja de aprender a navegar entre dos culturas de manera fluida y a una muy temprana edad."[5] Una vez que empezó a hacerse más famosa en Hollywood, Washington descubrió la moda como una manera más de obtener ventajas. Se dio cuenta de que había otras actrices cuyas carreras crecían gracias a su estatus como pioneras de la moda. "Así que inventé un nuevo personaje: Kerry-Alfombra-Roja", le dijo a *Glamour*. "Incluso llamé a [...], una amiga muy cercana y literalmente le pregunté: '¿Cómo pronuncias Hermès?' Kerry-Alfombra-Roja necesitaba saberlo."[6] El lenguaje es moda y la moda es lenguaje.

La forma en la que te vistes y hablas, la asimilación o el cambio de códigos tienen que ver con la comunicación. La mayoría somos profesionales haciendo esto, lo creas o no. Adaptamos nuestro lenguaje corporal, nuestro *slang* y nuestro estilo, dependiendo de las diferentes situaciones sociales en las que nos encontramos. ¿Alguna vez has pasado tiempo con un amigo de otro país y te has dado cuenta de que de pronto imitabas su acento? ¿Alguna vez has estado en un elevador con un ejecutivo poderoso de tu compañía y de pronto te percataste de que te parabas más erguida, bajabas las manos y elegías con cuidado tus palabras? ¿Algún compañero de trabajo o de casa ha escuchado alguna de tus conversaciones por teléfono con tu mamá o con tu pareja y sólo momentos después reparaste en que hablabas con una voz dulce y aniñada? ¿Demasiado raro? ¡No puedes evitarlo! Sólo porque estás cambiando de código no significa que seas una impostora. Hay muchas maneras de expresar quien eres.

Cuando hablamos de cambio de código y la moda nos referimos a vestirse para ser aceptada, como mi *look* Ohio versus mi *look* Nueva York. Cambias y luego cambias de vuelta. Alternas y varías. Te vistes de una manera en casa, cuando estás con tu familia, y de otra manera cuando sales por la noche con amigos, y de otra forma cuando vas a una cita y completamente diferente cuando vas al trabajo. Puedes incluso favorecer un estilo con la persona que sientes más cercana y otro con alguien a quien deseas impresionar (incuso de manera inconsciente). El impulso para cambiar de código está acompañado de razonamientos como: *¿Pensarán mis compañeros/seguidores/colegas que esto se ve bien? ¿Los hombres pensarán que me veo atractiva?* O: *No puedo usar esto para reunirme con esas personas.* Todo varía: tu *look*, tu peinado, tus peculiaridades, tu actitud, tu forma de moverte, la manera en la que te presentas. Pero no tiene nada de malo adaptar tu presentación a diferentes situaciones, siempre y cuando sigas siendo real. Siempre y cuando estés bajo control. El crítico de moda Robin Givhan declaró en *Thought Economics*: "La moda puede ser muy valiosa, sobre todo para las mujeres, ya que les brinda muchas opciones para construir la persona pública que desean ser. Les permite determinar la manera en la que la gente les responderá en los primeros quince segundos. ¿Lo entiendes? Es increíblemente poderoso".[7] El cambio de código situacional de la moda y la asimilación de identificación de la moda pueden ser una ejecución natural de ese poder. Pero la persona pública que estás construyendo debe ser *tu elección* hasta cierto punto. Tienes que ser tanto el diseñador como el modelo de tu marca personal. No puedes dejar de complacerte incluso cuando te vistas dentro de los parámetros establecidos por alguien más. Debes ser consciente del código.

CAMBIO DE CÓDIGO Y CONFORMIDAD: EL COSTO EMOCIONAL DE PERTENECER

El hecho de que un atuendo sea exitoso se reduce a qué tan auténtica te sientes al usarlo. Una cosa es vestirte para respetar las reglas (un código de vestimenta corporativo que requiere usar trajes) mientras mantienes tu estilo personal y único (tus joyas y zapatos favoritos). Y otra cosa es opacar completamente quien eres para encajar en una multitud o que te pidan que te deshagas de todos los aspectos de tu individualidad. Muchos caminamos por esa imperceptible frontera todos los días. Pero diluir tu autenticidad o esconder quien eres porque la gente tiene un problema con eso, puede ser muy conflictivo emocionalmente. Debe haber algún tipo de escape, una ocasión de expresar tu ser verdadero, una oportunidad para tu individualidad. Una buena analogía serían los niños de la escuela que usan uniforme, pero los personalizan y les dan un toque, ya sea con el largo de la falda, los peinados, los calcetines, los zapatos, algún broche o dijes para sus mochilas. Un poco de expresión personal puede marcar la diferencia entre sentirte como el engrane de una maquinaria o una persona enteramente formada. Brincar de tren en tren y seguir tendencias sólo para caer bien, o traicionar tus valores para encajar por lo regular te llevan a sentirte poco auténtica, incongruente y avergonzada. Esto es lo que sucede cuando te provocas incomodidad, para hacer que *otros* se sientan cómodos; cuando entierras quien eres completamente para transitar por el mundo. Conozcamos a alguien que ejemplifica esto.

CASO PRÁCTICO: MI NOVIO, MI ESTILISTA

Actualmente trabajo con una clienta introvertida, joven y muy dulce de alrededor de veinticinco años, a la que llamaremos Jackie.* Hacía poco, a Jackie la había cortado su novio de mucho tiempo, y cuando me contactó su autoestima estaba por los suelos. Jackie me explicó que se había estado vistiendo para complacer a su novio la mayor parte de su relación de muchos años. De hecho, él había editado su clóset y casi siempre elegía sus atuendos. Le decía: "Me gustarías con esto, me gustarías con esto otro". A Jackie le agrada complacer a las personas y fue criada para los roles de género tradicionales. Así que su novio haciéndola de estilista no parecía ser un problema para la pareja. Pero después de que él terminó con la relación, ella se quedó sin nada que la identificara o definiera su identidad, o su estilo. Cuando él se fue, ella se sintió perdida, especialmente cuando trataba de elegir qué ponerse. Miraba su clóset y sólo veía prendas que él había escogido o comprado para ella, o que había aprobado de manera explícita.

Durante una de nuestras sesiones por teléfono, Jackie estaba particularmente ansiosa porque planeaba ir a misa a una congregación a la que su ex también asistía. Estaba segura de que se lo toparía y estaba desesperada por sentirse segura de sí misma cuando sucediera. Le dediqué un buen tiempo a ayudarle a prepararse. Hicimos un juego de roles. ¿Qué le vas a decir cuando lo veas?, le pregunté. ¿Qué te vas a poner?

El primer instinto de Jackie fue ponerse algo que él había aprobado, con la esperanza de impresionarlo. Ella estaba aún enganchada a sus antiguos hábitos. Me envió una foto de un atuendo particular que a él le gustaba: un minivestido ajustado, manga larga, verde esmeralda, una mascada de colores y unos tacones de gamuza color marrón claro. Era un look maravilloso, pero no había sido elegido por ella.

Le dije: Sigamos con esta idea por un momento. Imagínate topándote con tu ex, usando este atuendo. ¿Cómo te sentirías? *Ella respondió:* Bueno, me sentiría nerviosa. Y no de la mejor manera, pues él escogió esa ropa y estaría vistiéndome para él, incluso ahora que no estamos juntos. *¿Mi respuesta?* No. Olvida eso. ¿Tienes algo en tu clóset que te haga sentir empoderada? Si vieras a este hombre hoy, ¿qué es lo que te haría sentir segura, fuerte y, al mismo tiempo, algo que sea lo bastante conservador para la iglesia? *No tenía nada por el estilo. Se había deshecho de todo lo que a él no le gustaba. Todo lo que poseía estaba ligado al recuerdo de él. Su clóset se sentía contaminado.*

Receta de estilo

Aunque por lo regular no promuevo las compras innecesarias, en este caso le aconsejé a Jackie que saliera a adquirir un nuevo atuendo para empezar de cero. Mientras iba de compras, me mandaba fotografías de opciones desde la tienda, buscando mi aprobación. Para mí era evidente que, psicológicamente, éste era su principal problema. No tenía un barómetro de lo que le gustaba; había pasado demasiado tiempo vistiéndose para alguien más.

Mientras yo recibía las fotos de cada prenda que ella consideraba, me preguntaba: ¿Está lindo esto? ¿O está feo? *No le contestaba. En cambio, le decía:* ¿Te sentirías empoderada con eso? *Y muchas veces ella regresaba los artículos afirmando:* No, no me sentiría así. *Y luego me mandaba fotos de otra prenda. Y yo le seguía preguntando:* ¿Cómo te sientes con eso puesto? No importa si está a la moda o no. ¿Cómo te sientes?

Le di a Jackie un sistema de evaluación para ayudarla a aclarar sus reacciones hacia la ropa: bueno, mejor, inmejorable. Se puso una prenda y me escribió diciéndome que se sentía bien. Yo no estaba satisfecha. Estoy tratando de que te sientas inmejorable, o sea, poderosa, *le dije. Finalmente acabó eligiendo un atuendo que, para ella, satisfacía ese criterio: jeans negros skinny de cintura alta, botines de punta abierta de gamuza gris y tacón alto, una camisa blanco Oxford con aberturas simétricas, debajo de un suéter largo tejido, sin mangas, color gris. Era una mezcla de marcas de prestigio y artículos sin marca. Le pedí a Jackie que se imaginara topándose con su ex, vestida con su nuevo atuendo: ¿Cómo se sentiría? Dijo:* Bueno, si lo encontrara, me sentiría poderosa y le diría hola, de manera muy casual, sin darle demasiada importancia. *Repasar este escenario le ayudó a conectar su sensación de fuerza y preparación con su nueva ropa. Infundió la ropa con poder psicológico.*

....

Es importante señalar que Jackie escogió pantalones en lugar de falda. Gracias a las preferencias de su ex, ella solía usar muchos vestidos y faldas, pero quizá lo reconsidere gracias al trabajo que hicimos juntas. Resulta que, usando pantalones, se sintió más fuerte y menos vulnerable. Cuando los pantalones son ajustados y se ciñen a tu cuerpo pueden dar una sensación de seguridad. No necesitas preocuparte si tus piernas están cruzadas, si sudas o si estás expuesta. Eres más libre para ser tú misma.

Jackie me envió un mensaje después de ir a misa y me contó que su atuendo la hizo sentir llena de confianza y seguridad. No se encontró con su ex.

Todos buscamos aprobación. Y hay momentos en que hacemos reverencia a las presiones externas y adaptamos nuestro *look*. Piensa en tu mamá obligándote a usar algo que pica o algo formal para una fiesta familiar o para la fotografía de grupo en la escuela. Si te lo pones te puedes sentir inadecuada. El cambio de código situacional de la moda y la asimilación de identificación de la moda conllevan un costo psicológico a la hora de cambiar tu *look* porque estás presionada para hacerlo de una manera concreta, y verte como eres en realidad te dejaría en desventaja. Estos costos pueden implicar que te sientas desprotegida o indigna. Mi consejo es que busques un equilibrio a esta presión externa por medio de demostraciones pequeñas y sutiles de expresión personal. Cuando la motivación para cambiar de código proviene del exterior y no de tu interior, y cuando no puedes expresarte ni siquiera de pequeñas maneras —cuando hasta el más mínimo rescoldo de tu estilo individual ha sido apagado por fuerzas más allá de tu control— es cuando surgen los problemas.

Mi viaje no planeado a Irán sólo fue mi experiencia más reciente con la adecuación y el cambio de código en acción. No fue la primera. Y no soy un caso único. Los abogados se visten de cierta forma para parecer más confiables frente a los jueces y los jurados. Los políticos lo hacen. (¿Recuerdas a Mitt Romney con sus jeans de estilo relajado?) Los adolescentes lo hacen. Las mujeres adineradas lo hacen. Los superhéroes lo hacen. (¿Clark Kent versus Superman? Clásico cambio de código.) Todos modificamos nuestra manera de vestir para garantizar sentirnos seguros (emocionalmente o de otra forma). La misma chica que usa una ombliguera en una cita, puede usar un cuello de tortuga para ir a la casa de los papás de su novio. El roquero extremo con los brazos cubiertos de tatuajes puede cubrirlos con una camisa de botones para ir a una reunión de trabajo, transformándose en un ciudadano almidonado y corporativo. En el programa *Insecure (Insegura)* de HBO, Yvonne Orji interpreta el papel de Molly, quien trabaja como abogada corporativa. En la segunda temporada, Molly se da cuenta de que su colega, un hombre blanco, recibe un mayor salario. Así que deja a un lado sus vestidos rosas a la última moda y empieza a usar trajes sastre tradicionales, negros y azul marino. Ayanna James, diseñadora de vestuario, dijo en *USA Today:* "Molly se da cuenta de que ser buena en lo que hace no es suficiente, y que necesita hacer un cambio".[8]

Cuando pienso en la asimilación de identificación de la moda y el cambio de código, pienso también en Emilia Strong Sykes, una mujer negra y legisladora estatal de Ohio. Ella reportó a *The New York Times* que la catearon antes de entrar a la oficina de gobierno porque el guardia le dijo:

"No pareces una legisladora". Ella se viste ahora de manera extremadamente conservadora y se asegura de ponerse su broche del gobierno en la solapa, para aparentar el papel.[9] Pienso en el mensajero afroamericano de Amazon quien (según *The Atlantic*) se pone todas las prendas que puede encontrar —camiseta, gorra de lana, cachucha encima de la gorra— con el logo de Amazon exhibido prominentemente para evitar que lo confundan con un ladrón cuando se acerca a la puerta de alguna casa.[10] Pienso en mi amigo juez, a quien mencioné en el capítulo 1, que se siente en riesgo cuando camina por el metro con su toga puesta. ¿Cuáles son los beneficios de obedecer ciertos códigos de vestimenta? ¿Cuáles son las consecuencias de ignorarlos?

Este asunto no sólo afecta a las minorías. Nos impacta a todos. Platico con jóvenes que se quieren sentir sexys y hermosas y celebrar sus curvas (¡como los mercadólogos modernos dicen que debemos hacerlo!), pero se topan con acoso en las calles y les mandan fotos no solicitadas de penes. Como resultado, algunas optan por usar ropa holgada y sin color. Hablé con padres que se sienten invisibles. Su guardarropa es la menor de sus prioridades porque si se ponen creativos con la ropa, los demás asumirán que son egoístas, que descuidan a sus hijos para arreglarse, que sus prioridades están equivocadas. Todos podemos imaginarnos a la mamá que llega a los juegos infantiles en pantalones deportivos y a quien reciben distinto que la que llega con falda ajustada y tacones.

Las mujeres adineradas de mediana edad practican la asimilación de identificación de la moda cuando eligen su estilo teniendo en mente sus grupos sociales. Algunas usan sólo lo que creen que será aceptado por la colmena, porque temen desviarse o expresarse y ser marginadas. O quizá sólo se sienten atraídas inconscientemente a la ropa que contará con la aprobación del grupo. *New York Magazine* tomó nota de una tendencia que hace algunos años se propagó como fuego por la elegante zona del Upper East Side en Manhattan y en ciertos barrios de Brooklyn y Westchester County. Al día de hoy, si caminas por las calles de Park Slope en invierno, parecería que una de cada dos mujeres que ves usa la misma chamarra Orlay de cien dólares de Amazon. Esta tendencia tan específica parece haberse desatado por las recomendaciones de boca en boca y la observación directa en tiendas como Soul Cycle, Physique 57 y Bloomingdale's.[11] La antropóloga Wednesday Martin escribió en su libro *Primates of Park Avenue* sobre el seguimiento de tendencias desde la perspectiva antropológica. En una declaración al *New York Post* cuenta que caminaba por la calle Este 79 en Manhattan cuando una mujer, de manera deliberada, la golpeó con el bolso de mano Birkin de Hermès que llevaba y empujó a Martin hacia un lado, en una banqueta completamente vacía. "Había algo tan arrogante en esta mujer que me aventó como si yo no existiera, que me hizo querer comprar una bolsa muy bonita y muy cara", dijo Martin. "Creí que, al igual que un objeto tótem, me protegería de ellas."[12] Las bolsas Birkin pueden tener un precio de seis cifras. Nuestro instinto humano busca aceptación a través del estilo, y es tan fuerte que incluso una antropóloga cuyo *trabajo* es estudiar el comportamiento de un grupo, deseó pertenecer a él.

DESCIFRANDO EL CÓDIGO:
CÓMO MANTENERTE FIEL A TI MISMA

A estas alturas podrás decir: Muy bien, Dawnn, te entiendo. ¡La asimilación de identificación de la moda y el cambio de código son reales! ¡Probablemente lo hago! Pero ¿qué tiene que ver eso con lo que me tengo que poner en 2020? No *voy* a comprarme una bolsa Birkin para quedar bien con mis amigas sofisticadas. Y no puedo hacer nada con el maldito código de vestimenta de mi trabajo. Antes que nada, quiero que sepas que estoy consciente de que todos intentamos encajar siempre que cuestionamos nuestro instinto natural para vestirnos o para vernos de cierta manera, dependiendo de cómo creamos que la gente reaccionará. Esto es evidente cuando evitas expresar tu raza/religión/cultura/etnia/complexión con tu estilo, ya que tendrías que lidiar con estereotipos negativos. Pero en *cualquier* momento en el que sucumbas a las expectativas de los demás, en cuanto a cómo "debes" verte —ya sea cuando eliges un atuendo para complacer a tu suegra o compras algo a la moda en Instagram— puede generarse una sensación de inadecuación o incongruencia. ¿Qué puedes hacer al respecto? ¿Cómo haces contrapeso? ¿Cómo te liberas?

Como dije antes en este mismo capítulo, creo que ayuda empezar con poco, afirmando y celebrando tu ser verdadero de maneras pequeñas. Volvamos a los accesorios focales. Cuando yo era niña, mi mamá hacía un alboroto para que yo no saliera nunca de casa sin aretes. Ahora los uso todos los días como una forma de permanecer conectada con ella, aunque sea la única que sabe por qué lo hago. El peinado es otra manera de expresar tu autenticidad cuando tu ropa debe estar a tono con un código. Al igual que mi clienta Lisa,* del caso práctico del capítulo 2, Yara Shahidi, estudiante de Harvard y estrella en ciernes, muestra su hermoso cabello natural en la alfombra roja. Al hacerlo, se niega a asimilar y se resiste a las presiones de los estándares de la belleza de Hollywood, los cuales aplauden el cabello estilo europeo. Con su *look*, Shahidi reta la relación entre el pelo lacio y el profesionalismo. "Pienso que es una afirmación que declara que no voy a cambiar para este evento [...] que mis rizos pueden lograrlo todo". dijo a la revista *Seventeen*. "No es algo que provenga de la inseguridad o de tratar de pertenecer, sino que es un momento y una oportunidad de divertirme y de hacer algo diferente."[13] Como mencioné en el capítulo 1, la congresista de Massachusetts Ayanna Pressley trenza su cabello al estilo senegalés porque eso la hace sentir, como ella dice, "como mi yo más auténtico y poderoso".[14] Cuando Alexandria Ocasio-Cortez prestó juramento en el Congreso se pintó los labios de un rojo intenso y se puso arracadas de oro, como un homenaje a su colega de la Suprema Corte de Justicia, Sonia Sotomayor, originaria del Bronx, a quien alguien le recomendó usar barniz de uñas de algún color neutral cuando fuera a sus audiencias para evitar el escrutinio. "Se quedó con el rojo", tuiteó Ocasio-Cortez. "La próxima vez que alguien le diga a alguna chica del Bronx que se quite las arracadas, ella podrá responder que se las está arreglando como congresista."[15]

Bien por ellas. De verdad. Pero ¿qué pasa si *tienes que* integrarte? ¿Qué sucede si no vives en un lugar liberal como Hollywood o Nueva York, o si tienes un puesto en una oficina de gobierno? ¿Qué pasa si al usar joyería, labial, manicure de fantasía, tocados en el cabello, peinados que evocan tus orígenes o la comunidad a la que perteneces genera prejuicios, ya sean tácitos o explícitos? ¿Qué sucede si al usar cualquier otra cosa que no sea un traje de negocios te confunden con la servidumbre? ¿Qué sucede si el cambio de códigos y la asimilación no son una opción sino un requerimiento, como con la empleada de Ross Dress for Less, de la que hablé en el capítulo 7 y a quien le pidieron que se quitara su peinado tradicional de nudos bantú? Cuando iba camino a comprarse una mascada para el pelo, como le ordenaron sus jefes blancos, publicó un video que se volvió viral en el que hablaba de su experiencia y exhibía la injusticia en las redes sociales. Incluso cuando ella estaba en el proceso de asimilación, se afirmó a sí misma. Por supuesto, cuando confrontamos estos problemas todos los días, las circunstancias no son siempre tan obvias o extremas. A menudo los prejuicios no son evidentes ni conscientes. Cuando interiorizamos los parámetros de belleza que nos hacen sentir como el "otro", dirigimos la negatividad hacia nosotros. Por eso es tan útil reafirmarte a través de la moda. Aquí hay algunos consejos para hacer justamente eso.

Consejos de psicología de la moda

CÓMO MANTENER LA PERSPECTIVA

Todo está en los detalles: aunque el código de vestimenta de tu oficina sea conservador, puedes seguir expresando tu individualidad con pequeños detalles. Usa tu labial favorito, sé creativa con el diseño de tu barniz de uñas, usa una mascada en el pelo, joyería o incluso alguna fragancia sutil. Ponte un abrigo elegante de algún color atrevido, anteojos con un armazón divertido de materiales distintos como metal o carey, o zapatos con tacón de diseño arquitectónico.

Dale un giro personal a alguna tendencia: si en tu grupo de amigos todos empiezan a usar botas vaqueras y a ti no te gustan, modifícalas. Las botas de motociclista o de equitación no serán motivo de un incómodo escrutinio, pero tampoco harán que te odies a ti misma. Considéralo como una protesta pacífica.

Equilibra: si no puedes resistirte a una tendencia, extiende su vida útil manteniendo la mayor parte de tu atuendo con un estilo clásico o neutral. Si compraste un saco cruzado de doble botón, de estructura muy cuadrada y color anaranjado brillante, combínalo con una camiseta gris y pantalones de corte ancho, también grises. ¿Cediste a la tentación de un cuello de tortuga marrón de lentejuelas y una falda larga a juego? Bájalos de tono a un estilo más casual, combinándolos con un suéter abierto negro de corte largo y zapatillas bajas negras, sin talón. Tienes unos jeans deslavados estilo *tie-dyed*. Paz. Disfrútalos esta temporada y guárdalos para tu hija. Se trata de complementar y actuar en consecuencia: lo ostentoso con lo simple, lo centelleante con lo suave, lo brillante con lo neutral, lo escandaloso con lo silencioso, el ying con el yang.

¿La asimilación te desanimó? Si pasas todo el día en una oficina quiere decir que necesitas un *look* básico, lo entiendo. Si tus esfuerzos para encajar con las otras mamás en las reuniones de los niños te han hecho dueña de tanta ropa estilo *athleisure* que ya ni recuerdas lo que se siente ponerte unos pantalones, ¡ven a mí! Si tu obsesión por seguir las tendencias ha hecho que tu clóset parezca como si H&M y Urban Outfitters tuvieron un bebé, y ni siquiera estás segura de que sea tuyo, la ayuda está en camino. Aquí tienes consejos probados y sensatos que te ayudarán a reencontrar tu sendero.

Ejercicio de psicología de la moda

CÓMO REAFIRMARTE A TI MISMA

He aquí un ejercicio que les doy a mis clientes con frecuencia. Se llama *aformación*. Este término ha sido popularizado por el *coach* de autoayuda Noah St. John, y simplemente es una **afirmación a manera de pregunta**.[16]

Quizás antes ya hayas meditado y hecho afirmaciones. Quizá te has sentado en silencio y hayas repetido algún mantra como *Soy bella y todos me aman*. (Okey, saqué ésa de Pinterest.) Si en algo te pareces a mí o al señor St. John, no sólo te sientes ridícula diciéndote eso a ti misma, ¡sino que empezarás a encontrar todo tipo de evidencias acerca de la falsedad de esta afirmación!

Es sorprendente que cuando le damos la vuelta a las afirmaciones y las planteamos a manera de preguntas, nos obligamos a buscar las respuestas, las cuales suelen ser positivas. Intentémoslo juntas. Pregúntate: *¿Por qué soy tan bella y tengo tanto estilo?* Ahora tu cerebro debe buscar la respuesta a este cuestionamiento. Tal vez pienses: *Soy así de bella porque mi familia me ama. Soy bella porque soy amable con quienes no conozco. Soy bella porque soy única. Tengo mucho estilo porque mi ropa es sencilla y de corte dinámico. Tengo estilo porque me veo maravillosa vestida de amarillo. Tengo estilo porque ese vestido cruzado me hace sentir elegante.*

Llámalo *reafirmar, invertir o dar vuelta al guion*. Convertir una afirmación en pregunta te obliga a pensar diferente. ¿Al principio te sentirás ridícula haciendo esto? ¡Es muy probable! ¿Les pido a mis clientes que lo hagan frente a un espejo cada día de la semana? ¡Por supuesto! Pero créeme: si te haces este tipo de preguntas una y otra vez (¡y escribes tus respuestas!), no sólo empezarás a encontrar observaciones positivas, sino que también empezarás a creer en ellas.

Regreso una vez más a una cita de Lisa, del capítulo 2: "Sólo tienes que encontrar lo que te gusta de ti misma". Recuerda lo que te motiva a alcanzar tu propósito en esta tierra, lo que más te importa y escríbelo. Conocerte y gustarte lo es todo. Es el primer paso para vestirte genial.

PERSEGUIR LAS TENDENCIAS: UNA CARRERA IMPOSIBLE DE GANAR

Odio ser una Debbie Downer después de haber hecho esa afirmación, pero quiero ser sincera y compartir algo contigo. Alguna vez estuve en una situación profesional en la que sentí que mis superiores cambiaban una y otra vez las metas establecidas. Me pedían que completara un encargo determinado, pero tan pronto como lo hacía se reunían, inventaban algo e implementaban una nueva política que parecía diseñada especialmente para probarme, con nuevos objetivos, uno detrás del otro. Era claro que no querían que yo perteneciera a su grupo y estaban buscando maneras para dejarlo claro. Querían un motivo para despedirme. Pero yo perseveré y permanecí en ese puesto por tres años, cumpliendo con cada nuevo requerimiento, determinada a demostrarles que su opinión acerca de mí estaba equivocada.

Perseguir tendencias de la moda me recuerda esa elusiva línea de meta que no aparece: el final que nunca llega. La moda es un sistema establecido para hacerte pensar: *Ay, si tan sólo pudiera comprar ese último artículo o vestirme increíble con ese nuevo* look *que está arrasando en las redes sociales, o cortarme el fleco, entonces me sentiría satisfecha. Mi vida mejoraría. ¡Me volvería mucho más extrovertida porque tendré todos los atuendos para salir! Mi ex llorará y babeará cuando vea mi Instagram*, y cosas por el estilo. Pero luego, una nueva temporada llega a las tiendas, una nueva tendencia es lo de hoy y deja obsoleta a la anterior, *passé*, anticuada. Entonces seguimos con lo que viene, y así, una y otra vez.

El cambio de código situacional de la moda y la asimilación de identificación de la moda van mano a mano con la persecución de tendencias. Vestirse de cierta manera para obtener aprobación de un grupo social (o *likes* de los seguidores) nos hace sentir inadecuados porque los sistemas (la moda rápida, las redes sociales) prosperan gracias a que nunca sentimos que somos lo bastante buenos. Como escribió Naomi Wolf en la versión actualizada de su trascendental libro *The Beauty Myth*, a lo largo de los años la han buscado mujeres de todas las edades, tipos de cuerpo y tono de piel. Estas mujeres, escribe Wolf, son tan bellas que podrían ser modelos. Y sin embargo, todas "han admitido que, desde el primer pensamiento consciente de su vida, el ideal era ser alta, delgada, blanca y rubia, con una cara sin poros, asimetrías ni defectos, alguien enteramente 'perfecta', un ideal que, de una u otra manera, ellas no eran".[17] La inseguridad impulsa nuestro deseo de adaptarnos. También nos impulsa a subirnos a ese tren publicitario y comprar todo lo que las tendencias marcan. A menudo, este comportamiento involucra tratar de complacer a alguien más que a ti, intentando ser alguien que no eres.

Karl Lagerfeld dijo algo que se hizo famoso: "Estar a la moda es la etapa previa a ser corriente".[18] Estoy en humilde desacuerdo. A pesar de mi advertencia, las tendencias no son mi enemigo. Amo las tendencias. ¡Las tendencias son divertidas! Darte gusto con una o dos al año puede mantener tu guardarropa fresco y ligero. Creo que hay que cuidarse de tratar de usar *cada* tendencia, sobre todo dada la velocidad con la que aparecen hoy en día. Comprar ropa nueva todo el tiempo es la receta perfecta para el desastre financiero, sin mencionar que es un desastre de incongruencia. ¿Alguna vez has comprado algo que todos los demás adquirieron? (shorts *bikers*, anteojos diminutos, vestidos sacados de un capítulo de *La familia Ingalls*, ¡te hablo a ti!) Y luego llegaste a tu casa y te diste cuenta de que tu compra trastocó severamente tu cuenta de banco, o que lo que se veía muy bien en la tienda es ridículamente incompatible con el resto de tu clóset. Estoy aquí para ayudarte. He aquí una manera súper rápida de distinguir si las tendencias están aderezando tu vida, o envenenándola.

El siguiente cuestionario está basado en una investigación sobre qué nos hace ceder ante la presión social. ¿Qué cualidades hacen que la persona sea más proclive a, como Lisa dice, montarse en el tren de la publicidad? ¿Qué le da a alguien la confianza para marchar al ritmo de los demás o marcar su propio ritmo sin ser susceptible a las tendencias? Y si no tienes la confianza, ¿dónde la encuentras?

Test de psicología de la moda

¿LAS TENDENCIAS SE ESTÁN APODERANDO DE TU VIDA?

- ¿Formas parte de un grupo de amigos, familia extensa o grupo de la oficina que se comunica con frecuencia, quizás a través de mensajes de texto o Slack, o que socializa en persona, todos juntos?
- ¿A menudo sientes que los miembros de tu grupo están de acuerdo con la mayoría de los asuntos? Y si tienes una opinión distinta, ¿tiendes a quedarte callada?
- ¿Admiras el estatus o el atractivo específico de este grupo?

■ ¿No te has comprometido con ningún estilo personal concreto? ¿Continúas explorando y evaluando cuál puede ser la vibra de tu estilo y estás abierta a probar nuevos *looks*?

■ ¿Te sientes escudriñada por tu grupo, ya sea en la vida real o en las redes sociales? ¿Tus amigos, familiares, colegas, etcétera, comentan regularmente sobre tu apariencia o estilo?

■ ¿Provienes de una familia que incentiva el respeto por los estándares sociales? ¿Tus papás insistieron mucho sobre la importancia de ser educada, tener modales, ser respetuosa, respetar las jerarquías, los rituales y las tradiciones?

■ ¿Provienes de una cultura colectivista? ¿Tu cultura le da prioridad al grupo sobre el individuo? ¿Tu identidad está estrechamente ligada con esta cultura?

Si contestaste que sí a más de tres preguntas, entonces es muy probable que suelas comprar un exceso de artículos de última tendencia o de moda rápida. Resulta que la gente es más susceptible a un comportamiento conformista cuando tiene que cumplir ciertos criterios. Aunque no encajes en esta descripción, ayuda pensar de manera crítica la próxima vez que consideres comprar algo que sea parte de una tendencia.

Esta pregunta surge mucho entre mis clientes y amigos: ¿qué haces si ya caíste en la trampa de una tendencia? Una amiga tiene al menos seis (i!) vestidos veraniegos florales de moda rápida, de Reformation. Era obvio que mientras duró la temporada, estaba encantada con sus vestidos, pero ahora, en pleno invierno, siente que ya los "superó". Todo lo que ve cuando los mira es dinero tirado a la basura y un clóset saturado. Y ahora se reprocha a sí misma cada vez más. Ver esos vestidos le hace sentir que odia *todo* lo que tiene, así que siente que debe apresurarse a corregir su error sumergiéndose en una terapia de compras y adquiriendo más cosas que no necesita para nada.

Le aconsejé a mi amiga que fuera de compras con intenciones más claras (consulta el capítulo 5). Le sugerí que buscara diseños más minimalistas que aguantarían mejor el paso del tiempo y que no responden sólo a un impulso de momento. También le recordé que ha *aprendido* de esta experiencia. Esos vestidos florales tienen un valor psicológico. Así, el próximo verano cuando los redescubra no se castigará tanto a sí misma. En cambio, recordará nuestra conversación como un punto de quiebre: el momento en que decidió comenzar a comprar con conciencia. Ella puede decidir volver a usar los vestidos, reinventarlos con accesorios inesperados (botas militares) o prendas de abrigo (una chamarra de piel), o bien donarlos o revenderlos y olvidarse del asunto por completo. De cualquier manera, habrá reconstruido la historia que se cuenta a sí misma sobre esos vestidos. La próxima vez que los vea pensará: *No hay sorpresas aquí. Ya sé que esos vestidos no eran para siempre.*

Aquí hay algunos consejos más de cómo evitar caer en las trampas de las tendencias.

Test de psicología de la moda

6 MANERAS DE SABER SI UNA TENDENCIA ES CORRECTA PARA TI

Antes de que saques la tarjeta de crédito y compres otro artículo de moda, repasa estas seis preguntas. Si eso a lo que le echaste el ojo cumple estos criterios, entonces es *menos probable* que te levantes con una cruda de *shopping* y llena de remordimientos.

1) **Problema doble.** Pregúntate: ¿Ya tengo una versión de este artículo o algo muy similar? Si la respuesta es sí, guarda tu cartera.

2) Considera el color. ¿De qué **color** es la tendencia? En general, ¿cómo te hace sentir ese color cuando lo usas? ¿Feliz? ¿Triste? ¿Ansiosa? ¿Has usado este color antes y te has sentido segura de ti misma y has recibido halagos? Si has utilizado este color con éxito en el pasado, incluso cuando eras niña, entonces es un buen indicador de que te provocará emociones deseables.

3) Pregúntate: **¿Esto me representa?** ¿Este nuevo artículo está acorde con lo que acostumbro y lo que es mi estilo particular? ¿Grita "yo" o es radicalmente distinto a todo lo que tienes o a todo lo que has usado hasta ahora? Yo apoyo la diversificación y la compra de cosas diferentes, pero no de manera impulsiva. Si nunca has usado pantalones tipo *harem*, pero llevas meses viendo y guardando fotografías de ellos, cómpralos. Si adquieres pantalones tipo *harem* como un capricho porque los traía puestos un *influencer* o un maniquí o porque estás teniendo un mal día, es muy probable que nunca los usarás.

4) **¿Dónde** usarás este artículo? ¿Puedes pensar en tres situaciones en las que te pondrías esta prenda, como el trabajo, una celebración, un almuerzo, una salida con amigos por la noche o para una ocasión especial próxima? Si puedes verte con ese atuendo en la vida real, es un punto a su favor.

5) **Halagador:** puedes adorar cómo se ve algo que una modelo de Instagram lleva puesto, pero si tiene un tipo de cuerpo completamente distinto al tuyo la prenda no te favorecerá de la misma manera. Si no vas a la tienda a probarte algo, debes ser muy cuidadosa para evaluar de manera realista lo que te puede quedar. Hace poco compré un traje de baño que se veía increíble en Instagram, pero la modelo que lo lucía tenía cuerpo de reloj de arena; yo soy más delgada. Ella tenía más busto.

Y yo soy copa A. Baste decir que cuando el paquete llegó y me probé el traje *no* se veía igual. Así que ahí me tienes, sintiéndome pésimo, con la autoestima por los suelos como resultado. Es importante que no dañemos nuestra seguridad con estos contratiempos de compras en línea. Lo que empezó como una pequeña misión para encontrar un traje de baño, ¡me provocó todo un problema psicológico!

6) **Tiempo:** ¿el artículo que deseas es algo que visualizas para corto o largo plazo? Una vez que no esté de moda, ¿tendrás la confianza para usarlo? ¿Sientes que esa prenda es algo a lo que le tomarás cariño sin importar si está o no a la moda? ¿Es moda rápida? ¿Qué tan desechable es? ¿Puedes decir con honestidad, incluso si la siguiente tendencia es nueva y fresca, que seguirás usando esta prenda? ¿Superará la prueba del tiempo?

EN CONCLUSIÓN
CONSEJOS Y APRENDIZAJES CLAVE DEL CAPÍTULO 8

- **Mantén los pies en la tierra.** Todos nos vestimos para encajar y complacer a los demás en ciertos momentos. No hay nada malo en eso, siempre y cuando introduzcas algunos elementos de estilo (lentes, zapatos, maquillaje) que te permitan sentirte auténtica. Puedes satisfacer las expectativas exteriores y, al mismo tiempo, encontrar formas de celebrarte.

- **Las afirmaciones desbloquean la confianza.** Elegimos la ropa que nos ayuda a encajar cuando nos sentimos inseguros. Intenta escribir lo que amas de ti misma y documenta las experiencias que te hacen sentir orgullosa. Cuando estés ansiosa, recurre a tu diario, no a tu tarjeta de crédito.

- **Pon a prueba las tendencias.** Analiza de manera crítica cualquier prenda antes de comprarla. ¿Puedes imaginarte una situación de la vida real (con una fecha concreta en tu agenda) en la que podrías usarla? ¿Has estado buscando este artículo durante meses o es sólo un impulso por comprar? ¿Has visto a alguien con tu tipo de cuerpo usándolo? ¿Pasará la prueba del tiempo? Eleva tus estándares antes de abrir tu cartera.

CAPÍTULO 9

Nación selfie

Todo el mundo es un escenario.
—William Shakespeare

Kim Kardashian podrá decir que las selfies están muertas (¿será porque sus fotos las toman fotógrafos profesionales?), pero cualquiera que tenga redes sociales sabe que esto sencillamente no es verdad. ¿Publicas fotos y te descubres revisando todo el tiempo cuántos *likes* recibes? ¿Esta preocupación te distrae de tener interacciones significativas con tus seres queridos, de ser productiva en el trabajo? De acuerdo con Nielsen, a partir de 2018, el estadunidense promedio pasó once horas al día interactuando con los medios. (Eso incluye escuchar, ver o leer cualquier cosa que provenga de una pantalla).[1] Cualquier cosa a la cual le dediques más de la mitad de tus horas de vigilia se vuelve una fuerza psicológica colosal. En este capítulo comparto consejos sobre cómo utilizar las redes sociales para servirle a tu psique y a tu estilo, y cómo esquivar los peligros que pueden dañar a ambos. Pero antes vamos a intentar comprender por qué exhibirnos en las redes sociales es tan tentador.

De acuerdo con un estudio de Harvard, el acto de revelar información sobre ti misma frente a una audiencia desencadena la misma recompensa y los centros de placer en el cerebro que los que se activan al comer algo delicioso, obtener dinero o tener sexo.[2] En su cobertura del estudio, el *LA Times* llamó a las redes sociales "caramelos para el cerebro".[3] En su innovador artículo para *The Atlantic* titulado "Have Smartphones Destroyed a Generation" ("¿Habrán destruido los smartphones a una generación?"), la psicóloga e investigadora Jean M. Twenge escribe sobre el crecimiento súbito de las tasas de suicidio y depresión entre los miembros de lo que ella llama iGen (Generación Z), la primera generación de personas jóvenes que creció con las redes sociales: "No es una exageración describir a la iGen como estar al borde de la peor crisis de salud mental en décadas. Mucho de este deterioro puede rastrearse en sus teléfonos".[4] Así que mientras estas plataformas pueden ser divertidas, inspiradoras y, pues, sociales, también pueden dañar tu salud mental. Todo se reduce a cuánto te importa la retroalimentación de tus seguidores y cuánta dificultad tienes para dejar tu teléfono y vivir tu vida.

Como psicóloga de la moda, la primera cosa que me preocupa respecto a las redes sociales es tu autoestima. Al depender emocionalmente demasiado de los *likes*, permites que la validación de otras personas determine tu propio valor. De repente estás de vuelta en la secundaria y tu red social está dictando tu nivel de confianza. ¡Pero no te desanimes! No eres tú, es Instagram. Ésta es la forma en la que se juega el juego, la forma en que el sistema está configurado. Cada vez que publicas una foto invitas a otros a juzgarte, pones tus emociones en manos de extraños. Cuando recibes retroalimentación positiva quizás experimentes euforia, la cual solamente te deja anhelando más. ¿Y adivina qué? Ese apetito de la aprobación exterior es insaciable, porque estas plataformas están diseñadas para permitir seguidores infinitos, *likes* sin límites. ¿Como podría ser suficiente lo que ya tienes?

Además (imagíname haciendo mi mejor voz de mamá aquí), ya sea que la foto que posteaste haya sido producida artísticamente, *photoshopeada* o lo opuesto —#sinfiltro, ingenua o boba—, debes ser muy cuidadosa con lo que comunicas con tu apariencia en línea. Personas que tal vez quieren salir contigo están viendo esas fotos. También quizá las personas que te quieren contratar. Algún día, tus hijos también lo harán. Luego está la cuestión de los comentarios. Cualquier retroalimentación que leas tiene el potencial de vivir para siempre: si no es en internet (porque borraste la publicación), entonces en tu mente. La crítica puede doler aunque venga de un *hater*, un *troll* o un extraño aleatorio que jamás conocerás. De acuerdo con la profesora de psicología del Boston College, Elizabeth Kensinger y otros investigadores, nuestros recuerdos de experiencias emocionalmente negativas y eventos dolorosos son más fuertes, vívidos e impactantes que nuestros recuerdos positivos.[5] Entonces, hay muchas posibles desventajas psicológicas sobre el *uso excesivo* de las redes sociales.

¿Cómo afecta esto a tu estilo? Aunque no seas el tipo de persona que les pide a sus seguidores que voten para saber qué ponerte para una fiesta, tal vez te encuentres dudando de tus instintos para arreglarte y vistiéndote más por anticipar la reacción de tu audiencia que por seguir tu propia felicidad (¡o tu ánimo!). Imagina si hubieras tenido cien *likes* la última vez que usaste un *jumpsuit* y solamente veintidós cuando usaste jeans con una camiseta, pero en el momento te sentías mucho más auténtica con la segunda opción. ¿Las influencias externas van a afectarte la próxima vez que te acerques a tu clóset? Si eres de las que están enfocadas en la moda, las redes sociales también podrían exacerbar algunos de tus comportamientos compulsivos de compras. Levanta la mano si revisas Instagram antes de dormir en la noche o antes de levantarte de la cama en la mañana. Vamos, todos somos amigos aquí. Éste es un espacio seguro. Tal vez te sientas obligada a aparecer en un arsenal interminable de atuendos nuevos, todos con el propósito de recibir *likes*. El hashtag #OOTD generó más de 270 millones de hits en Instagram la última vez que conté. Comprar con el propósito de lucirte en las redes sociales puede convertirse en un ciclo vicioso y costoso. Cada vez se infiltran más en nuestros *feeds* marcas nuevas y tentadoras.

Y, cuando se trata de promocionarse a una misma en línea, las mujeres están sujetas a un estándar distinto. En un artículo acerca de la presión que existe sobre las mujeres de negocios para presentar cierta imagen en las redes sociales, Jessica O. Mathews, directora general de una firma de energía renovable, le dijo a *Fast Company:* "Conozco a muchos hombres que son vistos como genios de la tecnología y no se bañan". Ella dice que para las mujeres eso simplemente nunca se valdría. "Tengo que hacer tiempo para planear mi estrategia ejecutiva y que me hagan mi peluca. No existe un mundo en el que alguien esté de acuerdo con que yo me vea como Boo Boo The Fool".[6]

Cuando comienzas a depender excesivamente de la retroalimentación que recibes en línea, cuando los comentarios se convierten en tu espejo y comienzas a vivir algo así como una vida-meta, ya no estás presente. Te imaginas cómo reaccionarían tus seguidores ante las escenas de tu vida, mientras tú las experimentas en la vida real. Al observar un atardecer, visualizas cuánto mejoraría con un filtro. Mientras ríes con un amigo, se te antoja tomar una selfie, contemplas el ángulo más favorecedor y escribes el pie de foto en tu cabeza. ¿Te suena conocida esta desconexión que provoca lo digital? Ni siquiera puedo contar el número de clientes que me buscan porque su confianza se ha derrumbado al compararse con los *looks* curados y las vidas escenificadas de los *influencers.*

Quiero recordarles que a estos *influencers* les han pagado para crear contenido. Ellos están presentando una realidad falsa (#WokeUpLike This: un millón de posts). En un ensayo para *Vogue* en el que señala esta desconexión, Lena Dunham dijo que el *feed* de Instagram de alguien que le interesaba era un "falso vistazo" de su vida: "Solamente aparecen las partes más agradables, perfectamente calibradas".[7] En un documental de Hulu acerca del Festival Fyre, Jia Tolentino, periodista del *New Yorker* llama a la cultura del Instagram "la actuación de una vida atractiva".[8] La actuación es la antítesis de la autenticidad. Esto es entretenimiento. Estas estrellas sociales son *modelos.* Tal vez hasta tienen equipos de estilistas profesionales que preparan y toman sus fotos, el equivalente moderno a los magos de los cambios de imagen de los que hablé en el capítulo 1. Se les paga por viajar a ubicaciones hermosas alrededor del mundo y producir sesiones de fotos que duren todo el día. Puede ser que tomen fotos de ocho atuendos en un mismo día y después las reparten y las publican en el transcurso de una semana, haciendo que parezca como si trajeran puesto algo nuevo y fabuloso cada día. Éste es su trabajo. Es como se ganan la vida. No es real.

Pero incluso sabiendo esto, caemos una y otra vez en la ilusión. Por eso los conceptos como desintoxicación digital y minimalismo digital son tan atractivos. Queremos alejarnos de esta embriagadora mezcla de sentir que nos estamos perdiendo de algo y de una fantasía, porque en algún nivel se siente asqueroso. Y aun así, es en las redes sociales donde todos tus amigos hacen planes, se ríen de chistes locales, comparten que tienen el corazón roto y se apoyan (o al menos mandan emojis de golpe de puño). Con razón te sientes fracasada cuando parece que no puedes dejarlas.

Pero ¿estás lista para un latigazo emocional? Yo amo Instagram. Sí. Lo dije. Con todo y sus posibles inconvenientes, creo que las redes sociales son algo positivo. Son una herramienta excepcional para encontrar inspiración de atuendos, para encontrar comunidad, para empoderarte a ti misma, para la democratización de las ideas. La creatividad que encuentro en línea inspira mi estilo y enriquece mi vida. Sólo que me rehúso a permitir que tomen el control de mi existencia. Mi meta en este capítulo es ayudarte a que te sientas cómoda y segura con tu contenido —y eso incluye tu ropa—, antes de que lo muestres ante el mundo para la eternidad, antes de que invites a la retroalimentación de los extraños. Se espera que Instagram tenga *2 mil millones* de usuarios para 2023.[9] Se estima que se publican 95 millones de fotos y videos en la plataforma cada día.[10] No estás sola al lidiar con sus beneficios, o sus peligros. Y éstos no se van a ir. Estoy aquí para compartir consejos fáciles y accesibles sobre cómo pensar y vestirte para tus imágenes en línea. Pero comencemos con esta #meta: es momento de que vuelvas a aprobarte a ti misma y vestirte para ti primero. TÚ diriges el camino, no tus seguidores.

CÓMO LAS REDES SOCIALES MEJORARON MI ESTILO

Instagram me ha abierto el mundo. Soy una gran viajera internacional y me emociona abrir una app en mi teléfono y de inmediato saber lo que otras personas usan en India, Australia o Italia. Cuando era más joven y mi mamá me llevaba a la escuela de modelaje o a las clases de piano, observaba a las modelos en las revistas. Ahora veo a gente real. Es fascinante. Yo solía sentir que la moda era inaccesible para mí, incluso cuando trabajaba en la industria. Pero gracias a esta plataforma, he encontrado aceptación y aliento de amigos y extraños por igual. Soy bastante atrevida al vestirme. No dudo en combinar sudaderas con tacones o usar mi sombrero de ala ancha morado con mi gabardina fucsia, o mi bata de brocado de oro sobre un conjunto completamente negro para ir a trabajar.

La persona promedio quizá no se vista de forma tan arriesgada como yo, ni siquiera en Nueva York y ciertamente no todos los días. Pero cuando me meto a las redes sociales veo a cientos de chicas que se visten como yo todo el tiempo, o incluso más aventuradamente. ¡Ya no me siento vanguardista! Gracias a Instagram, ahora considero entre mis amigas más cercanas a una desarrolladora de apps en Atlanta, a una *blogger* de estilo de vida afincada en Londres, a una reportera australiana y a una subcampeona a Miss India. Le damos *like* a nuestras fotos, brindamos por los logros profesionales de cada una (emoji de copa de champaña: ¡clink!), y compartimos chismes, inseguridades, emojis de corazones, de manos rezando y de bolas de fuego. Me visto de manera más osada porque me han ayudado a sentirme valiente. Ésta es mi comunidad. Ésta es mi gente. (También tengo muchos seres queridos que puedo tocar y con quienes puedo hablar, que quede claro.) Lo más hermoso de vivir con estilo en línea es que aunque alguien allá afuera pueda odiar tu atuendo, alguien más puede inspirarse con él. Tal vez yo inicie una nueva tendencia. Tal vez tú lo hagas. Ese pensamiento me deleita. Puedo tener una voz y controlar mi imagen, mi historia.

En su libro *Men Explain Things to Me,* Rebecca Solnit escribe que una condición femenina por excelencia es tener que luchar, de algún modo, por ser vista. Cada mujer "lucha con las fuerzas que contarían su historia por ella, o escribirla fuera de su historia, de la genealogía, de los derechos del hombre, de la ley. La capacidad para contar tu propia historia en palabras o imágenes ya es una victoria, ya es una revuelta".[11] Gracias a las redes sociales, todos tenemos la habilidad de contar nuestras propias historias. La clave está en no dejar que tu avatar en línea se aleje demasiado de la persona que eres en la vida real.

Aquí hay un poco más de información privilegiada: yo uso Instagram como mi estilista. Tengo varios álbumes dedicados a atuendos de otras personas que me inspiran. Te daré un ejemplo: un día hace no mucho quería ilustrar el ánimo relajado y tranquilo en el que estaba (léase: vestida cómodamente, sin esforzarme demasiado en términos de moda). Pero igual quería verme linda. Me encontré con una *influencer* que traía puesta una chamarra café de pelo sintético sobre un cuello de tortuga negro, pantalones deportivos café claro satinados y botitas de calcetín. Los acompañó con lentes de sol, un gorro tejido y una bolsa pequeña al hombro. ¡Me encantó su toque glamoroso al estilo *athleisure*! Al instante me di cuenta de que ya tenía varios elementos de su atuendo. Así que fui a mi clóset y saqué mi propia versión de su *look*. Tengo una sudadera negra y pantalones deportivos negros. Palomita. Mi abrigo de piel es de zorro blanco *vintage*, así que aún estaba siguiendo la fórmula de su atuendo; decidí que mi esquema de color sería significativamente diferente: negro y blanco versus negro y café. (Para quien tenga curiosidad: soy consciente de la crueldad hacia los animales, así que cualquier piel que utilizo es *vintage* o imitación piel). Mis accesorios también difirieron ligeramente: me puse unas botas de punta de acero y una bolsa cruzada de Aldo (la suya era una *baguette* de Fendi). Después, justo como mi inspiración de Instagram, rematé mi *look* con una gorrita tejida, lentes de sol y labios rojos. Me sentía cómoda, pero vanguardista. Fui a dar mi clase, sintiéndome fresquísima y mis alumnos de moda respondieron con muchos halagos. Este *look* no se me hubiera ocurrido a mí sola, y aun así no lo estaba forzando. Me seguía sintiendo yo misma. Me sentía increíble.

Y así, Instagram me dio un antídoto instantáneo y rentable a esa sensación de "no tengo nada que ponerme". Categorizo mis álbumes de inspiración para atuendos por ánimo (*looks* para sentirme con energía, *looks* para calmarme y para apaciguar la ansiedad, *looks* para inspirar la creatividad), porque soy una persona que se viste de acuerdo con sus emociones y eso funciona para mí. Tal vez tú compiles álbumes de *looks* para días lluviosos, *looks* de oficina, atuendos para salir de noche, ideas para el fin de semana. Archivar, organizar y recrear fotos que te inspiren utilizando tu propia ropa es más barato que contratar a un estilista, más fácil que usar una app de clóset digital, y la labor es menos intensa que una suscripción o un servicio de renta (aunque éstas también son excelentes herramientas). Mi pequeña librería digital se trata de "hazlo tú misma". Es sólo otra manera con la que te puedes sentir empoderada para vestirte usando tecnología en lugar de preguntarle —o pagarle— a otra persona para que te diga qué ponerte.

Consejos de psicología de la moda

CÓMO CONVERTIR INSTAGRAM EN TU ESTILISTA

Solamente toma capturas de pantalla, dale favorito a las fotos, guarda atuendos compuestos por ropa que ya tienes (o que sea similar). Instagram ha vuelto demasiado fácil "comprar este atuendo" o "dar clic para comprar" o "dar *like* para conocerlo". No tienes que hacerlo. La terapia de compras no es la respuesta. Como dije en el capítulo 4, tengo un enfoque verdaderamente minimalista en mi guardarropa. Nunca compro tres veces el mismo top. Conozco perfecto cada pieza que tengo, para que cuando vea un atuendo en las redes sociales pueda decir: *¡Oh, tengo algo parecido a eso!* No voy a salir a comprar algo nuevo; estoy comprando en mi clóset. Eso me empodera.

CASO PRÁCTICO: MI HERMANA EGOÍSTA

Hace poco me reuní con dos hermanas. La mayor está en sus veinte tardíos y es estudiante de posgrado en la Universidad Columbia. La más joven está haciendo su licenciatura en el medio este de Estados Unidos, el lugar donde crecieron. La hermana mayor me buscó para que la ayudara porque teme que el uso excesivo de las redes sociales de su hermana menor esté provocando un efecto perjudicial en su psique. Dice que su hermana menor se la pasa viendo fotos de influencers obsesivamente y afirma que quiere ser como ellas. Cada vez que las hermanas se están arreglando para salir de la casa, la hermana menor se obsesiona con verse "perfecta" y lista para tomarse una foto. En lugar de verse al espejo, se mira en las fotos de su teléfono e intenta diferentes ángulos, haciendo cara de pato todo el tiempo. Según su hermana mayor, vive como si tuviera una cantidad extensa de seguidores. (No la tiene.) Le toma años vestirse y maquillarse, juega con varios filtros durante horas antes de publicar cualquier cosa. A la hermana le preocupa que esté bombardeada constantemente con estas imágenes de influencers y que no sea consciente de que su fijación está tomando el control de su vida. La hermana menor no hace nada para limitar el tiempo que se expone a las redes sociales ni busca encontrar un equilibrio entre consumir contenido en línea y vivir en la realidad. ¿Cómo podría afectarla esto?, me preguntó preocupada la hermana mayor.

Mientras me sentaba con estas mujeres jóvenes, dos pensamientos cruzaron mi mente. Quería ser abierta y honesta con ellas acerca de los peligros de los hábitos de la hermana menor, pero también quería que ambas se sintieran empoderadas, con un camino claro y viable para seguir. No quería poner las redes sociales como el enemigo; soy realista. Sé que es inevitable que forme parte de sus vidas. Mi meta era ayudar a la hermana menor, que es más impresionable, a usar el medio de una forma más sana.

Te diré justo lo que les dije: sí, el uso excesivo de las redes sociales de la hermana menor podía ser una señal de alerta. Les expliqué que los signos de adicción a las redes sociales incluyen: que afectan negativamente tus relaciones, que sientes que no puedes dejar de usarlas, o que su uso continúa aumentando sin estabilizarse.[12] El uso en exceso de las redes sociales también se ha vinculado con una toma de decisiones deteriorada y comportamientos riesgosos, sin mencionar depresión, ansiedad y toda una serie de problemas mentales.[13] Proseguí a enfatizar que compararse a una misma con imágenes curadas de *influencers* tiene un efecto perjudicial en la autoestima.

Pero también señalé que la esperanza está en el horizonte: ahora vemos una tendencia de estrellas de las redes sociales que comienzan a abrirse y a hablar acerca de sus dificultades con la salud mental en relación con su apariencia, desde trastornos alimentarios hasta ansiedad, acné y adicciones. Están destrozando el mito de la perfección que ellas mismas ayudaron a construir. Mi predicción es que los *influencers* se volverán cada vez más transparentes sobre estas cuestiones. A continuación te cuento más de lo que les dije que podían hacer en ese mismo instante para mitigar los efectos negativos de ese hábito tan difícil de soltar. (¡Considera esto una **receta de estilo** para todos nosotros!)

Consejos de psicología de la moda

CÓMO TENER UNA RELACIÓN MÁS SANA
CONTIGO MISMA

■ **Repuebla tu** *feed*

Deja lo que sea que estés haciendo y piensa por un minuto en las personas de tu vida que puedes tocar físicamente. Tu mamá, tu hermana, tu profesora favorita, tu entrenador, tus vecinos, tu familia extendida, tus amigos, sus padres, tus compañeros de equipo, tus compañeros de casa, tus compañeros de trabajo. Piensa en la gente que conoces y admiras y que te conocen por nombre y apellido. Personas cuyas voces puedes escuchar y cuyas manos puedes estrechar en la vida real. Sigue a algunos de ellos en las redes sociales. Repuebla tu *feed* con esas personas, para que la realidad simulada de la aplicación represente de manera más acertada el mundo en el que vives.

Después, encuentra algunas celebridades, estrellas del *street style*, creativos o *influencers* que se asemejen lo más posible a ti, ya sea por etnia, edad, tipo de cuerpo (idealmente, las tres). Si no estás segura de cómo encontrar a esta gente, busca *hashtags* como #modeloplussize o #petite fashion o #fabover40. Simplemente escribe #streetstyle en la caja de búsqueda de Instagram y ve quién sale. Busca a alguien que tenga una vibra que te inspire y ve a quiénes siguen ellos. Haz que algunas de estas personas sean tus *influencers*. Quizá te inspiren a probar nuevos *looks* y a cambiar tu perspectiva sobre lo que es hermoso.

Recuerda: lo que ves en tu teléfono es una representación de la realidad. Puedes cambiar tu realidad si cambias lo que ves.

■ **Registra tu tiempo de pantalla**

Descarga una app que te muestre cuánto tiempo pasas en las redes sociales cada día o ve a configuración y activa el monitor "Tiempo de Pantalla" en tu iPhone. (InMoment también hace esto. AntiSocial compara tu tiempo de uso de pantalla con el de otras personas en tu brecha de edad y género para que compares tu uso con el de tus amigos.) Ahora, toma 25 por ciento del tiempo total y pásalo lejos de tu teléfono. Haz esto una vez a la semana para comenzar. Ese antojo que sientes de revisar tus redes sociales es síndrome de abstinencia, mi amiga. No sugiero que dejes de usar tu teléfono de un momento a otro. Pero sí tengo algunas ideas de lo que puedes hacer con ese tiempo "recuperado". Continúa leyendo.

▪ Juega a vestirte en tu clóset

Lo digo en serio. Encuentra una tarde en la que no tengas otras obligaciones, cuando no estés contrarreloj o bajo presión y usa esos minutos que estás intencionalmente alejada de tu teléfono para jugar a que te vistes como cuando eras chiquita. Si necesitas inspiración ve al parque y observa a los niños, lee algunos de tus libros infantiles favoritos, escucha la música que te gustaba cuando eras niña. Deja que tu mente divague. Ponte un vestido viejo de coctel con un par de botas vaqueras y un suéter. No estoy sugiriendo que te lo pongas al día siguiente para ir a la oficina... o a donde tengas planeado ir. Dona o vende cualquier prenda que no ames. El punto de este ejercicio no es sólo inspirarte para que hagas una limpieza de clóset; es ayudarte a aprovechar y liberar tu energía creativa.

A cierta edad, todos dejamos de jugar a vestirnos. Ponerte en contacto con tu niña interior abre tu creatividad. Y hacer que esos jugos creativos fluyan ayudará a que vuelvas a combinar tus atuendos. Tal vez encuentres el ánimo para usar un cinturón delgado de estampado de animal con un atuendo completamente negro, o sacar esos tacones dorados que compraste para la boda de tu prima y combinarlos con jeans. Pequeños cambios pueden tener un gran impacto en cómo te sientes.

■ Remezcla tu guardarropa

Aquí hay dos ideas sencillas para atuendos inesperados que se ven igualmente maravillosos en Instagram como en la vida real.

Crea una base **monocromática**. Encuentra todas las prendas que tengas de un mismo color (rojo, gris, café), colócatelas y observa cómo se ven.
Después, saca una prenda inesperada para cubrirte y póntela sobre los
hombros. Imagina un *top halter* café, pantalones a la cintura cafés y botines
de cocodrilo café bajo un lujoso abrigo de peluche café claro. Clásico y
chic. O intenta con unos pantalones grises y un suéter gris. Luego combina
tus *flats* con tu bolsa. (Es un truco de la familia real que nunca falla.) Me
estoy imaginando unos mocasines rosas o *flats* de balerina y una bolsa de
mano acolchada color rosa. Los acentos y extras siempre resaltan contra
un fondo monocromático.

■ Los opuestos se atraen

Mezcla casual con elegante, sedoso con suave, ropa de hombre con algo
femenino, elegante con punk. Los *influencers* con más estilo tienen un instinto para lo inesperado. Sorprenden al ojo poniéndose una sudadera con
una falda de gala o un vestido de noche con unas Doc Martens o *leggings* de
charol con un suéter de cuello de tortuga de lana. Hay modos sencillos
de adoptar esta estrategia: usa *leggings* tejidos grises y una sudadera gris
con sandalias de tacón alto, bajo un abrigo o gabardina color camello. Usa
un vestido largo de estampado floral con unos tenis blancos Stan Smith.
Usa un *body* que enseñe los hombros (sexy) con pantalones cargo (rudo).
Ponte ropa de etiqueta con jeans, una camisa de mezclilla con una falda
elegante. Pruébate un saco de terciopelo con arracadas de perlas y pasa-
dores en la parte superior y mezclilla relajada en la parte de abajo. Agrega
un zapato colorido y *pum*, ¡cuidado con el mundo!

UNA NOTA SOBRE LA SATISFACCIÓN PERSONAL

Todo este tiempo de jugar a solas regresa el poder a tus manos y no a las de tus seguidores. ¡Obtén todos los *likes*! Sólo no dependas de ellos. Repite después de mí: *Mis seguidores no me mandan.* Tal vez ahora quieras decir: Okey, Dawnn, eso suena bien. Pero ¿cómo consigo que deje de importarme la retroalimentación de las redes sociales? Y todavía más importante: ¿cómo dejo de obsesionarme sobre quién me da esa retroalimentación?

Como pienso que el estilo es algo que viene desde dentro, primero busco la satisfacción interna. Cuando me pongo un atuendo y me gusta, me tomo un minuto para sentirme bien con esa sensación, la reconozco, la nombro o la etiqueto. Me digo a mí misma, *Wow, este* look *está increíble, ni siquiera sabía que podía combinar X con Y. Tengo que ser muy creativa.* Me tomo el tiempo para reconocer exactamente cómo me hace sentir mi *look*: fuerte o sexy, elegante o refinada. No busco que nadie más active ese sentimiento por mí. Siempre busco esa satisfacción personal primero.

Para cuando publico la foto de un atuendo, créeme cuando digo que ya estoy contenta con ella y conmigo misma. E intento dejarla ahí un rato. Entonces la reacción que ese *post* genere se vuelve menos importante. No estoy diciendo que los comentarios y los *likes* no me afectan. Estoy diciendo que me he dado a mí misma una ventaja en cuanto a la perspectiva. He aprobado mi *look* antes de salir al público buscando aprobación (o de abrirme a la desaprobación) de otros. Lucho por complacerme primero. Veo primero hacia dentro. El problema empieza cuando no tenemos idea de cómo sentirnos con respecto a nosotras mismas, cuando no estamos seguras de si nuestro *look* está funcionando, y entonces salimos en búsqueda de esa información, solicitando la aprobación de personas que quizá no tengan nuestro mejor interés en su corazón. Apruébate primero.

CASO PRÁCTICO: DEMASIADO HOT PARA TINDER

Hace algunos años aconsejé a una clienta francesa que trabajaba largas horas como sobrecargo. Estaba buscando activamente una relación romántica en aplicaciones para citas. Y estaba consternada y confundida por los comentarios agresivamente sexuales y lascivos que recibía de extraños. Nos sentamos juntas, le eché un ojo a sus perfiles y noté que sus fotos eran muy sugerentes. Varias mostraban su cuerpo completo, en lugar de enfocarse en un acercamiento a su rostro. Los atuendos mostraban mucha piel. Traía vestidos cortos y muy pegados con tacones, looks que te hubieras puesto para ir a bailar a un antro en la década de 2000.

Observé que al vestirse se iba a los extremos. Para trabajar, cuando estaba casi por completo cubierta por su uniforme de aerolínea, se presentaba como recatada y conservadora. En su tiempo libre, se favorecía de bodies pegados, escotes o prendas que enseñaran las piernas. Parecía tener sólo dos velocidades: modesta o apenas vestida. Y parecía no tener conciencia de que podía existir un punto medio. No tenía barómetro para saber lo que era apropiado cuando estaba sin el uniforme. Explicó que realmente se sentía sofocada y constreñida por su uniforme. Así que en cuanto tenía un minuto para abandonarlo, quería llevarlo lejos, sentirse lo más divertida, sexy, vibrante y libre que pudiera. Pero la idea de cómo se veía no estaba en sincronía con la manera como otros la percibían (específicamente pretendientes potenciales). Ella buscaba liberación pero terminaba igualmente encasillada, ahora por otro estereotipo. Sus looks acelerados no reflejaban a alguien que buscara sentar cabeza cuando era lo que en verdad quería.

Receta de estilo

Como esta clienta me había buscado principalmente para consejos de estilismo de fotografía, mi primera meta fue ayudarla a conseguir una apariencia más favorecedora en las fotos. Señalé que estaba mostrando bastante piel y le aconsejé que ofreciera sólo una pista de sensualidad, y no todo el paquete. Después de reunirnos varias veces, revisamos su clóset y descubrimos un vestido largo negro de cuello de barco, con una abertura en la pierna. Le aconsejé que se lo pusiera para una foto de cuerpo *completo, mostrando una pierna, en lugar de las dos. Para el retrato seleccionamos una camisa Oxford clásica blanca y la desabotonamos sólo hasta su clavícula, no hasta su escote.*

....

Debo admitir que al principio me sorprendí al descubrir que esta clienta ya tenía varias prendas de término medio. Resultó que se las ponía sólo ocasionalmente para reunirse con su familia o amigos, pero que estaban en su punto ciego. Tan sólo no se le ocurrió mostrar estos *looks* más moderados en sus fotos. No creía que se veía bonita o sexy con ellos. Pensaba que se veía aburrida. Intenté ayudarla a replantear sus ideas al mostrarle algunos *influencers* de las redes sociales con estilos más sutiles y clásicos pero que siguieran siendo femeninos. Le sugerí que publicara algunas de sus fotos más nuevas en su perfil. Y no fue una sorpresa que, cuando mi clienta equilibró su *look*, recibió retroalimentación más equilibrada de los hombres. De hecho, ahora está casada y tiene un hijo. Me gusta pensar que tuve un poquito que ver con eso.

Cualquiera que haya leído hasta aquí podrá adivinar lo que voy a decir a continuación. Esta clienta sufría de un severo caso de incongruencia. Lo que presentaba en línea no compaginaba de ninguna manera con cómo se sentía ni con sus metas de vida. Ella no es la única. Otra clienta —llamémosla Grace*—, me dijo hace poco: "Sé que esas modelos de Instagram trabajan duro todo un día para tener una sola foto. Yo misma soy muy buena con Facetune (una app que te permite modificar digitalmente las selfies). Me encanta descubrir e intentar nuevas apps de belleza". Grace es una talentosa artista visual. Me mostró sus fotos de Instagram y se veía perfecta: más delgada, mayor a su edad actual (está en sus veinte) y etérea gracias a la iluminación tenue. Y es una chica hermosa, por dentro y por fuera. Pero también es una persona común y corriente. El abismo entre cómo se estaba presentando en línea y quién era en realidad la estaba preparando para una caída. "Recibí muchos halagos en línea de amigos y familia en mis fotos editadas", dijo Grace. "Pero luego le enseñé una foto a una de las amigas de mi mamá y ella puso el teléfono junto a mi cara y dijo: *i¿Eres realmente tú?!* Supongo que tengo buenas habilidades en Photoshop... Me hizo sentir fatal."

Todos añoramos la validación y la aprobación. Es una necesidad humana básica. Pero dónde —y de quién— la buscamos depende de nosotros. Megan Markhle dio una charla en la que habló del efecto de las redes sociales en la gente joven. "Ves fotos en las redes sociales y no te das cuenta de si nació así o si es un filtro", dijo la duquesa a una audiencia de defensores de la salud mental. "Tu juicio o tu sentido del valor propio se desvirtúa cuando está completamente basado en *likes*."[14] Desde que se convirtió en parte de la realeza, Markle cerró sus redes sociales personales, dejando atrás cerca de dos millones de seguidores en Instagram. Describió que dejar las plataformas fue "liberador" y dijo: "La adulación y la crítica corren por el mismo filtro".[15] Es cierto: si pones todo en los *likes*, entonces también debes creer en los *haters*. Cuando te gustas a ti misma primero, te conviertes en tu fan, tu protectora, tu defensora. Sé tu propio filtro. Nada se te escapará.

EN CONCLUSIÓN
CONSEJOS Y APRENDIZAJES CLAVE DEL CAPÍTULO 9

- **Sigue a gente real:** llena *feeds* con mujeres que tengan estilo y que se parezcan a ti (en términos de edad, etnia, tipo de cuerpo) y otras personas que conozcas de la vida real. Modifica lo que ves dentro de tus redes sociales para transformar tu panorama.
- **Haz que las redes sean tu estilista:** dale *like* o toma capturas de pantalla de tus atuendos favoritos de *influencers*, y después ve si puedes replicarlos usando elementos propios.

- **Organiza tu inspiración en álbumes:** construye álbumes digitales de atuendos ideales. Organízalos por *looks* para fin de semana, *looks* para fiesta, conjuntos para el trabajo. O crea álbumes basados en emociones que esperas obtener (*looks* que te calmen, *looks* para energizarte, *looks* para elevar tu confianza).

- **Desintoxícate y mezcla:** registra tu tiempo de pantalla diario y ponte como objetivo restarle al menos veinte minutos a la semana. Dedica ese "tiempo recuperado" a jugar a vestirte con la ropa de tu clóset.

CAPÍTULO 10

Tu guardarropa
socialmente responsable

¿Cómo sería Estados Unidos si amáramos a la gente negra
tanto como amamos la cultura negra?

—AMANDLA STENBERG

No puedo recordar la primera vez que escuché acerca del test de la bolsa de papel marrón. Parecería que siempre he estado consciente de este mensaje: como mi tono de piel es más claro que el de algunos, me consideraban más atractiva que ellos. Este concepto me colocó en una jerarquía de belleza basada en la raza, en la que no tenía ningún control y a la que no quería pertenecer. Supuestamente el término se originó en la época de jazz en Nueva York, en el legendario Cotton Club. De acuerdo con los dueños blancos, para ser parte de las Copper Colored Gals —las hermosas bailarinas afroamericanas que eran un gran atractivo para la audiencia—, debías tener un tono de piel más claro que una bolsa de papel marrón.[1] Éste es un ejemplo de *colorismo*. El concepto se expandió en la comunidad negra y persistió durante el siglo XX, cuando las instituciones sociales como las sororidades y las fraternidades universitarias, incluso las iglesias, usaban el test para excluir a quienes tenían tonos más oscuros. Incluso Spike Lee tomó este tema para *School Daze*, su película de 1988.[2]

El padre de Beyoncé, Mathew Knowles, habló acerca de su experiencia con el colorismo, y en 2018 contó que fue sujeto del test de la bolsa de papel marrón al entrar a Fisk University (una universidad privada negra en Nashville, Tennessee) en 1972. "Cuando se trata de las mujeres negras, ¿quiénes tienen el poder para poner su música en la radio?", le preguntó a Jessica Bennet de *Ebony* en una entrevista. Nombró a Mariah Carey, Rihanna, Nicki Minaj y a sus propias hijas, Beyoncé y Solange, y preguntó: "¿Qué tienen todas ellas en común?". Bennet observó que todas ellas tienen la piel más clara. Knowles replicó: "¿Crees que eso es accidental?".[3]

Mientras me fui volviendo adulta y encontré mi camino en la academia, comencé a cuestionarme no sólo éste sino todos los estándares de belleza. ¿Quién los establece? ¿Quién se beneficia de ellos? ¿Y qué se necesitaría para desafiarlos? Mi primera idea es crear conciencia acerca de su existencia al hablar con estudiantes, clientes, audiencias y lectores como tú. El segundo paso es desmantelar estos estándares de belleza, desarmarlos y exponerlos por lo que son —constructos sociales—, por medio de un examen que invite a la reflexión. Después, me pregunto cómo podemos romperlos.

Una idea es promover una representación más diversa de lo que significa ser "hermoso". Sin duda esto intento hacer en mi práctica. Cuando mis clientes están consternados porque no cumplen con los estándares de belleza física de sus familias, comunidades o de la sociedad, usualmente esto conduce a problemas con el guardarropa. Suelen comprar demasiado, a esconderse en ropa holgada, a obsesionarse con las imágenes de redes sociales o anhelar la cirugía plástica.

Cuando estos problemas surgen les cuento sobre el test de la bolsa de papel marrón. También me visto para reajustar las expectativas y desmitificar los sesgos. A veces, cuando me presento a dar clases en FIT, en una conferencia en un museo o en alguna otra institución, intencionalmente me pondré algo que se vea muy "urbano", como una sudadera o aretes grandes y atrevidos, solamente para descolocar a la audiencia y desafiar sus sistemas de creencias inconscientes. Ya sea que mi audiencia esté conformada por alumnos universitarios o personas mayores, anticipo que su expectativa de una joven mujer negra vestida con una sudadera será poco profesional o calificada por debajo del promedio. El estereotipo que mi apariencia provoca los lleva a asumir que tal vez soy de barrio, que soy incompetente, que quizás estoy inscrita en algún programa de asistencia social. Pero en la realidad, mis credenciales demuestran que *estoy* calificada y que hago un trabajo inmaculado en mis presentaciones. Así que sólo voy por ahí cambiando la mente de las personas y me divierto al hacerlo. Éstas son sólo algunas formas como se puede demostrar lo que en realidad son los estándares de belleza: mitos. Sí, cargamos con su peso. Nos causan dolor verdadero. Pueden derribarnos y hacernos sentir mal acerca de nosotros mismos. Pero hago un gran esfuerzo por ayudar a las personas a verse a sí mismas desde una perspectiva diferente. Aliento a mis clientes y alumnos a buscar modelos a seguir con quienes se sientan identificados. Por lo regular éste es el primer paso para ayudarlos a vestirse de una forma que honre su identidad y mejore su confianza.

El estilo vive en una intersección entre raza, religión, nacionalidad, edad, imagen corporal y cultura pop. Todos estos grandes temas no acuden necesariamente a tu primer pensamiento cuando te vistes por la mañana. Pero tú (y yo) siempre haremos juicios inmediatos sobre otras personas de manera intuitiva: ¿amiga o rival?, basadas en lo que traen puesto, en cómo se ven. Ésa es la naturaleza humana. Hay instintos evolutivos de protección propia que están en juego cuando lo hacemos. "Nuestra prehistoria evolutiva muestra que en el pasado necesitamos a muchas personas para ayudarnos a criar a nuestra descendencia, así que nos rodeamos de aquellos con valores similares a los nuestros o que se veían como nosotros", escribe Hayley Krischer en un artículo sobre "uniformes de mamá" en *The New York Times*.[4] Pero en ciertos contextos, como en el salón de clase o en el lugar de trabajo, podremos beneficiarnos al priorizar estos instintos. ¿Puedes recordar alguna vez que hayas hecho algún juicio instintivo sobre alguien basado en cómo se veía y en lo que traía puesto, y después tuviste una conversación con esa persona que cambió tu percepción por completo? Su inteligencia, humor y encanto tal vez no haya cambiado lo que su ropa expresaba, pero estas cualidades cambiaron tu forma de verla. Está en nuestro poder redefinir lo que significa "hermoso" cuando nos miramos a nosotros mismos y a los demás. En ese sentido, pienso en esta sección final del libro como "De qué manera se puede vestir con responsabilidad social".

¿QUÉ SIGNIFICA VESTIRTE CON RESPONSABILIDAD SOCIAL?

Tal vez hayas escuchado acerca de vestirse con responsabilidad social. Ciertamente es un concepto que ha ido ganando fama, mientras más marcas de ropa se alinean con movimientos sociales o voceros activistas (piensa en Colin Kaepernick y Nike). De acuerdo con el reporte de 2019 "State of Fashion" ("El estado de la moda"), el nivel de responsabilidad social de una marca de moda contribuye cada vez más a su éxito: "La pasión por las causas sociales y ambientales de las generaciones jóvenes ha alcanzado a las masas críticas, provocando que las marcas se vuelvan más conscientes para atraer tanto a consumidores como al talento. Los consumidores recompensarán a los jugadores que tomen una postura sólida en temas de responsabilidad social y ambiental más allá de la RSC (responsabilidad social corporativa)".[5] Para algunos, ésta es otra estrategia cínica de mercadotecnia o "lavado de cerebro responsable". Otros felizmente tomarán todas las campañas de Dove que celebren los "cuerpos reales" o la pasarela de Savage X Fenty donde protagonizan todas las mujeres embarazadas y trans que pueden conseguir.

Pero en el mundo real, donde tú y yo vivimos, vestirse de manera responsable puede significar distintas cosas para diferentes personas. Todo depende de dónde vienes y cuáles son tus metas. Tal vez vestirte de manera responsable significa que tu *look* sea más deliberado. Tal vez quieras enfocarte más en el momento presente, más en sintonía con tus emociones cuando elijas un atuendo cada día. O quizá decidas consumir menos *fast-fashion* y comprar más en tu clóset, cuidar el desperdicio, tanto de tu dinero como del medio ambiente. Tal vez quieras crear tu propio guardarropa básico con tus propias prendas básicas, listas para ser combinadas, reducir el estrés y los basureros. Tu meta tal vez sea sentirte menos excesiva, menos orientada a las tendencias, más centrada, más en control y más cómoda en tu propia piel.

Otros podrán ver hacia fuera, sintiéndose más atraídos por hacer todo para impactar en la cultura y la sociedad. Vestirse de manera responsable podría significar invertir solamente en moda que haga al mundo un mejor lugar, social o ambientalmente hablando. (Checa mi lista de marcas socialmente responsables favorita en la página 278.) Tal vez hagas un esfuerzo por comprar más a marcas que utilicen plástico reciclado, que reciclen textiles descartados, que no usen animales o que promuevan prácticas de manufacturación ética. Quizá compres sólo ropa *vintage* por razones similares. Tal vez decidas lavar tu ropa con menor frecuencia o comprar ropa de marcas como Pangaia (Jaden Smith y Justin Bieber son fans), diseñadas para ser lavadas con menor frecuencia para que se reduzca el desperdicio de agua. Vestirse de manera responsable puede significar apoyar a diseñadores de cierta comunidad, como lo hicieron Issa Rae y Tracee Ellis Ross cuando se presentaron en una ceremonia de premios utilizando sólo ropa de diseñadores negros. Tal vez compres más ropa de tiendas cuyas dueñas o diseñadoras sean mujeres. O quizá te conviertas en una activista de la moda, donando un dólar, como todas esas compradoras que boicotearon la línea de ropa de Ivanka Trump a raíz de los comentarios "Agárralas por la vagina" de Donald Trump. ¿Cuál

276 • VÍSTETE PARA TU MEJOR VIDA

era su *hashtag* de motivación? #AgarraTuCartera. Las ventas de Ivanka cayeron posteriormente 32 por ciento.[6] Sea cual sea tu causa, vestirse de manera responsable significa que estás tomando medidas positivas y significativas cuando compras (o si te abstienes de comprar).

Pero mientras conectes tus elecciones de vestimenta con estos problemas sociales más generales, vestirte de manera responsable también puede ayudarte personalmente y mejorar tu salud mental. Pasemos un poco de tiempo con una clienta para la cual varios de estos problemas se intersectan.

CASO PRÁCTICO: COMPRAR PARA HACER QUE DESAPAREZCA EL DOLOR

Mi clienta Grace, a quien conocieron en el capítulo pasado, nació en Asia y ahora es estudiante en Nueva York. Le preocupa tener un hábito de compras compulsivo y me buscó para que le ayudara. Está comprando ropa nueva de vendedores de moda rápida como Forever 21 o H&M todos los días. Esto no es una exageración. Su clóset no puede contener su guardarropa cada vez mayor. Hay prendas de marca apiladas en sus muebles y desbordando de sus cajones. Y todavía se siente como si no tuviera nada que ponerse. Así que sigue comprando.

Grace llegó a una de nuestras sesiones con una sudadera pastel sin forma, leggings negros y unos Chuck Taylors ya muy usados. Claramente no traía las prendas de nueva tendencia que había comprado. Describió sentirse muy bien al probarse ropa nueva en las tiendas, pero para cuando llegaba a su casa algo había cambiado. La ropa había perdido su magia y sus inseguridades regresaban. Cada vez.

En el transcurso de varias sesiones, Grace reveló que estaba lidiando con problemas de imagen corporal, baja autoestima debido a un rompimiento y estrés intercultural. Sus padres, que viven en Asia, enfrentaban presiones financieras. Grace necesitaba buscar un trabajo pronto. Tenía mucho de qué preocuparse. Y todo se estaba mostrando en su ropa.

"Hay una cierta imagen que me impongo para alcanzar las expectativas de mis papás y de mis amigos, un tipo ideal", dijo ella. "Cuando veo fotos de modelos asiáticas en las revistas de modas siento que así debería verme. Parecería que todos en China son bonitos y flacos o que usan apps de belleza para editar sus fotos de Instagram y verse así. Pero yo no me veo como la sociedad quiere que me vea. Cada vez que regreso a Asia, la gente critica mi peso. Dicen que estoy muy gorda. O simplemente dicen cosas como: 'Te ves un poco fuera de forma: deberías hacer ejercicio'. Pero cuando estoy en Nueva York, a pesar de estar dentro del peso promedio, la gente critica mi estatura. (Grace mide más o menos 1.52 metros.) ¡Siento que nunca es suficiente! Y por eso siento que ya no me veo bien con nada de mi ropa. Así que sigo comprando ropa nueva."

Grace se comparó conmigo y expresó su envidia. Dijo que yo, por ser una mujer alta y delgada, representaba los estándares ideales de belleza de su cultura. Tomé esta oportunidad para revelarle que en mi cultura caribeña, ella, al ser una mujer más ancha y curvilínea, se acerca mucho más a alcanzar el estándar de belleza popular. Le expliqué que cuando voy a visitar a mi familia a Jamaica con frecuencia me molestan por ser demasiado delgada. Mis amigos, parientes y extraños por igual me dicen TIENES que comer. ¡Eres una bolsa de huesos! ¡Te estás matando de hambre! (Y no es cierto.) No es que los miembros de la comunidad estén intentando lastimarme, simplemente es normal en la cultura jamaiquina decir este tipo de cosas en la cara. En dialecto patois, mauger significa flaco. Entonces ellos dicen: ¡Oye, pequeña mauger! O si eres más pesada: ¡Hola, gordita! Se supone que es de cariño.

A Grace le sirvió que me abriera con ella. Comenzó a observar su imagen propia desde otro punto de vista. "Cuando miro los dos lados", dijo Grace, "siento que no estoy sola en el mundo porque todas las personas en algún punto se sienten inseguras de sí mismas. Soy optimista, pienso que tal vez alguien en algún lugar podría llegar a encontrarme atractiva." Después, a la larga, se afirmó a sí misma: "Lo más importante es que yo debería ser capaz de descubrir quién quiero ser, y no quién 'debería' ser".

Receta de estilo

Alenté a Grace a usar solamente ropa de su clóset la siguiente semana y a mantenerse alejada de las tiendas. Al revisar juntas sus redes sociales, identificamos una vibra de moda a la cual se sentía atraída (un estilo hip-hopero divertido). Observamos cómo sus ídolos de Instagram jugaban con la proporción, al ponerse suéteres deportivos XXG como si fueran vestidos con unas Doc Martens, y otros accesorios atrevidos o atuendos completamente negros que incluían ombligueras con pantalones deportivos y chamarras de motociclista. Le sugerí que editara su guardarropa existente con estos atuendos en mente y que intentara desarrollar una estética consistente. Una vez que tuvo un poco de guía y una meta específica, estaba segura de que podría reorientar su energía para hacer una curaduría con ropa que ya tenía y disminuir su urgencia compulsiva por comprar.

Como mi trabajo con Grace lo demuestra, cuando me siento con mis clientes casi invariablemente comenzamos a hablar acerca de cómo se sienten con su apariencia, su autoestima y cómo ello afecta a la forma en que se presentan. Nos concentramos en su origen familiar, explorando cómo y cuándo absorbieron mensajes sobre lo que significa ser "hermoso". Verán, nuestras familias y nuestras comunidades, así como la cultura popular, nos enseñan estos estándares de belleza desde muy jóvenes. Lo único sobre lo cual tenemos control como adultos es cómo reaccionamos ante ellos. Podemos decidir a quién seguir en las redes sociales. Podemos ver a la mercadotecnia por lo que a veces es (un esfuerzo por vendernos odio a nosotros mismos para desprendernos de nuestro dinero). Podemos hacer todo por silenciar esos mensajes. Podemos demostrarlo.

....

MIS MARCAS SOCIALMENTE RESPONSABLES FAVORITAS

Slow Factory: es una marca de comercio justo y cien por ciento eco-amigable, sus donaciones son destinadas a causas humanitarias y medioambientales. Busca su serie de **llamativas bufandas de seda**.

Girlfriend Collective: una marca de **bralettes** y **leggings** favorecedores para la figura, confeccionados con redes para pescar recicladas y botellas de agua. Básicos ideales para usar en el gimnasio o para ponerse bajo un suéter y combinar con zapatos con un acento.

Reformation: como si sus **vestidos con estampados delicados y jumpsuits con recortes sexys** no fueran lo bastante atractivos, esta gran marca rastrea su impacto ambiental y toma responsabilidad con reportes públicos trimestrales de sustentabilidad. Gracias a esta compañía líder, la transparencia es una tendencia.

DL1961: el problema con la mayoría de los productos de mezclilla es que tienen tintes dañinos y para fabricarlos se desperdicia muchísima agua. **Esta marca accesible y de moda** está haciendo algo al respecto. Para hacer un par de jeans clásicos se necesitan casi siete mil litros de agua. Esta marca usa más de cuarenta y cinco litros por cada par y el 98 por ciento es agua reciclada.

Everlane: estos chicos ofrecen las **camisetas, suéteres, camisas y esenciales más limpios y modernos** de entre la competencia, y son famosos por sus buenas prácticas en el área de recursos humanos. Se evalúa que cada fábrica con la que trabajen tenga salarios justos, horarios razonables y un impacto positivo en el medioambiente.

G-Star Raw: ¿quién diría que tu marca de **sudaderas, pantalones deportivos y chamarras de mezclilla** del diario sería la que desarrollaría la mezclilla más eco-amigable que jamás se haya hecho?

Kindred Black: ¿acaso morí y desperté en el cielo de las cosas **de lujo vintage**? Los creadores de este sitio de moda le llaman un "proyecto de venta al menudeo enfocado en el medio ambiente, una curaduría inusual entre artículos de estilo de vida que son eco-responsables, producidos por artesanos y manufacturados éticamente". Yo le llamo un mercado en línea al que ningún otro se le asemeja y donde puedes encontrar overoles industriales color verde militar, calzones de traje de baño a la cintura, ropa interior, *tops* Versace *vintage*, vestidos de terciopelo, accesorios delicados, bolsas de piel estilo *bucket* y consejos buenísimos para saber cómo ponerse las prendas con estilo.

Patagonia: sus **clásicas *fleeces* y ropa utilitaria abrigadora** no son las únicas cosas que te harán sentir arropada. Esta legendaria marca ha creado una plataforma social en línea llamada Patagonia Action Works (Trabajos de Acción Patagonia) para conectar clientes con organizaciones ambientales de base. En wornwear.patagonia.com puedes comprar artículos usados o cambiar tus prendas de Patagonia por crédito en la tienda física o en línea.

APRECIACIÓN VS. APROPIACIÓN

Regresemos a mi definición original de psicología de la moda: el estudio y el tratamiento de la manera en que el color, la belleza, el estilo, la imagen y la figura afectan el comportamiento humano, al mismo tiempo que examina la sensibilidad y las normas culturales. Hasta donde me concierne, no te puedes vestir con responsabilidad social sin entender ciertas problemáticas sociales, llámese apropiación cultural, representación y opresión. Parece que no puede pasar una semana sin que haya un nuevo escándalo que involucre a una marca de moda que ofende por sus inexplicables puntos ciegos. Algunos ejemplos recientes incluyen a Gucci, que lanzó un pasamontañas de 900 dólares con una provocadora imagen de un rostro del Ku Klux Klan y un "turbante completo indy" de 790 dólares parecido a los tocados religiosos y sagrados que cubren la cabeza y que usan los sijs (ambas prendas aparecieron en la pasarela de otoño de 2018, modelados por personas blancas).[7] Tristemente, Zara lanzó una camisa a rayas con una estrella dorada que se parecía a un símbolo del Holocausto.[8] H&M eligió a un pequeño niño negro para modelar una sudadera con capucha con el eslogan "El chango más genial de la selva".[9] Los errores garrafales de género también prevalecen, aunque se trate de mensajes dirigidos a niños pequeños. Old Navy fue blanco de las críticas en 2016 por lanzar una serie de camisetas de *Ghostbusters* (*Cazafantasmas*) con la leyenda "Cazafantasma en entrenamiento" en camisetas rosas para niñas; y la camiseta de los niños sólo presentaba a un cazafantasmas normal (asumiendo que los niños nacen totalmente acreditados para ser policías paranormales).[10] Una camiseta de Batichica lanzada por Target en Australia enumeraba las tareas domésticas en una lista de quehaceres para Batichica. La camiseta de los niños tenía el eslogan "Tal padre, tal hijo... Sí, el Batman de mi papá".[11] Bienvenidos al patriarcado, niños.

Quizá pienses que estos artículos manifiestamente ofensivos no tienen nada que ver contigo ni con tu clóset. *Yo nunca me apropiaría culturalmente ni compraría un artículo ofensivo, Dawnn*, podrías decir. *Yo nunca seré así.* Pero contribuye a la causa asegurarse de ello. Conozco a muchos fashionistas cosmopolitas bien intencionados que se confunden con estos temas. He observado a mujeres caucásicas rubias con trenzas africanas y *dashikis* (caftanes africanos tradicionales) o tatuajes de henna en las manos, y turistas estadunidenses subiendo selfies en las que aparecen con turbantes y caftanes bordados en Medio Oriente. No puedo evitar preguntarme si les parecen accesorios coloridos desechables que se usan por diversión para después abandonarlos. En general, no creo que estas personas sean maliciosas o que intenten lastimar a nadie al tomar prestados los símbolos de indumentaria de una cultura que no es la suya. Pero cuando te pones de pies a cabeza los significantes culturales de otro grupo, puede dar la impresión de que los consideras un disfraz. Es degradante. Si eres blanco y usas un *dashiki* puede interpretarse como problemático; y usar uno *con* trenzas africanas o rastas en el cabello seguramente será interpretado así. En la comunidad negra tenemos un término: "Cristóbal Colon-izando". Se refiere a tomar algo de un grupo marginalizado y renombrarlo para adoptarlo como tuyo. O, como lo explicó Clinton Yates del *Washington Post*, es "presentarte en algún lugar y actuar como si la historia comenzara en el momento en que tú llegaste".[12]

¿Qué hay dentro de un nombre? Pues hay mucho. Cuando Zara lanzó una minifalda con tela a cuadros, que de hecho era idéntica al lungui tradicional que usan los hombres en el sur de Asia, no dieron crédito alguno a sus orígenes. La palabra *Asia* nunca apareció en la copia exhibida en su sitio de internet. Al contrario, la prenda fue renombrada y la hicieron pasar como algo original.[13] Cuando Kim Kardashian se peinó con trenzas africanas estilo *fulani* —un peinado con raíces profundas en la comunidad negra—, las llamó "trenzas de Bo Derek" (en referencia a la icónica estrella de cine rubia que estaba peinada con esas trenzas en la película *10*, de 1979) y provocó una tremenda indignación.[14] La gente negra que conozco decían: *¡No, ésas son trenzas africanas o de boxeador! ¡Nosotros crecimos con esto! ¡Son estilos que adoptamos desde que somos niños!* Hace no mucho Kardashian usó un tocado de joyería tradicional de boda hindú para asistir a misa un domingo, lo que dio pie a que alguien en Instagram observara: "Me encanta que esto sea de la cultura hindú y no se le dé ningún reconocimiento en absoluto".[15]

¿Recuerdas la transformación de Myley Cyrus en 2013, que de actuar como Hannah Montana comenzó a hacer *twerking*, a hacer gestos groseros con las manos, a usar bandanas, a sacar lascivamente la lengua en su exitoso álbum *Bangerz*? Como escribió Dodai Stewart en ese momento para *Jezebel*, Cyrus "puede jugar a ser negra sin tener la carga real de serlo [...] Pero la negritud no es una pieza de joyería que te pones cuando quieres aumentar la confianza en ti misma o para tener un *look* a la moda".[16] El privilegio y el olvido están en el corazón de cualquier discusión sobre la apropiación. No es que Kim K o Miley Cyrus (o Kesha, Gwen Stefani, Katy Perry o Shailene Woodley) *busquen* ofender con sus peinados o su joyería. Pero como celebridades que no son negras ni morenas tienen el *privilegio* de vestirse con atuendos asociados con la cultura de otra persona, cuando esa persona no puede usar atuendos de *su propia* cultura sin sufrir algún tipo de consecuencias.

¿Por qué algunos *looks* son "vanguardistas" cuando una persona los usa, pero son "urbanos", "vulgares" o "de pandilleros" cuando los usa alguien más? ¿Quién tiene el privilegio de usar arracadas enormes, collares con tu nombre en una placa, chamarras largas de North Face, jeans holgados, jeans entallados y rotos, sudaderas con capucha, botas Timberland, tocados y bandanas, decoración elaborada en las uñas o decoraciones en los dientes? A veces me gustaría peinarme con esas trenzas estilo "Bo Derek" porque me quiero quitar el cabello de la cara. Pero ¿qué señal mando si las uso siendo una mujer negra? Denota que soy de un gueto. Probablemente no soy educada. Tal vez me gustan los raperos y fumo marihuana. No tengo la licencia para usar este peinado particular como yo quisiera. Pero Kylie Jenner puede peinarse así cualquier día de la semana y entrar a una oficina o a una reunión de negocios y nadie va a pensar que toma drogas o que carece de sofisticación. Nadie va a despedir a Kim, a Kylie o a Gwen, ni las van a expulsar de la escuela por usar esos peinados.[17] La gente pensará que tienen estilo.

Leí una frase en Instagram (publicada por la peluquera neoyorquina Tenisha F. Sweet) que decía: "Si no comprendes la apropiación cultural, imagina que trabajas en un proyecto y te califican con 5, y luego alguien te copia y saca 10, además del crédito por tu trabajo".[18] Sarah Jessica Parker usa un turbante y la moda de Medio Oriente cuando está en Abu Dabi en la película *Sex and the City 2*. Pero una mujer de Medio Oriente, hindú o de otra minoría que lleve el mismo turbante en Estados Unidos tiene de qué preocuparse: *¿Alguien pensará que soy una terrorista o gitana o que leo la palma de la mano?*, o cualquier otro estereotipo asociado con usar un turbante. En Estados Unidos, los turbantes están asociados al peligro. Una investigación extensa realizada en Stanford muestra que demostramos prejuicios automáticos (intensificados desde los ataques del 11 de septiembre) en contra de las personas que usan turbantes, y somos más propensos a percibir los objetos inocentes que lleven consigo como armas, y, al menos en los videojuegos, les disparamos con más frecuencia sólo porque llevan turbantes.[19] Pero nadie se va a preocupar de que Sarah Jessica Parker haga explotar el avión. Conozco a una joven mujer de Medio Oriente que usa un tocado en la cabeza por motivos religiosos. Cuando sale lo piensa dos veces: *¿Tal vez debería mostrar un poco de cabello o ponerme más maquillaje para parecer menos amenazante?* Éstas son reconsideraciones que algunas personas deben hacerse cuando intentan exponer su propia cultura. Otros sólo lo piensan una vez.

El privilegio es un tema delicado porque pone a quienes lo detentan a la defensiva. (Y, posdata, prácticamente somos todos, ya que nos beneficiamos de uno u otro privilegio.) Como lo explicó tan poderosamente —en un video viral— la activista Janaya "Future" Khan: algunas personas tienen reacciones explosivas ante la palabra *privilegio*. Se sienten a la defensiva porque ellas mismas han sido marginalizadas de cierta forma; ellas también han pasado por dolor y trauma en manos de otros. Pero, como lo aclara Khan, "el privilegio no se trata de lo que has vivido; se trata de lo que *no tuviste* que vivir".[20] Esto es lo que sé: para resolver estos problemas tenemos que escucharnos unos a otros, ver nuestra humanidad, reconocer el dolor de los demás. Necesitamos comprensión en todos los niveles. Como escribe Roxane Gay en su libro *Bad Feminist*: "Necesitamos dejar de jugar las Olimpiadas del Privilegio o la Opresión [...] Deberíamos poder decir: 'Ésta es mi verdad', y que esa verdad se sostenga sin que cien voces tengan que gritar, dando la impresión de que múltiples verdades no pueden coexistir".[21]

En el frente de la moda, ¿qué debe hacer alguien que ama muchas culturas distintas? ¿Cómo individuos "se nos permite" usar sólo los estilos de nuestros ancestros? ¿Acaso todos deberían comprar en Gap y dar por terminado el asunto? No estoy desalentando a la gente a que no se inspire en otras culturas. Tampoco creo que deberíamos diluir nuestros *looks* por temor a la policía. Hay formas sumamente sencillas de ser sensibles, sin sacrificar el estilo. Personalmente, me encanta usar kimonos. Hace poco di una conferencia sobre su historia en el Museo de Newark. Me fascinó aprender cómo ha evolucionado la prenda a lo largo de milenios, y cómo hasta hoy en Japón hay reglas estrictas sobre la manera en que debe atarse y doblarse un kimono. Cuando me puse un kimono para dar esa conferencia me lo apropié. Lo combiné con botas negras hasta arriba de la rodilla y accesorios minimalistas. En otras palabras, no quería ponerme zapatos de madera o peinarme con una *shimada*, como lo hizo Karlie Kloss para una doble página de *Vogue* en 2017, que fue famosa por ser incendiaria y por haberse apropiado de una prenda cultural.[22] Una vez más, es cultura, no disfraz.

Pero la línea que diferencia las dos cosas no siempre es clara. Nicki Minaj fue destrozada por "fetichizar" la cultura asiática cuando cantó "Chun-Li" (inspirada en el personaje de un videojuego) en *Saturday Night Live* en 2018. Minaj tuiteó que su bisabuelo era japonés.[23] Algunas personas han dicho que su linaje, que ella misma divulgó, le da más derecho a explorar (¿o explotar?) la imaginería de la cultura asiática. Otros comentaristas de internet sintieron que al usar palillos en su cabello y un dragón de oro en su taparrabos, y al elegir a bailarines de ascendencia asiática, creó una mezcolanza de diversas culturas, irrespetuosa y llena de estereotipos.[24] Y aun así, otros comentaristas que se identificaban como asiáticos o asiático-americanos aplaudían la forma en que Minaj mezclaba las culturas y resaltaba símbolos tradicionales.[25] El debate se propagó. La reacción fue igualmente mixta cuando Keziah Daum, estudiante caucásica de una preparatoria en Utah, se puso un *cheongsam* para su baile de graduación. Es importante recalcar que su maquillaje, peinado y accesorios fueron sutiles y de buen gusto. Un twittero enojado publicó: "Mi cultura NO es tu maldito vestido de graduación".[26] Pero la opinión popular en China, publicada en la prensa, fue celebrar a Daum por su elegante atuendo.[27]

No existe una ley que diga si es aceptable o no usar un *cheongsam*, si no eres china. Creo que depende de cómo lo uses, y si tus accesorios, peinado y maquillaje se ven desmesurados en su "etnicidad". Se reduce al espíritu con el que vistas la prenda, y si ese espíritu comunica respeto en vez de condescendencia. Hay que considerar algunos matices. ¿Puedes ver la diferencia entre el vestido de graduación de una adolescente y la lencería que lanzó Victoria's Secret en 2012: "Pequeña Geisha Sexy"? (¿Cuál era la leyenda cuando el camisón se vendió en línea? "Tu boleto para una aventura exótica... Pequeñas fantasías sexys, hay una para cada uno de tus yo sexys.")[28] La línea entre la celebración y la apropiación se confunde cuando hay una adopción *no reconocida* o *inapropiada* de las vestimentas, prácticas o ideas de un grupo por los miembros de otro grupo, por lo general más dominante. Subrayemos las palabras no reconocido e inapropiado. Éstas pierden efecto si eres consciente de la historia cultural de un *look*, si le das crédito (en vez de renombrar el estilo) y si honras aquello que estás tomando prestado. Así que toma prestado, sólo sé consciente de ello.

Consejos de psicología de la moda

R-E-S-P-E-T-O:
DESCUBRE LO QUE SIGNIFICA PARA MÍ

■ **Edúcate.** Realiza una pequeña investigación sobre la historia cultural de una prenda antes de usarla. No digo que saques un libro y leas toda la historia de las trenzas de boxeador o del kimono. Pero explóralo en Google. Haz tu tarea y busca el significado histórico de un estilo, para que no vayas por ahí renombrando algo sin darte cuenta. Si atacan a una marca repetidamente por cometer errores culturalmente insensibles o sobrepasándose de esta forma, o por publicar imágenes o eslóganes ofensivos (aunque no sea intencional), piensa si la vas a apoyar o si gastarás tu dinero, que tanto te ha costado ganar, en algún otro lugar.

- **Sé discreta con tu comportamiento.** Si traes puesta una prenda que sea espiritualmente significativa para una cultura distinta a la tuya, no demuestres un comportamiento que vaya contra la ética, valores y tradiciones de dicha cultura. Por supuesto, todos somos libres de hacer lo que queramos. Como dirían mis amigos: "¿Quién me va a estar observando?". Pero personalmente yo no me pondría un hiyab para ir a un bar o un bindi con un bikini. Sería cuidadosa de no deshonrar el símbolo.

- **¿Parece que estás disfrazada?** Este consejo se trata de la moderación. Cuando usas prendas y artículos culturales de pies a cabeza puede parecer como disfraz de Halloween. Mezcla elementos de tu estilo o de uno neutral.

- **Pondera el privilegio.** Piensa si alguien más encontraría un sesgo si se vistiera con el estilo que estás considerando usar. Si un miembro de la cultura que originó ese *look* se lo pusiera, ¿sufriría por ello? Si la respuesta te hace pensar, medita otra vez si vale la pena usar la prenda.

REPRESENTA MEJOR: LO QUE SIGNIFICA SER VISTA

Cuando hablamos del estilo socialmente responsable y los estándares de belleza también surgen preguntas sobre quién tiene acceso a la moda. ¿Quién está representado en la publicidad y las imágenes que definen lo que es deseable? ¿De qué color es su piel? ¿Cuál es su identidad de género? ¿Tienen alguna discapacidad o son neurotípicos? También es esencial preguntarse: ¿cuál es la marca que vende y quién puede comprarla? ¿Ofrece una gama completa de tallas o productos que sirvan a un espectro de tonos de piel?

El acceso es importante. Históricamente, no fue sino hasta que el catálogo de Sears se publicó a inicios del siglo XX muchos estadunidenses negros tuvieron la *oportunidad* de vestirse bien. Como lo ha explicado el profesor Louis Hyman, que da un curso en la Universidad Cornell sobre la historia de las compras, las leyes Jim Crow de fines del siglo XIX estaban diseñadas específicamente para limitar las oportunidades de consumo de la gente negra. Hyman dice que cuando iban a comprar a su tienda general local, tenían que esperar hasta que todas las personas blancas en la tienda hubieran sido atendidas, aunque ellos hubieran llegado antes. Si protestaban ponían en riesgo su vida. "Los dueños blancos de tiendas que controlaban el crédito, también controlaban lo que compraban e impedían que adquirieran la misma ropa que la gente blanca", dijo Hyman en una entrevista para *Jezebel*. "Por lo regular no lo hacían."[29] Hasta la fecha, hay barreras para verte "clásica", "apropiada", a la moda o actual. Tom Ford —presidente del Consejo de Diseñadores de Moda de Estados Unidos— una vez dijo: "Vestirse bien es una forma de expresar buena educación".[30] Entonces, ¿qué está implícito sobre la gente que no tiene suficiente dinero para vestirse "bien" o que no tiene el tipo de cuerpo que se necesita para ello, o a los que la moda les parece intimidante? ¿Esas personas son maleducadas? ¿Son groseras? ¿Qué clase de prejuicios establece esa afirmación?

La representación es mucho más que sólo el color de la piel o el estatus socioeconómico. Tiene que ver con la talla, la edad y muchos otros factores. Cuando vemos que celebran por su belleza a mujeres que se ven como nosotras, se expande nuestra idea de quién debe ser considerada hermosa. Cito a Alex Waldman, codiseñadora de Universal Standard, una marca lujosa de moda que va desde la talla 00 hasta la 40: "Creo que si en cinco años todavía hablamos de ropa de talla plus, entonces habremos fracasado. Tan sólo debería decirse que es ropa para mujeres", le dijo a *Goop* en 2018. Waldman concibe un mundo en que las etiquetas como "talla plus" o "talla inclusiva" son obsoletas, en el que las mujeres de todas las tallas compran juntas en la misma tienda, donde "nadie está esperando afuera de los probadores".[31] Hasta que nadie esté excluido de verse con estilo, se necesitará seguir hablando de esto.

Pero no voy a mentirte. La moda siempre ha sido un juego de los de adentro y los de afuera, los que tienen y los que no tienen. Psicológicamente, ¿por qué pagarías más dinero por algo que todos pueden tener? El suministro finito y la exclusividad eleva la demanda. La responsabilidad social busca transformar ese paradigma. Pero las cosas se mueven lento. Las mujeres estadunidenses gastan en ropa tres veces más que los hombres, pero sólo 14 por ciento de las principales marcas de moda son dirigidas por mujeres.[32] De los 70 diseñadores que se presentaron en la Semana de la Moda de Nueva York en febrero de 2018, sólo nueve eran negros. Esto a pesar del hecho de que en 2015 los consumidores negros gastaron 2,600 millones de dólares en ropa.[33] Una investigación realizada en la Escuela de Negocios de Wharton, en la Universidad de Pennsylvania, muestra que los negros y los hispanos gastan hasta 30 por ciento más que los blancos con un ingreso comparable en bienes visibles como ropa, autos y joyería.[34] Sin embargo, siguen siendo muy poco representados en los corredores de poder de la industria de la moda. Como escribió Beyoncé en *Vogue*: "Si los que están en posiciones de poder continúan contratando y eligiendo sólo a personas que se ven como ellos, suenan como ellos, provienen de los mismos vecindarios en donde ellos crecieron [...] van a contratar a los mismos modelos, hacer curaduría del mismo arte, elegir a los mismos actores una y otra vez, entonces todos perderemos".[35]

Cuando ampliamos el acceso a la moda y presentamos modelos verdaderamente diversos, invitamos a más personas a verse como sujetos de la moda. Las marcas prestan atención a estas ideas, pero siempre pueden mejorar. La incorporación selectiva no es lo mismo que el progreso. Tyra Banks una vez habló sobre una tendencia perturbadora que atestiguó en la industria del modelaje. Al igual que el largo de la falda, las diversas razas y etnias parecen entrar y salir de la moda. Primero, dijo Banks, las chicas brasileñas eran las más sexys. Luego fueron las africanas. En otra época, lo fueron las modelos de ascendencia afroamericana. "Nunca hubo una temporada de 'modelo blanca', porque las blancas siempre eran la base... mientras que nosotras las chicas de color éramos especies exóticas pasajeras que esparcían en la pasarela cuando estábamos de moda", dijo Banks. "La raza no es una tendencia. Mi piel no es una tendencia. Mi cuerpo, mi trasero no son una tendencia de la moda."[36]

Entonces, ¿qué puedes hacer *tú* para empujar un poco más rápido las ruedas de la historia? Puedes comprar tus valores. Puedes trabajar para afirmarte a ti misma y levantar a otros mientras asciendes. Puedes ser sensible al dolor de los demás y tener cuidado de no provocarles más dolor. Puedes vestirte de lo mejor —lo que signifique eso para ti— porque te ayudará a mantener la frente en alto. Como dicen, sé el cambio que quieres ver en el mundo. Nunca sabes quién estará observando.

EN CONCLUSIÓN
CONSEJOS Y APRENDIZAJES CLAVE DEL CAPÍTULO 10

- **Compra tus valores.** Puedes elegir adquirir ropa de marcas que promueven la diversidad, la inclusión y la sustentabilidad. Apoya a las marcas cuya ética coincida con la tuya.
- **Valora, no devalúes.** Si estás tomando prestado un *look* que fácilmente se identifica con una cultura distinta a la tuya, aprende su historia. Considera cuál sería la reacción si alguien de esa cultura se pusiera esa prenda en público. Si decides ponértela, equilibra el atuendo con accesorios, peinado y maquillaje neutrales.

Conclusión

No seas un placer para la mirada. Sé alimento para el alma.

—Anónimo

Hace poco hice historia. Aparecí en NBC News para discutir "la muerte del traje de negocios" y la naturaleza cada vez más informal de los códigos de vestimenta profesional. Fue la primera vez que una psicóloga de la moda (o alguien con este título) aparecía en la televisión nacional en Estados Unidos. El presentador, Ali Velshi, me presentó como alguien "que estudia cómo la ropa que usamos afecta lo que pensamos". Me encantó eso, porque aunque soy invitada a dar conferencias en lugares como Harvard y me buscan para ser guía de los estudiantes de licenciatura en la Escuela de Moda de Londres, yo SOY una estudiante. Al igual que tú, descubro que mis ojos constantemente se abren a la forma en que interactúan el atuendo y las emociones. En lo referente a qué ponerte o cómo ser más feliz, no pretendo tener todas las respuestas. Pero después de leer este libro, ahora deberías tener una comprensión más firme sobre las *preguntas* correctas. Ahora que has leído estos diez capítulos, espero que te preguntes lo siguiente cuando compres y te vistas:

- ¿Esto me hace sentir increíble? (En vez de: ¿Se ve bien?)
- ¿Me encanta? (En vez de: ¿Les gustará?)

- ¿Lo necesito? (En vez de: ¿Lo quiero?)
- ¿Qué tengo con lo que pueda trabajar? (En vez de: ¿Qué cosa nueva me debería comprar?)
- ¿Quién lo hizo, con qué materiales y qué tan éticamente fue obtenido y fabricado? (En vez de: ¿De qué marca es?)

Dediqué la introducción de este libro a guiarte por mi historia personal. No fue fácil ni bonito (casi nunca). Pero mientras nos despedimos, comienzas tu propio viaje hacia un estilo más nítido y un estado mental más centrado y de seguridad en ti misma. Espero que nos separemos como dos verdaderas creyentes en el estilo desde dentro hacia fuera. Gracias por estar abierta a mis ideas. Y por abrazar la noción de que la conciencia emocional es esencial para el buen estilo, porque realmente necesitan tenerse el uno al otro.

Espero que después de leer este libro sientas más y compres menos. Espero que tomes elecciones de estilo conscientes y deliberadas que te sirvan antes de considerar a nadie o nada más. Espero que cuando te acerques a tu clóset mañana (¡idealmente menos repleto!), te sientas más empoderada para vestirte lo mejor posible, y que al hacerlo te sientas mejor de lo que te sentiste ayer.

Mientras examinas tus prendas con cuidado, seguramente surgirán recuerdos y asociaciones. Algunas serán agridulces, otras serán alegres, otras triunfantes. Esas prendas juntas representan un retrato de tu vida. Espero que comprendas el poder de tus prendas, que pueden ayudarte a sanar y a protegerte. Y que al decidir qué ponerte cada día, tienes la oportunidad de redefinirte a ti misma, de canalizar su magia, ya sea que optes por usar tu ropa para sentirte más calmada, más fuerte o simplemente más viva.

Ya conoces las herramientas para sentirte mejor, para sentirte como nunca. Están colgadas en tu clóset. Pero lo más importante es que están dentro de ti.

Agradecimientos

Me gustaría agradecer a todas las personas que ayudaron a llevar este libro de un sueño a una realidad. Ustedes me han bendecido inmensamente.

Gracias a mi editora, Marisa Vigilante, y a todos en Little, Brown Spark, incluidos Tracy Behar, Ian Straus, Jessica Chun, Juliana Horbachevsky, Lauren Harms y Ben Allen.

Gracias a mi colaboradora, Suzanne Zuckerman, una talentosa escritora y una oyente inteligente.

Gracias a mi agente, Elizabeth Bewley, de Sterling Lord Literistic. A mis colegas del Fashion Institute of Technology, especialmente al doctor Paul Clement, Rosa Maria Smith y Hadassah Perez. Todos ustedes me inspiran todos los días. A mis alumnos, gracias por traer sus mentes curiosas al aula.

Gracias a mis antiguos maestros y profesores de apoyo en Bowling Green State University, especialmente a Martha Chandran-Dickerson, al doctor Manuel Pomales y al doctor Mike Zickar, y a mis antiguos profesores en Teachers College, Columbia University, especialmente al doctor Gregory Payton.

Gracias a mis leales y dedicados pasantes: Frank, Jessica, Korona y Kat.

Un gran agradecimiento a los muchos periodistas que he conocido en los últimos años, especialmente a Jennifer Bennour. Has abrazado la psicología de la moda y me has ayudado a compartir mi investigación y mi filosofía con personas de todo el mundo.

Y finalmente, el último y mayor agradecimiento a mi familia: mi padre, Coejo; mi madre, Karen; mi hermano, Jovan; mis niñeras, Jacqueline y Gail; mi tío Franc; mi prima Audrey; mis primos Loriann, Ericka, Sal y otros. También a mis hermanas Rebecca y Carleta, mi mejor amiga Sierra Narciese, mis amigos Anthony y Martha, y los asesores Darryn y Eric.

Los amo a todos.

Notas

INTRODUCCIÓN. LA HISTORIA DE MI ESTILO

1 Monnica T. Williams, PhD, "Why African Americans Avoid Psychotherapy", *Psychology Today*, 2 de noviembre de 2011, https://www.psychologytoday.com/us/blog/culturally-speaking/201111/why-african-americans-avoid-psychotherapy. En este artículo, Williams cita a J. Alvidrez, L. R. Snowden y D. M. Kaiser, "The Experience of Stigma among Black Mental Health Consumers", *Journal of Health Care for the Poor and Underserved*, núm. 19, 2008, pp. 874-93.

2 Lindy West, "People Really Don't Like It When You Say It's Okay to Be Fat, Notes Lindy West", *New York Magazine, The Cut*, 17 de octubre de 2018, https://www.thecut.com/2018/10/women-and-power-chapter-three.html#lindy-west

3 Gavin de Becker, *The Gift of Fear, and Other Survival Signals That Protect Us from Violence*, Nueva York, Penguin Random House, 1999, p. 70.

4 Estas estadísticas provienen de los Centros para el Control de las Enfermedades, que ofrece una página de internet de vía rápida llamada "Preventing Intimate Partner Violence" ("Prevenir la Violencia del Compañero Íntimo"), https://www.cdc.gov/violenceprevention/intimatepartnerviolence/fastfact.html

5 Kim K. P. Johnson, Jane E. Hegland y Nancy A. Schofield, "Survivors of Rape: Functions and Implications of Dress in a Context of Coercive Power", en *Appearance and Power*, ed. Kim K. P. Johnson y Sharron J. Lennon, Oxford, Bloomsbury Academic, 1999, pp. 11-32, tomado de "Dress, Body, Culture", *Bloomsbury Fashion Central*, bloomsburyfashioncentral.co.

6 Jo Hartley, "Fashion and Mood: How Clothes Affect Your Emotions", *Sydney Morning Herald*, 17 de julio de 2015, https://www.smh.com.au/lifestyle/fashion-and-mood-how-clothes-affect-your-emotions-20150717-giei1f.html

7 Cassandra Willyard, "Need to Heal Thyself?", *gradPSYCH Magazine: An American Psychological Association Publication*, enero de 2012, https://www.apa.org/gradpsych/2012/01/heal

8 Benedict Carey, "Can We Really Inherit Trauma?", *The New York Times*, 10 de diciembre de 2018, https://www.nytimes.com/2018/12/10/health/mind-epigenetics-genes.html

9 Lawrence V. Harper, "Epigenetic Inheritance and the Intergenerational Transfer of Experience", *Psychological Bulletin*, 2005, p. 340.

10 Liz Phair, Twitter, 27 de septiembre de 2018. La cita completa de Phair es: "Para aquellos de nosotros que contemplamos el daño que nos han hecho y que hemos sufrido en silencio —el precio de crecer como mujer en esta cultura— yo los saludo. Hay un campo

de batalla ignorado y nosotras somos los veteranos sin condecoración #IBelieveChristineBlaseyFord".

11 Paulo Coelho, Twitter, 16 de agosto de 2018.

12 Jennifer Miller, "The Dress Doctor Is In," *The New York Times*, 12 de abril de 2018, https://www.nytimes.com/2018/04/12/fashion/fashion-psychologist.html

13 Sarah Spellings, "Everybody Wants to Know What a Fashion Psychologist Thinks", *New York Magazine, The Cut,* 20 de abril de 2018, https://www.thecut.com/2018/04/dawnn-karen-is-the-academic-behind-fashion-psychology.html

14 En mayo de 2017 presenté un webinar sobre Psicología de la Moda para Empoderar Mujeres, una plataforma en línea para el empoderamiento económico de las mujeres desarrollado en conjunto entre ONU Mujeres, entidad de las Naciones Unidas para la equidad de género y el empoderamiento de las mujeres, https://www.youtube.com/watch?v=_xG2SntA75w

CAPÍTULO 1. PSICOLOGÍA DE LA MODA 101

1 Kenzie Bryant, "What Makes Taylor Swift's $895 Balenciaga Sweatshirt So Controversial", *Vanity Fair,* 23 de julio de 2018, https://www.vanityfair.com/style/2018/07/taylor-swift-balenciaga-hoodie-new-york

2 Alexander Todorov y Janine Willis, "First Impressions: Making Up Your Mind after a 100-Ms Exposure to a Face", *Psychological Science*, vol. 17, núm. 7, 1 de julio de 2006, pp. 592-598, https://journals.sagepub.com/doi/abs/10.1111/j.1467-9280.2006.01750.x?s source=mfc&rss=1&

3 Molly Lambert, "Trixie Mattel Says Drag Queens Are Like Swiss Army Knives", *New York Times Magazine*, 29 de agosto de 2018, https://www.nytimes.com/2018/08/29/ma gazine/trixie-mattel-says-drag-queens-are-like-swiss-army-knives.html

4 "Renaissance Fashion and Dress Codes", 5 de marzo de 2012, Metropolitan Museum of Art, https://www.metmuseum.org/blogs/teen-blog/renaissance-portrait/blog/renais-sance-fashion-and-dress-codes. See also "Social Class and Clothing", *Encyclopedia of Clothing and Fashion*, 2005, https://www.encyclopedia.com/fashion/encyclopedias-al manacs-transcripts-and-maps/social-class-and-clothing

5 Vikas Shah, MBE, "The Role of Fashion in Human Culture", *Thought Economics,* 15 de septiembre de 2012, https://thoughteconomics.com/the-role-of-fashion-in-human-cul ture/

6 Lindsay Peoples Wagner, "Everywhere and Nowhere: What It's Really Like to Be Black and Work in Fashion", *New York Magazine, The Cut,* 23 de agosto de 2018, https://www.thecut.com/2018/08/what-its-really-like-to-be-black-and-work-in-fashion.html?u tm_source=tw

7 Stephanie Chan, "Leslie Jones Says No Designers Want to Dress Her for 'Ghostbusters'

Premiere", *Hollywood Reporter,* 29 de junio de 2016, https://www.hollywoodreporter.com/news/leslie-jones-says-no-designers-907297

8 David Yanofsky, "The US Is Now Buying More Stretchy Pants Than Blue Jeans", *Quartz,* 1 de marzo de 2018, https://qz.com/1218844/the-us-bought-more-yoga-pants-leggings-and-other-elastic-fabrics-than-blue-jeans-in-2017/

9 Veronica Webb, "Closet Case: Fashion Psychologist Dawnn Karen Styles from the Inside Out", *The Root,* 16 de abril de 2018, https://theglowup.theroot.com/closet-case-fashion-psychologist-dawnn-karen-styles-fr-1825301103

10 George Dvorsky, "Why Freud Still Matters, When He Was Wrong About Almost Everything", *Gizmodo,* 7 de agosto de 2013, https://io9.gizmodo.com/why-freud-still-matters-when-he-was-wrong-about-almost-1055800815

11 Amy Cuddy, *Presence: Bringing Your Boldest Self to Your Biggest Challenges,* Nueva York, BackBay Books/Little, Brown and Company, 2015, p. 174.

12 Cecelia A. Watson, "The Sartorial Self: William James's Philosophy of Dress", *History of Psychology* 7, num. 3, septiembre de 2004, p. 214, http://www.ceceliawatson.com/Cecelia_Watson/Curriculum_Vitae_files/Sartorial%20Self.pdf

13 Roland Barthes, *The Language of Fashion,* Londres, Bloomsbury Academic, 2013, https://www.bloomsbury.com/uk/the-language-of-fashion-9781472505422/

14 Sharon J. Lennon y Kim K. P. Johnson, *The Social Psychology of Dress,* Nueva York, Fair-child Books, 2017, https://www.bloomsburyfashioncentral.com/products/berg-fashion-Library/article/bibliographical-guides/the-social-psychology-of-dress

15 Amanda Woods, "Reporter Tries to Shame 'Struggling' Ocasio-Cortez over Wardrobe", *New York Post,* 16 de noviembre de 2018, https://nypost.com/2018/11/16/reporter-tries-to-shame-struggling-ocasio-cortez-over-wardrobe/

16 Rebecca Jennings, "Ayanna Pressley, Alexandria Ocasio-Cortez, and the Year of Victory Red Lipstick", *Vox,* 7 de noviembre de 2018, https://www.vox.com/the-goods/2018/11/7/18071900/alexandria-ocasio-cortez-ayanna-pressley-red-lipstick-election

17 Nina Burleigh, "Melania, Ivanka and Ivana Trump Wear High Heels, a Symbol of Everything That Is Beautiful and Horrifying about Them", *Newsweek,* 10 de agosto de 2017, https://www.newsweek.com/trump-melania-trump-ivanka-trump-first-lady-stiletto-649286

18 Kate Bennett, "Melania Trump's Africa Visit and the Message It Sends from America", *CNN,* 8 de octubre de 2018, https://www.cnn.com/2018/10/08/politics/melania-trump-africa-trip-wrap/index.html

19 Dan Amira, "Hillary Clinton Is Asked What Designers She Wears Moments after Making Point about Sexism", *New York Magazine,* 2 de diciembre de 2010, http://nymag.com/intelligencer/2010/12/hillary_clinton_asked_what_des.html

20 Rosemary Feitelberg, "Melania Trump Says 'Focus on What I Do, Not What I Wear'", *WWD,* 6 de octubre de 2018, https://wwd.com/fashion-news/fashion-scoops/melania-trump-says-focus-on-what-i-do-not-what-i-wear-1202870328/

21 Vanessa Friedman, "Melania Trump: Out of Africa, Still in Costume", *The New York Times*, 8 de octubre de 2018, https://www.nytimes.com/2018/10/08/fashion/melania-trump-africa-trip-fashion-fedora.html

22 Hajo Adam y Adam D. Galinsky, "Enclothed Cognition", *Journal of Experimental Social Psychology*, vol. 48, núm. 4, julio de 2012, pp. 918-925, https://www.sciencedirect.com/science/article/pii/S0022103112000200

23 Kristen Bateman, "Everything I Learned from a Session with a Fashion Psychologist", *StyleCaster* de 2016, https://stylecaster.com/fashion-psychologist/

24 Ann Shoket, "How Power Dressing Moved beyond the High Heel", *Thrive Global*, 9 de octubre de 2018, https://thriveglobal.com/stories/power-dressing-beyond-high-heel-status-symbol-change-fashion-psychology/

25 Helena Fitzgerald, "All the Lipsticks I've Bought for Women I'll Never Be", *New York Magazine, The Cut*, 8 de octubre de 2018, https://www.thecut.com/2018/10/all-the-lipsticks-ive-bought-for-women-ill-never-be.html

26 Stacy London, "Stacy London on Her Year of Going Broke", Refinery 29, 2 de febrero de 2018, https://www.refinery29.com/en-us/2018/02/188983/stacy-london-managing-money-heartbreak

CAPÍTULO 2. ¿CUÁL ES LA HISTORIA DE TU ESTILO?

1 Naomi Braithwaite, "What Your Shoes Say about You (Quite a Lot, Actually)", *The Conversation*, 6 de marzo de 2015, https://theconversation.com/what-your-shoes-say-about-you-quite-a-lot-actually-38142

2 Angela J. Bahns, Christian S. Crandall, Fiona Ge, and Omri Gillath, "Shoes as a Source of First Impressions", *Journal of Research in Personality*, vol. 46, núm. 4, agosto de 2012, pp. 423-430. https://www.sciencedirect.com/science/article/abs/pii/S0092656612000608

3 "The 50 Greatest Fashion Quotes of All Time", *Harper's Bazaar*, 11 de enero de 2018, https://www.harpersbazaar.com/fashion/designers/a1576/50-famous-fashion-quotes/

4 Stevie Martin, "The Psychological Reason Why We Wear the Clothes We Wear", *Grazia*, 6 de marzo de 2015, https://graziadaily.co.uk/fashion/news/psychological-reason-wear-clothes-wear/

5 Ayalla Ruvio, Yossi Gavish y Aviv Shoham, "Consumer's Doppelganger: A Role Model Perspective on Intentional Consumer Mimicry", *Journal of Consumer Behaviour*, enero de 2013, https://www.researchgate.net/publication/264466739_Consumer's_doppelganger_A_role_model_perspective_on_intentional_consumer_mimicry

6 Roland Barthes, *The Language of Fashion*, Londres, Bloomsbury Academic, 2004, pp. 90-91.

7 Stephanie Newman, PhD, "Why Your Teen Insists on Dressing Exactly Like Her Friends", *Psychology Today*, 14 de septiembre de 2010, https://www.psychologytoday.com/us/blog/apologies-freud/201009/why-your-teen-insists-dressing-exactly-her-friends

8 "What Are Youths' Biggest Clothing Style and Brand Decision Influencers?", *Marketing Charts,* 30 de julio de 2014, https://www.marketingcharts.com/industries/retail-and-e-commerce-44453

9 Karen Pine, "Happiness: It's Not in the Jeans", *Science Daily,* University of Hertfordshire, 8 de marzo de 2012, www.sciencedaily.com/releases/2012/03/120308062537.htm

10 Nadene van der Linden, "Unshakeable Calm: Top Tips to Stay Calm with Toxic People", *Psych Central,* 15 de diciembre de 2017, https://blogs.psychcentral.com/unshakeable-calm/2017/11/top-tips-to-stay-calm-with-toxic-people/. Para más información sobre el método de la piedra gris, ver Lindsay Champion, "Try the 'Gray Rock Method,' a Foolproof Technique to Shut Down Toxic People", *PureWow,* 6 de noviembre de 2018, https://www.purewow.com/wellness/gray-rock-method

11 Alexis Conason, PsyD, "Should Therapists Self-Disclose?", *Psychology Today,* 5 de mayo de 2017, https://www.psychologytoday.com/us/blog/eating-mindfully/201705/should-therapists-self-disclose

12 Laura M. Simonds y Naomi Spokes, "Therapist Self-Disclosure and the Therapeutic Alliance in the Treatment of Eating Problems", *Eating Disorders: The Journal of Treatment & Prevention,* vol. 25, núm. 2, 6 de enero de 2017, pp. 151-164.

13 Z. D. Peterson, "More Than a Mirror: The Ethics of Therapist Self-Disclosure", *Psychotherapy: Theory, Research, Practice, Training,* vol. 39, núm. 1, 2002, pp. 21-31.

CAPÍTULO 3. LA CIENCIA DETRÁS DE LAS COMPRAS

1 Cydney Henderson, "Revolve Apologizes for Sweatshirt Saying 'Being Fat Is Not Beautiful, It's an Excuse'", *USA Today,* 12 de septiembre de 2018, https://www.usatoday.com/story/ life/entertainthis/2018/09/12/lena-dunham-responds-fat-shaming-sweatshirt-controversy/1286151002/. Ver también Rob Bailey-Millado, "Plus Size Brand Slammed for Using Thin Models to Show How Big Lingerie Is", *New York Post,* 8 de mayo de 2019, https://nypost.com/2019/05/08/plus-size-brand-slammed-for-using-thin-models-to-show-how-big-lingerie-is/

2 Alexandra Olson, "Sephora Closes All US Stores for a 1-Hour 'Inclusion Workshop'", *Time,* 5 de junio de 2019, https://time.com/5601284/sephora-stores-diversity-inclusion-training/. Ver también Nicole Saunders, "SZA Fronts Fenty Beauty's 'Mattemoiselle' Lipstick Campaign", *Billboard,* 14 de diciembre de 2017, https://www.billboard.com/articles/news/lifestyle/8070477/rihanna-fenty-beauty-sza-lipstick-campaign-mattemoiselle-pics

3 Barbara McMahon, "Wonder Why You've Tons of Clothes but Nothing to Wear? The Answer Lies in Your Mind, Says a Top Psychologist", *Daily Mail,* 26 de agosto de 2018, https://www.dailymail.co.uk/femail/article-6100191/amp/What-does-reveal-wardrobe-emotional-history.html

4 Investigación comisionada por la empresa de tecnología Akamai y llevada a cabo por ForresterConsulting, "Akamai Reveals 2 Seconds as the New Threshold of Acceptability for eCommerce Web Page Response Times", 14 de septiembre de 2009, https://www.akamai.com/us/en/about/news/press/2009-press/akamai-reveals-2-seconds-as-the-new-threshold-of-acceptability-for-ecommerce-web-page-response-times.jsp

5 Ray A. Smith, "A Closet Filled with Regrets", *Wall Street Journal,* 17 de abril de 2013, https://www.wsj.com/articles/SB10001424127887324240804578415002232186418

6 Statista Research Department, "U.S. Apparel Market Statistics & Facts", 7 de enero de 2019, https://www.statista.com/topics/965/apparel-market-in-the-us/

7 Matthew Frankel, "How Does the Average American Spend Their Paycheck? See How You Compare", *USA Today,* 8 de mayo de 2018, https://www.usatoday.com/story/money/personalfinance/budget-and-spending/2018/05/08/how-does-average-american-spend-paycheck/34378157/

8 Imran Amed, Anita Balchandani, Marco Beltrami, Achim Berg, Saskia Hedrich, y Felix Rölkens, "The State of Fashion 2019: A Year of Awakening", *The Business of Fashion*, noviembre de 2018, https://cdn.businessoffashion.com/reports/The_State_of_Fashion_2019.pdf

9 Congreso de Estados Unidos, Comité Económico Conjunto, "The Economic Impact of the Fashion Industry", 6 de febrero de 2015, https://maloney.house.gov/sites/maloney.house.gov/files/documents/The%20Economic%20Impact%20of%20the%20Fashion%20Industry%20– %20JEC%20report%20FINAL.pdf

10 The Business of Fashion Team, "A Fashion Education That Meets Market Needs", *The Business of Fashion*, 22 de octubre de 2018, https://www.businessoffashion.com/articles/education/a-fashion-education-that-meets-market-needs

11 Alexandria Sage, "Fashion Trends in an Uncertain Economy", *Reuters,* 27 de abril de 2008, https://www.reuters.com/article/us-fashion-recession/fashion-trends-in-an-uncertain-economy-idUSN2721944120080427

12 Sheila Marikar, "The Transformational Bliss of Borrowing Your Office Clothes", *The New York Times*, 12 de octubre de 2018, https://www.nytimes.com/2018/10/12/business/rent-the-runway-office-clothes.html

13 Deborah J. Vagins, "The Simple Truth about the Gender Pay Gap", *American Association of University Women*, otoño 2018, https://www.aauw.org/research/the-simple-truth-about-the gender-pay-gap/

14 Emma Johnson, "The Real Cost of Your Shopping Habits", *Forbes*, 15 de enero de 2015, https://www.forbes.com/sites/emmajohnson/2015/01/15/the-real-cost-of-your-shopping-habits/#f481b7a1452d

15 "Average Cost of Clothing per Month Will Surprise You", *Credit Donkey,* 15 de noviembre de 2017, https://www.creditdonkey.com/average-cost-clothing-per-month.html

16 Alexandra Schwartz, "Rent the Runway Wants to Lend You Your Look", *The New Yorker*, 15 de octubre de 2018, https://www.newyorker.com/magazine/2018/10/22/rent-the-runway-wants-to-lend-you-your-look

17 Vanessa Friedman, "The Biggest Fake News in Fashion", *The New York Times*, 18 de diciembre de 2018, https://www.nytimes.com/2018/12/18/fashion/fashion-second-biggest-polluter-fake-news.html

18 Suzanne Zuckerman, "We Asked a Financial Therapist for Money Advice—and It Was Fascinating", *PureWow*, 15 de marzo de 2018, https://www.purewow.com/money/what-is-a-financial-therapist

19 Cita apócrifa a Will Rogers, Will Smith, Edward Norton y muchos otros.

20 Sarah O'Brien, "Consumers Cough Up $5,400 a Year on Impulse Purchases", *CNBC*, 23 de febrero de 2018, https://www.cnbc.com/2018/02/23/consumers-cough-up-5400-a-year on-impulse-purchases.html

21 Alina Dizik, "Shopping a Sale Gives You the Same Feeling as Getting High", *BBC*, 24 de noviembre de 2016, http://www.bbc.com/capital/story/20161123-shopping-a-sale-gives-you-the-same-feeling-as-getting-high

22 Carmen Nobel, "Neuromarketing: Tapping into the 'Pleasure Center' of Consumers", *Forbes*, 1 de febrero de 2013, https://www.forbes.com/sites/hbsworkingknowledge/2013/02/01/neuromarketing-tapping-into-the-pleasure-center-of-consumers/#5642fece2745

23 Liraz Margalit, PhD, "The Psychology of Choice", *Psychology Today*, 3 de octubre de 2014, https://www.psychologytoday.com/us/blog/behind-online-behavior/201410/the-psychology-choice

24 Jameela Jamil, Twitter, 19 de enero de 2019, https://twitter.com/jameelajamil/status/1086721920039448577?lang=en

25 Sangeeta Singh-Kurtz, "The Body-Positive Skincare Trend Is Driven by Women's Fear of Aging", *Quartzy*, 4 de noviembre de 2018, https://qz.com/quartzy/1445782/the-body-positive-skincare-trend-is-driven-by-womens-fear-of-aging/

26 Catherine Kast y Suzy Weiss, "Victoria's Secret Only Hires Super-Skinny Models —and That's a Problem", *New York Post*, 5 de noviembre de 2018, https://nypost.com/2018/11/05/victorias- secret-only-hires-super-skinny-models-and-thats-a-problem/

27 Hilary George-Parkin, "Size, by the Numbers", *Racked*, 5 de junio de 2018, https://www.racked.com/2018/6/5/17380662/size-numbers-average-woman-plus-market

28 Marisa Dellato, "Retailer Trends on Twitter for Showing Off Size Diversity", *New York Post*, 7 de noviembre de 2018, https://nypost.com/2018/11/07/retailer-trends-on-twitter-for-showing-off-size-diversity/

29 Heidi Zak, "An Open Letter to Victoria's Secret", *ThirdLove*, 19 de noviembre de 2018, https://www.thirdlove.com/blogs/unhooked/thirdloves-open-letter-to-victorias-secret

30 Imran Amed, Johanna Andersson, Achim Berg, Martine Drageset, Saskia Hedrich y Sara Kappelmark, "The State of Fashion, 2018: Renewed Optimism for the Fashion

Industry", *McKinsey*, noviembre de 2017, https://www.mckinsey.com/industries/retail/our-insights/renewed-optimism-for-the-fashion-industry

31 Praveen Adhi, Tiffany Burns, Andrew Davis, Shruti Lal y Bill Mutell, "A Transformation in Store", *McKinsey*, mayo de 2019, https://www.mckinsey.com/business-functions/operations/our-insights/a-transformation-in-store?cid=eml-web

32 Daphne Howland, "27% of Apparel Sales Are Now Online", *RetailDive*, 2 de julio de 2018, https://www.retaildive.com/news/27-of-apparel-sales-are-now-online/526941/

33 Dhani Mau, "In 2018, Holiday Shoppers Are Losing Trust in Social Media, Prefer Retailers with Physical Storefronts", *Fashionista*, 1 de noviembre de 2018, https://fashionista.com/2018/11/holiday-shopping-trends-statistics-2018

34 Lauren Thomas, "Black Friday Pulled in a Record $6.22 Billion in Online Sales: Adobe Analytics", *CNBC*, 28 de noviembre de 2018, https://www.cnbc.com/2018/11/24/black-friday-pulled-in-a-record-6point22-billion-in-online-sales-adobe.html

35 Martinne Geller y Kate Holton, "Firing Fake Pineapples, Pernod Uses 'Influencers' to Drive Sales", *Reuters*, 3 de julio de 2018, https://www.reuters.com/article/us-pernod-ricard-marketing-influencers-idUSKBN1JT1OZ

36 Vikram Alexei Kansara, "Amid 'Retail Apocalypse,' the Future of Commerce Is Community", *The Business of Fashion*, 1 de diciembre de 2017, https://www.businessoffashion.com/articles/video/amid-retail-apocalypse-the-future-of-commerce-is-community?source=emailshare

37 Lisa Fickenscher, "How High-End Department Store Reps Use Social Media to Rake in-Millions", *New York Post*, 5 de noviembre de 2018, https://nypost.com/2018/11/05/how-high-end-department-store-reps-use-social-media-to-rake-in-millions/

38 Zameena Mejia, "Kylie Jenner Reportedly Makes $1 Million per Paid Instagram Post —Here's How Much Other Top Influencers Get", *CNBC*, 31 de julio de 2018, https://www.cnbc.com/2018/07/31/kylie-jenner-makes-1-million-per-paid-instagram-post-hopper-hq-says.html

39 Lucy Tesseras, "A Third of Brands Admit to Not Disclosing Influencer Partnerships", *Marketing Week*, 14 de noviembre de 2018, https://www.marketingweek.com/2018/11/14/influencer-marketing-partnerships/

40 Sapna Maheshwari, "Are You Ready for the Nanoinfluencers?", *The New York Times*, 11 de noviembre de 2018, https://www.nytimes.com/2018/11/11/business/media/nanoinfluencers-instagram-influencers.html

41 Yuyu Chen, "The Rise of 'Micro-Influencers' on Instagram", *Digiday*, 27 de abril de 2016, https://digiday.com/marketing/micro-influencers/

42 Gillian Fournier, "Mere Exposure Effect", *Psych Central*, 2018, https://psychcentral.com/encyclopedia/mere-exposure-effect/

43 Shanelle Mullin, "The Science of Familiarity: How to Increase Conversions by Being Completely Unoriginal", *CXL*, 1 de octubre de 2015, https://conversionxl.com/blog/science-of-familiarity/

44 Dennis Payne, "How Many Contacts Does It Take Before Someone Buys Your Product?", *Business Insider*, 12 de julio de 2011, https://www.businessinsider.com/how-many-con tacts-does-it-take-before-someone-buys-your-product-2011-7

45 David DeSteno, Leah Dickens, Jennifer S. Lerner y Ye Li, "Gratitude: A Tool for Reducing Economic Impatience", *Psychological Science*, 23 de abril de 2014, https://journals.sage pub.com/doi/10.1177/0956797614529979

46 Kit Yarrow, "12 Ways to Stop Wasting Money and Take Control of Your Stuff", *Money*, 20 de noviembre de 2014, http://money.com/money/3070984/overspending-overconsump tion-stuff/

47 James Hamblin, "Buy Experiences, Not Things", *The Atlantic*, 7 de octubre de 2014, https://www.theatlantic.com/business/archive/2014/10/buy-experiences/381132/

48 Seung Hwan Lee y June Cotte, "Post-Purchase Consumer Regret: Conceptualization and Development of the Ppcr Scale", *Advances in Consumer Research*, Association for Consumer Research, 2009, pp. 456-462.

49 "The Smell of Commerce: How Companies Use Scents to Sell Their Products", *The Independent* (Reino Unido), 16 de agosto de 2011, https://www.independent.co.uk/news/media/advertising/the-smell-of-commerce-how-companies-use-scents-to-sell-their-products-2338142.html

50 N. R. Kleinfeld, "The Smell of Money", *The New York Times*, 25 de octubre de 1992, https://www.nytimes.com/1992/10/25/style/the-smell-of-money.html

CAPÍTULO 4. UNA MANERA DIFERENTE DE VESTIRTE

1 Walter Isaacson, *Steve Jobs*, Nueva York, Simon & Schuster, 2011, pp. 36-162.

2 Michael Lewis, "Obama's Way", *Vanity Fair*, octubre de 2012, https://www.vanityfair.com/news/2012/10/michael-lewis-profile-barack-obama

3 Eugene Kim, "Here's the Real Reason Mark Zuckerberg Wears the Same T-Shirt Every Day", *Business Insider*, 6 de noviembre de 2014, https://www.businessinsider.com/mark-zuckerberg-same-t-shirt-2014-11?r=UK

4 Craig Bloem, "Why Successful People Wear the Same Thing Every Day", *Inc.*, 20 de febrero de 2018, https://www.inc.com/craig-bloem/this-1-unusual-habit-helped-make-mark-zuckerberg-steve-jobs-dr-dre-successful.html

5 Joel Hoomans, "35,000 Decisions: The Great Choices of Strategic Leaders", *Leading Edge Journal,* Roberts Wesleyan College, 20 de marzo de 2015, https://go.roberts.edu/leadingedge/the-great-choices-of-strategic-leaders

6 John Tierney, "Why You Need to Sleep on It", *The New York Times*, 17 de agosto de 2011, https://6thfloor.blogs.nytimes.com/2011/08/17/why-you-need-to-sleep-on-it/

7 Liraz Margalit, PhD, "The Psychology of Choice", *Psychology Today*, 3 de octubre de

2014, https://www.psychologytoday.com/us/blog/behind-online-behavior/201410/the-psychology-choice

8 Alison Beard, "Life's Work: An Interview with Vera Wang", *Harvard Business Review*, julio-agosto de 2019, https://hbr.org/2019/07/lifes-work-an-interview-with-vera-wang

9 Eliza Brooke, "'The True Cost' Is a Jarring Look at the Human Casualties of Fast Fashion", *Fashionista*, 28 de mayo de 2015, https://fashionista.com/2015/05/the-true-cost

10 Vanessa Friedman, "The Biggest Fake News in Fashion", *The New York Times*, 18 de diciembre de 2018, https://www.nytimes.com/2018/12/18/fashion/fashion-second-biggest-polluter-fake-news.html

11 Amanda Mull, "There Is Too Much Stuff", *The Atlantic*, 24 de mayo de 2019, https://www.theatlantic.com/health/archive/2019/05/too-many-options/590185/

12 Elizabeth Paton, "Burberry to Stop Burning Clothing and Other Goods It Can't Sell", *The New York Times*, 6 de septiembre de 2018, https://www.nytimes.com/2018/09/06/business/burberry-burning-unsold-stock.html

13 Bryanboy, Twitter, 30 de octubre de 2018.

14 Mary Lynn Damhorst, "In Search of a Common Thread: Classification of Information Communicated through Dress", *Clothing and Textiles Research Journal,* 1 de enero de 1990, https://journals.sagepub.com/doi/abs/10.1177/0887302X9000800201

15 Dorothy U. Behling y Elizabeth A. Williams, "Influence of Dress on Perception of Intelligence and Expectations of Scholastic Achievement", *Clothing and Textiles Research Journal,* 1 de junio de 1991, https://journals.sagepub.com/doi/abs/10.1177/0887302X 9100900401

16 Arianna Huffington, "Introducing 'The Psychology of What We Wear to Work'", *Thrive Global*, 10 de octubre de 2018, https://thriveglobal.com/stories/introducing-the-psychology-of-what-we-wear-to-work/

17 Maria Pasquini, "Tiffany Haddish Wears Famous Alexander McQueen Dress for the 5th Time during David Letterman Sitdown", *People*, 16 de mayo de 2019, https://people.com/style/tiffany-haddish-rewears-alexander-mcqueen-dress-5th-time-david-letterman/

18 Lauren Adhav, "Here's Why You Always Reach for the Same Shirt in Your Closet", *Cosmopolitan*, 22 de enero de 2019, https://www.cosmopolitan.com/style-beauty/fashion/a25940043/fashion-psychologist-explains-stripes-meaning/

19 La sesión que tuve en agosto de 2018 con el editor Tony Rotunno se puede ver en YouTube: https://www.youtube.com/watch?v=uEOh1z0dME8

20 Nick Hobson, PhD, "The Anxiety-Busting Properties of Ritual", *Psychology Today*, 25 de septiembre de 2017, https://www.psychologytoday.com/us/blog/ritual-and-the-brain/201709/the-anxiety-busting-properties-ritual

21 Janet Singer, "Symptoms of OCD", *Psych Central*, 8 de octubre de 2018, https://psychcentral.com/lib/symptoms-of-ocd/

22 "Vivienne Westwood: Everyone Buys Too Many Clothes", *The Telegraph*, 16 de septiem-

bre de 2013, http://fashion.telegraph.co.uk/news-features/TMG10312077/Vivienne-Westwood-Everyone-buys-too-many-clothes.html

23 David Gelles, "Eileen Fisher: 'When Was Fashion Week?'", *The New York Times*, 5 de octubre de 2018, https://www.nytimes.com/2018/10/05/business/eileen-fisher-corner-office.html

24 Elizabeth Segran, "This Women's Clothing Brand Is Made for Professional Women Who Hate to Shop", *Fast Company*, 31 de marzo de 2016, https://mmlafleur.com/press/fast-company?utm_source=facebook-instagram&utm_medium=paidsocial&utm_campaign=Prospecting&utm_term=NC-1%25LAL_Top10%25LTV_W_21+

25 "The 50 Greatest Fashion Quotes of All Time", *Harper's Bazaar*, 11 de enero de 2018, https://www.harpersbazaar.com/fashion/designers/a1576/50-famous-fashion-quotes/

26 Silvia Bellezza, Francesca Gino y Anat Keinan, "The Red Sneakers Effect: Inferring Status and Competence from Signals of Nonconformity", *Journal of Consumer Research*, vol. 41, núm. 1, junio de 2014, pp. 35-54.

27 Matthew Hutson y Tori Rodriguez, "Dress for Success: How Clothes Influence Our Performance", *Scientific American*, 1 de enero de 2016, https://www.scientificamerican.com/article/dress-for-success-how-clothes-influence-our-performance/

CAPÍTULO 5. EL ÁNIMO IMPORTA

1 Amy Cuddy, *Presence: Bringing Your Boldest Self to Your Biggest Challenges*, Nueva York, Back Bay Books/Little, Brown and Company, 2015, pp. 198-206.

2 Katya Wachtel, "La DressCode: The Banker's Guide to Dressing and Smelling Like a Winner", *Business Insider*, 15 de diciembre de 2010, https://www.businessinsider.com/ubs-dresscode-clothes-bank-2010-12#ties-length-perfection-and-letting-it-have-a-siesta-is-key-13

3 Barbara L. Fredrickson, Tomi-Ann Roberts, Stephanie M. Noll, Diane Quinn y Jean M. Twenge, "That Swimsuit Becomes You: Sex Differences in Self-Objectification, Restrained Eating, and Math Performance", *Journal of Personality and Social Psychology*, vol. 75, 1998, https://www.ncbi.nlm.nih.gov/pubmed/9686464

4 Allison Dryja, "Try These Powerful Tools to Stop Emotionally Eating", *Mind-BodyGreen*, https://www.mindbodygreen.com/0-15554/try-these-powerful-tools-to-stop-emotional-eating.html

5 Jeryl Brunner, "Happy Birthday, Oprah Winfrey! We Celebrate with 35 of Her Most Inspiring Quotes", *Parade*, 29 de enero de 2019, https://parade.com/453846/jerylbrunner/happy-birthday-oprah-winfrey-we-celebrate-with-35-of-her-most-inspiring-quotes/

6 Steve Greene, "'2 Dope Queens' Podcast Says Goodbye with Michelle Obama Conversation", *IndieWire*, 14 de noviembre de 2018, https://www.indiewire.com/2018/11/2-dope-queens-podcast-ends-michelle-obama-episode-1202020663/

7 "17 Dolly Parton Quotes on Success That Will Inspire You", *Southern Living*, 15 de mayo de 2017, https://www.southernliving.com/culture/dolly-parton-quotes-success

8 "Lady Gaga Opens Up about Sexual Assault and Mental Health in Vulnerable Elle Women in Hollywood Acceptance Speech", *Elle*, 16 de octubre de 2018, https://www.elle.com/culture/celebrities/a23813974/lady-gaga-opens-up-about-sexual-assault-and-mental-health-elle-women-in-hollywood-acceptance-speech/

9 Carly Stern, "'Matching Pajama Sets Is Key to Productivity': Alexandria Ocasio-Cortez Insists Having a LOUNGE Uniform Can Make You Perform Better at Work, as She Shares Her Skincare Routine and Love of Oat Milk", *Daily Mail,* 28 de enero de 2019, https://www.dailymail.co.uk/femail/article-6641769/Alexandria-Ocasio-Cortez-shares-skincare-routine-importance-matching-pajamas.html

10 "Beyoncé Is Sasha Fierce", *Oprah*, 13 de noviembre de 2008, https://www.oprah.com/oprahshow/beyonces-alter-ego/all#ixzz5XF5KBavc

11 Jessica Prince Erlich, "How I Get It Done: QVC Star Josie Maran", *The Cut,* 2 de octubre de 2018, https://www.thecut.com/2018/10/how-i-get-it-done-josie maran.html

12 "PTSD Clinical Practice Guideline: What Is Exposure Therapy?", *American Psychological Association,* https://www.apa.org/ptsd-guideline/patients-and-families/exposure-therapy

13 Rei Kawakubo, *Interview*, 13 de octubre de 2015, https://www.interviewmagazine.com/fashion/rei-kawakubo-1

14 Liz Higgins, "Marriage Is Not a Big Thing, It's a Million Little Things", *Gottman Institute Relationship Blog*, 24 de julio de 2017, https://www.gottman.com/blog/marriage-not-big-thing-million-little-things/

15 Vikas Shah, MBE, "The Role of Fashion in Human Culture", *Thought Economics*, 15 de septiembre de 2012, https://thoughteconomics.com/the-role-of-fashion-in-human-culture/

16 Hannah Betts, "Brave Face", *The Weekend Australian*, 29-30 de octubre de 2016, https://www.theaustralian.com.au/weekend-australian-magazine/brave-face-hannah-betts-on-how fashion-is-armour/news story/bf9c3b1f39faf90cbb5d63a4b80045dd

17 Henry Navarro Delgado, "Joyous Resistance through Costume and Dance at Carnival", *The Conversation*, 30 de julio de 2018, https://theconversation.com/joyous-resistance-through-costume and-dance-at-carnival-98890

18 Tiffany Ayuda, "How the Japanese Art of Kintsugi Can Help You Deal with Stressful Situations", *NBC News*, 25 de abril de 2018, https://www.nbcnews.com/better/health/how-japanese-art-technique-kintsugi-can-help-you-be-more-ncna866471

CAPÍTULO 6. COLORES EN CONTEXTO

1 Abby Gardner, "Meghan Markle Broke Royal Protocol with Her Nail Polish at the British Fashion Awards", *Glamour*, 10 de diciembre de 2018, https://www.glamour.com/story/meghan-markle-dark-nail-polish-british-fashion-awards-2018

2 Adrian Furnham, MD. y Raj Persaud, MD., "Does the Color Red Hold the Secret to Attraction?", *Psychology Today*, 14 de febrero de 2016, https://www.psychologytoday.com/us/blog/slightly-blighty/201602/does-the-color-red-hold-the-secret-attraction

3 Natalie Wolchover, "How Eight Colors Got Their Symbolic Meanings", *Live Science*, 27 de septiembre de 2011, https://www.livescience.com/33523-color-symbolism-meanings.html

4 Manny Fernandez, "Crime Blotter Has a Regular: Yankees Caps", *The New York Times*, 15 de septiembre de 2010, https://www.nytimes.com/2010/09/16/nyregion/16caps.html

5 Justin Block, "The 10 Most Gang-Affiliated Hats in Sports Today", *Complex*, 2 de agosto de 2013, https://www.complex.com/sports/2013/08/most-gang-affiliated-hats-sports-today/

6 Erik Ortiz, "Pictures of Trayvon Martin's Hoodie and Bloodied Clothes Released by Prosecutors", *New York Daily News*, 12 de julio de 2012, https://www.nydailynews.com/news/crime/pictures-trayvon-martin-hoodie-bloodied-clothes-released-prosecutors-article-1.1113426

7 Kaitlyn Folmer, Matt Gutman, Candace Smith y Seni Tienabeso, "Trayvon Martin Shooter George Zimmerman Called Overzealous 'Soft Guy' with a 'Little Hero Complex'", *ABC News*, 12 de julio de 2012, https://abcnews.go.com/US/trayvon-martin-shooter-george-zimmerman-called-overzealous-soft/story?id=16762044

8 Linton Weeks, "Tragedy Gives the Hoodie a Whole New Meaning", *NPR*, 24 de marzo de 2012, https://www.npr.org/2012/03/24/149245834/tragedy-gives-the-hoodie-a-whole-new-meaning

9 Thomas Gilovich y Mark G. Frank, "The Dark Side of Self-and Social Perception: Black Uniforms and Aggression in Professional Sports", *Journal of Personality and Social Psychology*, 1988, p. 74.

10 "Men and Women Really Do See the World Differently", *Live Science,* 4 de septiembre de 2012, https://www.livescience.com/22894-men-and-women-see-things-differently.html

11 "Facts about Color Blindness", *National Eye Institute*, febrero de 2015, https://nei.nih.gov/health/color_blindness/facts_about

12 Maureen Healy, "The Color of Emotion", *Psychology Today*, 4 de diciembre de 2008, https://www.psychologytoday.com/us/blog/creative-development/200812/the-color-emotion

13 Julie Miller, "How 20-Year-Old Queen Victoria Forever Changed Wedding Fashion" ,

Vanity Fair, 3 de abril de 2018, https://www.vanityfair.com/style/2018/04/queen-vic toria-royal-wedding

14 Dr. Valerie Steele, "Pink: The History of a Punk, Pretty, Powerful Color", Special Exhibitions Gallery, The Museum at FIT, 2018, http://www.fitnyc.edu/museum/exhibitions/pink.php

15 Rachel Adelson, "Hues and Views: A Cross-Cultural Study Reveals How Language Shapes Color Perception", *American Psychological Association, Monitor on Psychology*, vol. 36, núm. 2, febrero de 2005, https://www.apa.org/monitor/feb05/hues

16 Jeanne Maglaty, "When Did Girls Start Wearing Pink?", Smithsonian, 7 de abril de 2011, https://www.smithsonianmag.com/arts-culture/when-did-girls-start-wearing-pink-1370097/

17 Belinda Luscombe, "The Science of Dating: Wear Red", *Time*, 25 de octubre de 2010, http://healthland.time.com/2010/10/25/the-science-of-dating-wear-red/

18 N. Guéguen y C. Jacob, "Clothing Color and Tipping", *Journal of Hospitality and Tourism Research*, vol. 38, núm. 2, 2010, pp. 275-280.

19 Steven Young, "The Effect of Red on Male Perceptions of Female Attractiveness: Moderation by Baseline Attractiveness of Female Faces", *European Journal of Social Psychology*, 2015, p. 45.

20 Cassandra Auble, "The Cultural Significance of Precious Stones in Early Modern England", tesis de maestría, University of Nebraska-Lincoln, 2011, https://digitalcommons.unl.edu/cgi/viewcontent.cgi?article=1039&context=historydiss

21 Surya Vanka y David Klein, "Color Tool: Cross-Cultural Meanings of Color", *Proceedings of the Human Factors and Ergonomics Society Annual Meeting*, 1 de octubre de 1995, https://journals.sagepub.com/doi/abs/10.1177/154193129503900510?journalCode=proe

22 Sharbari Bose y Jaimie Mackey, "12 Hindu Wedding Ceremony Rituals and Traditions, Explained", *Brides*, 22 de abril de 2018, https://www.brides.com/story/hindu-wedding-ceremony

23 Suzanne Degges-White, PhD, "Dressing for (Sexual) Success", *Psychology Today*, 31 de mayo de 2016, https://www.psychologytoday.com/us/blog/lifetime-connections/201605/dressing-sexual-success

24 Andrew J. Elliot y Daniela Niesta, "Romantic Red: Red Enhances Men's Attraction to Women", *Journal of Personality and Social Psychology*, vol. 95, núm. 5, 2008, pp. 1, 150-164, https://www2.psych.ubc.ca/~schaller/Psyc591Readings/ElliotNiesta2008.pdf

25 Antonia Blumberg, "Why These 6 Religious Groups Wear What They Wear", *The Huffington Post*, 18 de agosto de 2015, www.huffpost.com

26 "Christie's Asian Art Collecting Guide", 22 de mayo de 2019, https://www.christies.com/features/Chinese-robes-collecting-guide-7813-1.aspx

27 Vanessa Friedman, "The Power of the Yellow Vest", *The New York Times*, 4 de diciembre de 2018, https://www.nytimes.com/2018/12/04/fashion/yellow-vests-france-protest-fashion.html

28 Ellen Conroy, *The Symbolism of Colour*, Londres, William Rider & Son, 1921, p. 24.

29 Jerome Silbergeld y Michael Sullivan, "Chinese Jade", *Britannica*, https://www.britanni ca.com/art/Chinese-jade

30 Rachel Jacoby Zoldan, "Your 7 Chakras Explained – Plus How to Tell If They're Blocked", *Well + Good*, 2 de agosto de 2018, https://www.wellandgood.com/good-advice/what-are-chakras/

31 Ingrid Gaischek, Daniela Litscher, Gerhard Litscher y Lu Wang, "The Influence of New Colored Light Stimulation Methods on Heart Rate Variability, Temperature, and Well-Being: Results of a Pilot Study in Humans", *Evidence-Based Complementary and Alternative Medicine*, 28 de noviembre de 2013, https://www.ncbi.nlm.nih.gov/pmc/articles/PMC3863570/

32 Jaymi McCann, "Want a Good Night's Sleep? Find Out Which Colors You Should Use in the Bedroom (and Avoid) for a Decent Kip", *Daily Mail*, 16 de mayo de 2013, https://www.dailymail.co.uk/news/article-2325476/Want-good-nights-sleep-Find-colours-use-bedroom-avoid-decent-kip.html

33 John M. Grohol, PsyD, "Can Blue-Colored Light Prevent Suicide?", en *Psych Central*, 8 de julio de 2018, https://psychcentral.com/blog/can-blue-colored-light-prevent-suicide/

34 "Vishnu", *BBC*, 24 de agosto de 2009, https://www.bbc.co.uk/religion/religions/hindu ism/deities/vishnu.shtml

35 Quinn Hargitai, "The Strange Power of the Evil Eye", *BBC*, 19 de febrero de 2018, https://bbc.com/culture/story/20180216-the-strange-power-of-the-evil-eye

36 Kendra Cherry, "The Color Psychology of Blue", *Very Well Mind*, 6 de mayo de 2019, https://www.verywellmind.com/the-color-psychology-of-blue-2795815

37 Evan Andrews, "Why Is Purple Considered the Color of Royalty?", *History.com*, 15 de julio de 2015, https://www.history.com/news/why-is-purple-considered-the-color-of-royalty

38 Linda K. Alchin, "The Color Purple", *Elizabethan Era*, 16 de mayo de 2012, http://www.elizabethan-era.org.uk/color-purple.htm

39 Stephen M. Silverman, "Prince Sued for Painting House Purple", *People*, 21 de marzo de 2006, https://people.com/celebrity/prince-sued-for-painting-house-purple/

40 Jocelyn Spottiswoode, "Pink Prisons in Switzerland to Calm Inmates", *The Telegraph*, 11 de septiembre de 2013, https://www.telegraph.co.uk/news/worldnews/europe/switzer land/10302627/Pink-prisons-in-Switzerland-to-calm-inmates.html

41 Isabel Jones, "Pretty in Passenger-Seat Pink: Why Are Women in Power-Adjacent Positions Flocking toward the Feminine Hue?", *InStyle*, 2 de julio de 2018, https://www.instyle.com/news/melania-trump-meghan-markle-passenger-seat-pale-pink

42 Amy Chavez, "Japan's National Obsession with the Color Pink", *Japan Times*, 5 de julio de 2013, https://www.japantimes.co.jp/community/2013/07/05/our-lives/japans-natio nal-obsession-with-the-color-pink/#.XRzLq8h7lNo. Ver también Max Lakin, "Real Men Wear Pink (And Not Just Brooks Brothers Button-Downs)", *Wall Street Journal*, 5 de

abril de 2018, https://www.wsj.com/articles/real-men-wear-pink-do-you-have-the-guts-1522936348

43 Sarah Lindig, "Famous Words of Fashion's Greatest: Part Two", *Harper's Bazaar*, 11 de julio de 2014, https://www.harpersbazaar.com/fashion/designers/a2818/50-famous-fashion-quotes-part-two/

44 Suzy Menkes, "Fashion's Poet of Black: YAMAMOTO", *The New York Times*, 5 de septiembre de 2000, https://www.nytimes.com/2000/09/05/style/IHT-fashions-poet-of-black-yamamoto.html

45 Emilia Petrarca, "What 10 (More) People Wore to Their Interviews with Anna Wintour", *The Cut*, 21 de septiembre de 2017, https://www.thecut.com/2017/09/anna-wintour-interview-outfit.html

46 Marisa Iati, "Why Did Women in Congress Wear White for Trump's State of the Union Address?", *The Washington Post*, 6 de febrero de 2019, https://www.washingtonpost.com/history/2019/02/05/why-are-women-lawmakers-wearing-white-state-union/?noredirect=on&utm_term=.4c33e27dd75b. Caroline Kenny, "Democratic Women Wear White to Trump's Address", *CNN*, 1 de marzo de 2017, https://www.cnn.com/2017/02/28/politics/democratic-women-wear-white-donald-trump-speech/index.html

47 Ella Alexander, "Carolina Herrera: Why the White Shirt Still Rules", *Vogue*, 13 de febrero de 2013, https://www.vogue.co.uk/article/carolina-herrera-white-shirt-collection-interview-film-exclusive

48 Según el reconocido y experto en feng shui Anjie Cho, "el elemento tierra está relacionado con colores terrosos como café, anaranjado o amarillo y las áreas del mapa bagua del feng shui correspondientes a la abundancia, la salud y el conocimiento", https://www.anjiecho.com/holistic-spaces-blog/2014/5/23/find-feng-shui-balance-with-the-five-elements

49 Bobby Schuessler, "The Fashion-Person Outfit That's Already Ruling 2019", *Who What Wear*, 27 de enero de 2019, https://www.whowhatwear.com/brown-outfits

CAPÍTULO 7. ACCESORIOS DE PODER

1 Jonathan Van Meter, "The Awakening of Kim Kardashian West", *Vogue*, 10 de abril de 2019, https://www.vogue.com/article/kim-kardashian-west-cover-may-2019

2 Melissa Minton, "Why Elizabeth Taylor Once Burned All of Her Designer Clothes", *New York Post, Page Six Style*, 31 de octubre de 2018, https://pagesix.com/2018/10/31/why-elizabeth-taylor-once-burned-all-of-her-designer-clothes/

3 Sarah Lindig, "Famous Words of Fashion's Greatest: Part Two", *Harper's Bazaar*, 11 de julio de 2014, https://www.harpersbazaar.com/fashion/designers/a2818/50-famous-fashion-quotes-part-two/

4 Nicolas Guéguen, "High Heels Increase Women's Attractiveness", *Archives of Sexual Behavior,* noviembre de 2015, https://www.ncbi.nlm.nih.gov/pubmed/25408499

5 "The Kick-Ass Shoe Quotes to Live Your Life By", *Marie Claire,* 4 de enero de 2019, https://www.marieclaire.co.uk/fashion/shoe-quotes-the-25-best-of-all-time-61098

6 Anatomía de los chakras, https://www.chakra-anatomy.com/solar-plexus-chakra.html

7 Delia Ephron y Nora Ephron, *Love, Loss, and What I Wore*, Nueva York, DramatistsPlay Service, 2008, pp. 39-40.

8 Lynn Douglass, "Lady Gaga Buys 55 Items from Michael Jackson Auction, Says She'll Archive All", *Forbes,* 5 de diciembre de 2012, https://www.forbes.com/sites/lynndougl ass/2012/12/05/lady-gaga-buys-55-items-from-michael-jackson-auction-says-shell-archive-all/#67bdb5019b0c

9 Peter Born, "The (Un)Death of Celebrity Fragrance", *WWD,* 9 de septiembre de 2015, https://wwd.com/beauty-industry-news/fragrance/celebrity-fragrance-falters-1021 2061/

10 Emily Kirkpatrick, "Kris Jenner's New $16K Bag Lets People Know She's 'Rich as F—'", *New York Post, Page Six Style,* 26 de diciembre de 2018, https://pagesix.com/2018/12/ 26/kris-jenners-new-16k-bag-lets-people-know-shes-rich-as-f-k/

11 Judith Thurman, "The World's Oldest Crown", *The New Yorker,* 12 de marzo de 2014, https://www.newyorker.com/culture/culture-desk/the-worlds-oldest-crown

12 Philippa Morgan, "Everything You Need to Know about the Making of Rihanna's Nefertiti-Inspired Hat", *Vogue Arabia,* 31 de octubre de 2017, https://en.vogue.me/fashi on/rihanna-nefertiti-hat-vogue-arabia-november-2017-issue/

13 Marijn Meijers y Rob Nelissen, "Social Benefits of Luxury Brands as Costly Signals of Wealth and Status", *Evolution and Human Behavior*, vol. 32, núm. 5, septiembre de 2011, pp. 343-355, https://www.sciencedirect.com/science/article/abs/pii/S1090513810001455

14 L. N. Chaplin y D. R. John, "Growing Up in a Material World: Age Differences in Materialism in Children and Adolescents", *Journal of Consumer Research*, vol. 34, núm. 4, 2007, pp. 480-493.

15 Derek D. Rucker y Adam D. Galinsky, "Desire to Acquire: Powerlessness and Compensatory Consumption", *Journal of Consumer Research*, vol. 35, núm. 2, agosto de 2008, pp. 257-267, https://insight.kellogg.northwestern.edu/article/desire_to_acquire

16 Christian Jarrett, "The Psychology of Stuff and Things", *The Psychologist*, núm. 26, agosto de 2013, pp. 560-565, https://thepsychologist.bps.org.uk/volume-26/edition-8/ psychology-stuff-and-things

17 Alessandra Galloni, "Interview: 'Fashion Is How You Present Yourself to the World'", *Wall Street Journal,* 18 de agosto de 2007, https://www.wsj.com/articles/SB116907065 754279376

18 Robin Givhan, "Seriously, Prada, What Were You Thinking? Why the Fashion Industry Keeps Bumbling into Racist Imagery", *The Washington Post*, 15 de diciembre de 2018, https://www.washingtonpost.com/arts-entertainment/2018/12/15/seriously-prada-

what-were-you-thinking-why-fashion-industry-keeps-bumbling-into-racist-image
ry/?noredirect=on&utm_term=.2fd0611ce52b

19 Stacia Brown, "What the Black Church Taught Me about Lipstick", *The Cut*, 6 de noviembre de 2018, https://www.thecut.com/2018/11/what-the-black-church-taught-me-
about-lipstick.html

20 Jacob Bogage, Alex Horton y Eli Rosenberg, "A White Referee Told a High School
Wrestler to Cut His Dreadlocks or Forfeit. He Took the Cut", *The Washington Post*, 22
de diciembre de 2018, https://www.washingtonpost.com/sports/2018/12/21/referee-hi
gh-school-wrestler-cut-your-dreadlocks-or-forfeit/?utm_term=.a430d9aad373

21 Nadra Nittle, "Bantu Knots Are the Latest Natural Hairstyle at the Center of a Workplace Dispute", *Vox*, 20 de diciembre de 2018, https://www.vox.com/the-goods/2018/
12/20/18150268/bantu-knots-ross-dress-for-less-natural-hairstyles-workplace

22 Michael Cunningham y Craig Marberry, *Crowns: Portraits of Black Women in Church Hats*,
Nueva York, Penguin Random House, 2000, extraído de *Time*, http://content.time.com/
time/photogallery/0,29307,1874131,00.html

23 *Ibid.*

24 Terry Gross, "Novelist Zadie Smith on Historical Nostalgia and the Nature of Talent",
Fresh Air, NPR, 21 de noviembre de 2016, https://www.npr.org/2016/11/21/502857118/
novelist-zadie-smith-on-historical-nostalgia-and-the-nature-of-talent

CAPÍTULO 8. ¿TE VISTES PARA TI MISMA O PARA ALGUIEN MÁS?

1 Suzannah Ramsdale, "The 57 Fashion Quotes to Live by *Every* Single Day", 4 de julio
de 2018, Marie Claire UK, https://www.marieclaire.co.uk/fashion/the-40-best-style-
quotes-of-all-time-122453

2 Andrew M. Penner y Jaclyn S. Wong, "Gender and the Returns to Attractiveness", *Research in Social Stratification and Mobility*, núm. 44, junio de 2016, pp. 113-123.

3 Dave Chappelle apareció en *Inside the Actors Studio* el 12 de febrero de 2006. Ver https://
www.youtube.com/watch?v=bTQYXRoIzhI

4 Terry Gross, "Comic Jessica Williams on 'The Daily Show' and Learning to 'Never Be
Average'", *Fresh Air*, NPR, 25 de julio de 2017, https://www.npr.org/2017/07/25/53924
0567/comic-jessica-williams-on-the-daily-show-and-learning-to-never-be-average

5 Suzanne Zuckerman, "Kerry Washington: In the Heights", *New York Post, Page Six Magazine*, 20 de septiembre de 2008.

6 Cindi Leive, "Kerry Washington Talks Her New Marriage, Scandal Style, and Her Real-
Life Gladiators", *Glamour*, 3 de septiembre de 2013, https://www.glamour.com/story/ke
rry-washington-glamour-inter

7 Vikas Shah, MBE, "The Role of Fashion in Human Culture", *Thought Economics*, 15 de

septiembre de 2012, https://thoughteconomics.com/the-role-of-fashion-in-human-cu lture/

8 Anika Reed, "How Issa Rae's 'Insecure' Navigates the Workplace with Style", *USA Today,* 9 de septiembre de 2017, https://www.usatoday.com/story/life/2017/09/09/how-issa-raes-insecure-navigates-workplace-style/645655001/

9 Christine Hauser, "How Professionals of Color Say They Counter Bias at Work", *The New York Times,* 12 de diciembre de 2018, https://www.nytimes.com/2018/12/12/us/racial-bias-work.html

10 Austin Murphy, "I Used to Write for Sports Illustrated. Now I Deliver Packages for Amazon", *The Atlantic,* 25 de diciembre de 2018, https://www.theatlantic.com/ideas/archive/2018/12/what-its-like-to-deliver-packages-for-amazon/578986/

11 Katy Schneider, "The Unlikely Tale of a $140 Amazon Coat That's Taken Over the Upper East Side", *New York Magazine,* 27 de marzo de 2018, http://nymag.com/strategist /2018/03/the-orolay-amazon-coat-thats-overtaken-the-upper-east-side.html

12 Maureen Callahan, "Inside the Bizarre Life of an Upper East Side Housewife", *New York Post,* 24 de mayo de 2015, https://nypost.com/2015/05/24/inside-the-bizarre-life-of-an-upper-east-side-housewife/

13 Kelsey Stiegman, "'Blackish' Star Yara Shahidi Got into Every School She Applied To", *Seventeen,* 10 de abril de 2017, https://www.seventeen.com/celebrity/interviews/a46 309/yara-shahidi-interview/

14 Anne Branigin, "Black Hair Matters: The Affirmative Power of Politicians Like Ayanna Pressley and Stacey Abrams", *The Root,* 3 de diciembre de 2018, https://theglowup.the root.com/black-hair-matters-the-affirmative-power-of-politician-1830750951?utm_ medium=sharefromsite&utm_source=theroot_email&utm_campaign=bottom

15 Alexandria Ocasio-Cortez, Twitter, 4 de enero de 2019, https://twitter.com/aoc/status/ 1081284603850174467?s=21

16 Noah St. John, "Afformations: Better Than Affirmations? Part 1", del blog del autor de autoayuda Steven Aitchison, https://www.stevenaitchison.co.uk/afformations-better-than-affirmations-part-1/

17 Naomi Wolf, *The Beauty Myth*, Nueva York, HarperCollins, 2002, p. 1.

18 Kelsey Garcia, "Karl Lagerfeld's Most Outrageous Quotes", *Elle,* 19 de febrero de 2019, https://www.elle.com/culture/books/g7696/karl-lagerfeld-world-according-to-karl-quotes/

CAPÍTULO 9. NACIÓN SELFIE

1 "Time Flies: US Adults Now Spend Nearly Half a Day Interacting with Media", *Nielsen,* 31 de julio de 2018, https://www.nielsen.com/us/en/insights/article/2018/time-flies-us-adults-now-spend-nearly-half-a-day-interacting-with-media/

2 D. I. Tamir y J. P. Mitchell, "Disclosing Information about the Self Is Intrinsically Rewarding", *Proceedings of the National Academy of Sciences*, 22 de mayo de 2012, p. 109.

3 Deborah Netburn, "Facebook, Twitter, Other Social Media Are Brain Candy, Study Says", *Los Angeles Times*, 8 de mayo de 2012, https://www.latimes.com/business/la-xpm-2012-may-08-la-fi-tn-self-disclosure-study-20120508-story.html

4 Jean M. Twenge, "Have Smartphones Destroyed a Generation?", *The Atlantic,* septiembre de 2017, https://www.theatlantic.com/magazine/archive/2017/09/has-the-smart phone-destroyed-a-generation/534198/

5 Alina Tugend, "Praise Is Fleeting, but Brickbats We Recall", *The New York Times*, 23 de marzo de 2012, https://www.nytimes.com/2012/03/24/your-money/why-people-reme mber-negative-events-more-than-positive-ones.html. Ver también Roy Baumeister, Ellen Bratslavsky, Catrin Finkenauer y Kathleen D. Vohs, "Bad Is Stronger Than Good", *Review of General Psychology*, vol. 5, núm. 4, 2001, pp. 323-370. Andrea Thompson, "Bad Memories Stick Better Than Good", *Live Science*, 5 de septiembre de 2007, https://www.livescience.com/1827-bad-memories-stick-good.html

6 Carrie Battan, "The Instagram Trap: Social Influence Is Helping Women Build Brands — as Long as They Follow the Rules", *Fast Company*, 22 de abril de 2019, https://www.fast company.com/90324013/what-its-like-to-be-a-female-founder-in-the-instagram-era

7 Lena Dunham, "Can a Good Man Mistreat You during Sex — If That's What You Desire?", en *Vogue*, 18 de marzo de 2019, https://www.vogue.com/article/can-a-good-man-mis treat-you-during-sex-lena-dunham

8 Sam Adams, "With Hulu and Netflix's Fyre Festival Docs, Instagram Influencers Get Their Gimme Shelter", en *Slate*, 16 de enero de 2019, https://slate.com/culture/2019/01/fyre-festival-docs-netflix-hulu-review-which-to-watch.html

9 Emily McCormick, "Instagram Is Estimated to Be Worth More Than \$100 Billion", en *Bloomberg*, 25 de junio de 2018, https://www.bloomberg.com/news/articles/2018-06-25/value-of-facebook-s-instagram-estimated-to-top-100-billion

10 Guy Trebay, "On Instagram, Who's Who When It Comes to Followers", *The New York Times,* 10 de enero de 2019, https://www.nytimes.com/2019/01/10/fashion/pitti-uomo-instagram-florence-italy.html

11 Rebecca Solnit, *Men Explain Things to Me*, Chicago, Haymarket Books, 2014, p. 78.

12 Mark Griffiths y Daria Kuss, "6 Questions Help Reveal If You're Addicted to Social Media", *The Washington Post*, 25 de abril de 2018, https://www.washingtonpost.com/news/theworldpost/wp/2018/04/25/social-media-addiction/?noredirect=on&utm_term=.863458995120

13 Dar Meshi, Anastassia Elizarova, Andrew Bender y Antonio Verdejo-Garcia, "Excessive Social Media Users Demonstrate Impaired Decision Making in the Iowa Gambling Task", *Journal of Behavioral Addictions*, vol. 8, núm. 1, 2019, https://akademiai.com/doi/10.155 6/2006.7.2018.138

14 Sarah Young, "'Your Sense of Self-Worth Becomes Skewed': Meghan Markle Discusses

the Effect of Social Media on Mental Health", *The Independent* (Reino Unido), 30 de octubre de 2018, https://www.independent.co.uk/life-style/meghan-markle-social-media-mental-health-self-worth-new-zealand-a8608331.html

15 Olivia Petter, "Royal Tour: Meghan Markle Says It's 'Freeing' to Be off Social Media", *The Independent* (Reino Unido), 20 de octubre de 2018, https://www.independent.co.uk/life-style/meghan-markle-prince-harry-royal-tour-social-media-freeing-bondi-beach-sydney-a8593286.html

CAPÍTULO 10. TU GUARDARROPA SOCIALMENTE RESPONSABLE

1 Gabriela Mernin, "99 Problems: Shades of Belonging", *New York Daily News*, 3 de noviembre de 2016, https://www.nydailynews.com/new-york/education/examining-paper-bag-test-evolved-article-1.2844394

2 Dr. David Pilgrim, "Brown Paper Bag Test", *Jim Crow Museum of Racist Memorabilia*, febrero de 2014, https://www.ferris.edu/HTMLS/news/jimcrow/question/2014/february.htm

3 Jessica Bennett, "Exclusive: Mathew Knowles Says Internalized Colorism Led Him to Tina Knowles Lawson", *Ebony*, 2 de febrero de 2018, https://www.ebony.com/enterta inment/books/exclusive-mathew-knowles/#axzz56JUbaNKn

4 Hayley Krischer, "The New Mom Uniform of Park Slope", *The New York Times*, 16 de enero de 2019, https://www.nytimes.com/2019/01/16/style/clogs-no-6-moms.html

5 Imran Amed, Anita Balchandani, Marco Beltrami, Achim Berg, Saskia Hedrich y Felix Rölkens, "The State of Fashion 2019: A Year of Awakening", *The Business of Fashion*, noviembre de 2018, https://cdn.businessoffashion.com/reports/The_State_of_Fashion_2019.pdf

6 Maxine Bédat y Michael Shank, "Every Purchase You Make Is a Chance to Vote with Your Wallet", *Fast Company*, 5 de abril de 2017, https://www.fastcompany.com/404020 79/every-purchase-you-make-is-a-chance-to-vote-with-your-wallet

7 Para la pasarela de Gucci ofensiva racialmente, ver Chris Perez, "Gucci Slammed for Sweater That Appears to Resemble Blackface", *New York Post*, 7 de febrero de 2019, https://nypost.com/2019/02/07/gucci-slammed-for-sweater-that-appears-to-resem ble-blackface/. Ver también Layla Ilchi, "Gucci Accused of Cultural Appropriation over 'Indy Turban'", *WWD*, 16 de mayo de 2019, https://wwd.com/fashion-news/fashion-scoops/gucci-indy-turban-cultural-appropriation-backlash-1203132880/

8 Emanuella Grinberg, "Retailer Pulls Shirts Reminiscent of Holocaust", *CNN*, 28 de agosto de 2014, https://www.cnn.com/2014/08/27/living/zara-pulls-sheriff-star-shirt/index.html

9 Lauren Thomas, "H&M Slammed as Racist for 'Monkey in the Jungle' Hoodie", *CNBC*, 8

de enero de 2018, https://www.cnbc.com/2018/01/08/hm-slammed-for-racist-monkey-in-the-jungle-hoodie.html

10 Ana Colon, "Two More Retailers Come Under Fire for Sexist Children's T-Shirts", Refinery 29, 1 de septiembre de 2016, https://www.refinery29.com/en-us/2016/09/121889/target-old-navy-sexist-girls-t-shirts

11 Elle Hunt, "Batgirl 'Housework': Target Removes 'Sexist' T-Shirt and Apologizes", *The Guardian*, 31 de agosto de 2016, https://www.theguardian.com/world/2016/aug/31/bat girl-housework-target-removes-sexist-t-shirt-and-apologises

12 Clinton Yates, "Columbusing Black Washington", *The Washington Post,* 8 de octubre de 2012, https://www.washingtonpost.com/blogs/therootdc/post/nouveau-columbusing-black-washington/2012/10/08/62b43084-10db-11e2-a16b-2c110031514a_blog.html?utm_term=.ea1b2ab37806

13 Michelle Gant, "Zara's New Mini Skirt Accused of Cultural Appropriation", *New York Post,* 4 de febrero de 2018, https://nypost.com/2018/02/04/zaras-new-mini-skirt-blas ted-for-cultural-appropriation/

14 Danielle Gray, "Kim Kardashian Slammed for Calling Cornrows 'Bo Derek Braids'", *Allure,* 29 de enero de 2018, https://www.allure.com/story/kim-kardashian-called-corn rows-bo-derek-braids-lol-come-on-girl

15 Melissa Minton, "Kim Kardashian's Sunday Service Look Called Out for Cultural Appropriation", *New York Post, Page Six Style,* 5 de abril de 2019, https://pagesix.com/2019/04/05/kim-kardashians-sunday-service-look-called-out-for-cultural-appropriation/

16 Dodai Stewart, "On Miley Cyrus, Ratchet Culture, and Accessorizing with Black People", *Jezebel,* 20 de junio de 2013, https://jezebel.com/on-miley-cyrus-ratchet-culture-and-accessorizing-with-514381016

17 Julia Jacobs y Dan Levin, "Black Girl Sent Home from School over Hair Extensions", *The New York Times,* 21 de agosto de 2018, https://www.nytimes.com/2018/08/21/us/black-student-extensions-louisiana.html

18 Tenisha F. Sweet, Instagram, 31 de mayo de 2019, https://www.instagram.com/p/ByH bEOIAbw4/

19 "Turban Myths: The Opportunity and Challenges for Reframing a Cultural Symbol for Post-9/11 America", *Stanford Peace Innovation Lab,* 9 de septiembre de 2013, https://on line.wsj.com/public/resources/documents/TurbanMyths.pdf

20 Janaya "Future" Khan, *Now This News,* 22 de octubre de 2018, https://nowthisnews.com/videos/politics/activist-janaya-future-khan-on-redefining-privilege

21 Roxane Gay, *Bad Feminist: Essays,* Nueva York, HarperCollins, 2014, p. 19.

22 Cady Lang, "The Internet Is Sounding Off about Karlie Kloss's Japan-Themed Vogue Shoot", *Time,* 15 de febrero de 2017, https://time.com/4671287/karlie-kloss-vogue-back lash/

23 La cita completa es: "Como las chicas quieren ser desdichadas, SÓLO voy a tuitear en japonés la próxima semana. Para honrar a mi abuelo !!! Mwahhahaahaa *risa malvada.*".

Nicki Minaj, Twitter, 20 de mayo de 2012, https://twitter.com/nickiminaj/status/20445
3861371559937?lang=en

24 Michael Harriot y Maiysha Kai, "Was Nicki Minaj's SNL Performance Cultural Appro-
    priation?", *The Root*, 21 de mayo de 2018, https://theglowup.theroot.com/was-nicki-mi
    najs-snl-performance-cultural-appropriation-1826198535

25 Nick Reilly, "Nicki Minaj Accused of 'Cultural Appropriation' after SNL Performance",
    NME, 21 de mayo de 2018, https://www.nme.com/news/music/nicki-minaj-accused-cul
    tural-appropriation-saturday-night-live-performance-2321789

26 Nicole Rojas, "Student Wears Traditional Chinese Dress to Prom, Sparks Cultural Appro-
    priation Debate", *Newsweek*, 30 de abril de 2018, https://www.newsweek.com/studen
    ts-traditional-chinese-dress-prom-sparks-debate-over-cultural-906297. Ver también
    Megan McCluskey, "Teen Defends Her Chinese Prom Dress after Cultural Appropria-
    tion Backlash", en *Time*, 2 de mayo de 2018, https://time.com/5262748/chinese-prom-dr
    ess-cultural-appropriation/

27 Sean Rossman, "Chinese Are OK with Utah Teen's Controversial Cheongsam Prom
    Dress", *USA Today*, 4 de mayo de 2018, https://www.usatoday.com/story/news/nation-
    now/2018/05/04/chinese-ok-utah-teens-controversial-cheongsam-prom-dress/
    580062002/

28 Jenna Sauers, "And Here We Have a 'Sexy Little Geisha' Outfit from Victoria's Secret",
    Jezebel, 26 de septiembre de 2012, https://jezebel.com/and-here-we-have-a-sexy-little-
    geisha-outfit-from-victo-5946583

29 Maria Sherman, "How the Sears Catalog Revolutionized African American Shopping
    under Jim Crow", *Jezebel*, 17 de octubre de 2018, https://pictorial.jezebel.com/how-the-
    sears-catalog-revolutionized-african-american-s-1829802142

30 Andrew D. Leucke, "10 Essential Quotes about Men's Style", *Esquire*, 21 de enero de
    2015, https://www.esquire.com/style/mens-fashion/a32357/10-essential-quotes-about-
    mens-style-012115/

31 "Meet Universal Standard: The Women Creating Clothes for Every Body", *Goop*, no-
    viembre de 2018, https://goop.com/work/career/meet-universal-standard-the-women-
    creating-clothes-for-every-body/?utm_source=social-email&utm_medium=social-
    earned&utm_campaign=onsite-share-button

32 Marc Bain, "Women's Labor, Ideas and Dollars Prop Up the US Fashion Industry, but
    Men Still Run It", *Quartzy*, 23 de mayo de 2018, https://qz.com/quartzy/1285516/a-fashi
    on-industry-study-finds-that-while-women-prop-it-up-men-run-it/. Ver también Hele-
    na Pike, "Female Fashion Designers Are Still in the Minority", *The Business of Fashion*,
    9 de septiembre de 2016, https://www.businessoffashion.com/community/voices/disc
    ussions/how-can-fashion-develop-more-women-leaders/less-female-fashion-design
    ers-more-male-designers

33 Para saber más sobre el número de diseñadores que se presentation en la Semana de la
    Moda de Nueva York en febrero de 2018, ver http://nyfw.com/designers/r. Ver también

Crystal Tate, "Meet the Nine Black Designers Showing at New York Fashion Week", *Essence*, 12 de febrero de 2018, https://www.essence.com/fashion-week/new-york-fashion-week/nine-blackdesigners-showing/; "African-Americans: Demographic and Consumer Spending Trends", 10ª ed., *Research and Markets,* septiembre de 2016, https://www.researchandmarkets.com/research/2p5kjz/africanamericans

34 "Conspicuous Consumption and Race: Who Spends More on What", Knowledge @Wharton, 14 de mayo de 2008, https://knowledge.wharton.upenn.edu/article/conspicuous-consumption-and-race-who-spends-more-on-what/

35 Beyoncé Knowles, "Beyoncé in Her Own Words: Her Life, Her Body, Her Heritage", *Vogue*, 6 de agosto de 2018, https://www.vogue.com/article/beyonce-september-issue-2018

36 Lindsay Peoples Wagner, "Everywhere and Nowhere: What It's Really Like to Be Black and Work in Fashion", *New York Magazine, The Cut,* 23 de agosto de 2018, https://www.thecut.com/2018/08/what-its-reallylike-to-be-black-and-work-in-fashion.html?utm_source=tw

Índice analítico

Esta obra se imprimió y encuadernó
en el mes de diciembre de 2020,
en los talleres de Impregráfica Digital, S.A. de C.V.,
Av. Coyoacán 100–D, Col. Del Valle Norte,
C.P. 03103, Benito Juárez, Ciudad de México.